누구를 위한 지속가능발전인가?

- 유엔 지속가능발전의 비판적 성찰

KB192803

누구를 위한
지속가능 발전인가?

유엔 지속가능발전의 비판적 성찰

김태균 · 우창빈 엮음

ⓘ 인간사랑

서문

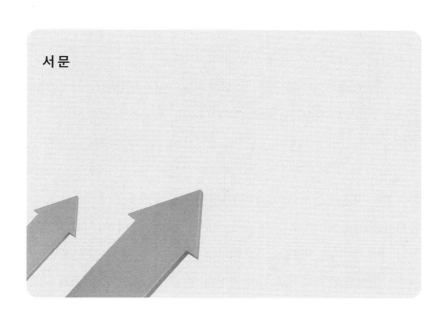

2015년 9월 뉴욕에서 개최된 제70차 유엔총회에서 지속가능발전목표 (SDGs)가 인류공동의 새로운 목표로 채택된 지 7년이 넘었다. "어느 누구도 뒤처지지 않게 (Leave no one behind)"의 기본정신으로 잘 알려졌듯이 SDGs는 매우 원대한 목표로 야심차게 출발하였다. 향후 2030년까지 지속될 예정이지만, 지금까지 추진해 온 지속가능발전의 목표에 대해 점검하고 성찰해야 할 시점이라고 할 수 있다. 최근 들어 특히, 우리는 전 세계적으로 코로나19 팬데믹, 봉쇄정책, 우크라이나 전쟁, 에너지와 물가의 상승, 경기 침체와 불황 등 계속되는 위기를 겪었다. 급박한 위기 상황에서 당장 눈앞의 불을 끄기 바빠서 SDGs와 같은 장기적이고 이상적인 목표는 뒤로 미루는 경향도 있었다. 이러한 상황에서 지속가능발전에 대해 성찰해보고 새로이 방향을 잡을 필요가 있을 것이다.

지속가능발전의 의미를 장기적인 역사적 추이와 미래에 대한 전망의 맥락에서 살펴보자. 세계 인구와 평균 국민소득은 1700년에서 2020년 사이에 10배 이상 증가하는 등 우리는 역사적으로 놀라운 성장을 이루었다. 그러나 이러한 성장 과정에서 우리는 사회적 불평등 문제와 환경문제의 위험에 처해있다. 피케티에 의하면 1980년부터의 급격한 소득 성장의 과정에서 세계 인구의 50%에 달하는 가난한 사람들이 얻은 몫은 12% 정도에 불과한데, 단지 1%의 부자들이 27%를 차지하였다. 영아사망률은 평균적으로는 1%도 안 되지만, 유럽, 북미, 아시아 국가들이 0.1%도 안 되는 데 비해 아프리카 국가들은 10%에 달한다. 또한 인간중심주의적 환경파괴로 인한 위험이 현시화되고 있다. 최근의 코로나19 팬테믹 사태가 그러하며, 역설적으로 봉쇄정책으로 인해 맑아진 하늘을 볼 수 있었던 것 또한 우리 인류가 환경을 심각하게 훼손하여 문제를 일으키고 있는 '인류세' 시대가 도래했음을 보여주는 것이다.

　　지속가능발전목표가 다루고 있는 것들은 우리 삶을 위태롭게 하는 이러한 복잡하고 까다로운 문제들이다. 이를 해결하기 위해 SDGs는 경제성장뿐만 아니라 사회통합과 환경보호 등 주요한 이슈를 모두 포함하였다. 서로 다른 요구들을 제시하는 다수의 파트너들과의 협상 과정에서 정치적 타협을 이루기 위해 다양한 요구들을 수용하여, 목표들 사이에 상충되는 것들, 내용이 유사하거나 중복되는 것들도 있다. 주요목표가 17개, 세부목표는 169개에 달하는데, 너무 많아서 이를 사람(People), 지구환경(Planet), 번영(Prosperity), 평화 (Peace), 파트너십(Partnership)으로 구성된 5P로 구분하기도 한다. 또한 그 대상도 개도국과 취약국만이 아니라 선진국을 포함한 모든 국가이다. 정치·법·문화·경제·기술·환경·사회 문제 등 거의 모든 영역에서, 그리고 거시적으로 글로벌 수준에서부터 국가, 지방, 개인의 미시적 수준에 이르기까지 모두에게 적용된다.

과연 우리는 이러한 지속가능발전의 목표를 달성할 수 있을 것인가? 이에 대해서는 미래에 대한 전망과 마찬가지로 낙관론과 비관론이 있을 수 있다. 위험에 처한 우리의 상황을 직시하고 결국 해야만 하는 사안들에 동참하고 성실히 이행하여 성공할 것이라는 낙관론자가 있을 것이다. 한편, 그 이행이 강제적인 의무가 아닌 상황에서 각자 개별적인 이익을 추구하여 실패할 것이라는 비관론자도 있을 수 있다. 그러나 이러한 양극단의 맹목적인 낙관론과 회의적인 비관론 모두 옳지 않을 것이다. 대체로 현실은 불가능한 것과 가능한 것 사이의 어느 중간쯤에 있을 것이며, 그렇게 장밋빛으로 낙관적이지 않지만, 그렇다고 냉소적으로 비관적일 필요도 없다.

실제로 UN지속가능발전해법네트워크(UN-SDSN)와 독일 베텔스만 재단의 2022년 '지속가능발전보고서'에 따르면, 2015년부터 2019년까지 SDGs 달성 점수가 연간 0.5포인트의 증가율을 보여 왔는데, 그 주요한 이유는 저개발국들의 점수 증가율이 높았기 때문이었다고 한다. 그러나 팬데믹 이후 2021년에 이어 2022년에도 연속으로 점수가 하락하였다. 보고서는 특히 남반구에 속하는 개도국들의 회복이 느리기 때문이라고 분석하고, 이에 더해 선진국들의 환경 관련 목표의 달성도 진전되지 않았다고 지적하고 있다. 또한 유럽통계청의 2022년 '지속가능발전 검토보고서'는 EU의 SDGs 달성도의 지역별 차이가 팬데믹 이후 더욱 심화되었다고 지적하여, SDGs에서의 불균등 문제가 심각하다고 우려한다. 한편, 우리나라 통계청의 'SDGs 이행보고서 2022'는 코로나19 팬데믹으로 인해 2020년 2분기에 저소득 가구의 소득이 감소했으나,

정부의 재정지원으로 상쇄되었다고 보고하고 있다.

그러면 앞으로 지속가능발전을 위해 어떻게 해야 하는가? 안토니우 구테레쉬 유엔 사무총장의 말처럼, 우리가 가지고 있는 믿음이 자칫 흔들리기 쉬운 현재의 위기 상황에서 SDGs를 구해 내어야 한다. 그러기 위해서는 낙관도 비관도 아니라 보다 현실적으로 '조심스러운 낙관(cautious optimism)'과 같은 자세가 요구된다. 비록 문제는 있으나 우리가 만든 문제들은 우리가 해결할 수 있다는 믿음을 가지고 부단히 지속가능발전의 목표를 추구하고 문제를 해결하고자 노력해야 한다. 이 책은 그러한 노력에 힘을 보태고자 하는 것으로, 한국연구재단의 사회과학연구(SSK) 지원 사업으로 경희대학교가 2012년부터 2022년까지 '국재개발협력과 포괄적 파트너십'이라는 주제 하에 수행한 연구들 중에서 지속가능발전목표(SDGs)와 관련하여 학술지에 게재한 논문들과 학회에서 발표한 연구들을 편저서 형태로 엮어낸 결과물이다.

먼저, 1장에서 김태균은 지속가능성은 본질적으로 발전경로의 맥락에 상관없는 상수로서 '연역적 정당성'을 지니며, 미시적 맥락에 따른 차이를 넘어 거시적인 공통분모로 존재한다고 한다. 그러나 지속가능성을 단지 맹목적으로 보편적 가치로 인식할 것이 아니라, 궁극적으로 누구를 위한 지속가능발전인가라는 근본적인 성찰이 필요하다고 주장한다. 또한 국제개발협력의 지속가능성은 책무성과 관련되어, 개발 프로젝트를 성공적으로 관리하고 문제가 발생하면 개선하고 민주적으로 책임을 지는 명확한 주체가 필요하다. 나아가 이러한 지속가능발전의 책무는 SDGs의 로컬라이제이션 과정에 달려 있다고 할 수 있어, SDGs의 이행과정에 협력국의 문화, 고유한 가치나 제도 등을 반영하여 현지화해야만 한다. 결국 국제사회의 지속가능성에 대해 접근하기 위해서는 단순한 실증적 분석을 넘어 그 사회적 관계성에 대해 역사적이고 총체적인 관점에서 성찰적으로 이해할 필요가 있다고 강조하여, 이 책을 출판하게 된 취지를 밝히고 있다.

2장에서 우창빈은 지속가능발전목표(SDGs)에 대한 북반구의 주장들을 살펴보기 위해 SDGs의 본질적 성격이 잘 드러나는 코로나19 팬데믹 상황에서 책임과 거버넌스 문제를 논의하였다. 국제개발협력의 목표이자 인류 공동의 목표인 SDGs는 원칙적으로 모두의 책임이자 의무이며, 달성하기 어렵다고 해도 진정한 지속가능발전을 이루기 위한 전략적 가치가 있다. 또한 코로나19 팬데믹 상황은 국제개발협력과 SDGs의 위기이지만 동시에 SDGs의 중요성을 인식할 수 있게 된 기회의 측면이 있다고 하면서, 북반구와 주류의 담론은 SDGs를 실현하기 위해 과거의 원인을 따지기보다 미래지향적으로 발전 수준에 관계없이 모든 국가가 전 지구적 수준에서 책임을 공유하고 협력하여 행동해야 한다는 것으로 정리하고 있다. 나아가 정부뿐만 아니라 민간부문의 기업과 시민단체를 포함하는 다양한 주체가 참여하여 맥락에 적절한 거버넌스를 운영해야 한다고 제안하고 있다.

3장에서 김보경과 심예리는 SDGs 채택 이후 반환점을 지난 현재까지도 글로벌 북반구-남반구 간 격차를 고려한 이행책임 논의 및 비판적 성찰이 불충분했다는 문제 제기와 함께, 글로벌 남반구의 관점에서 목표의 이행책임을 재검하고 남남협력을 통한 대응전략을 살펴본다. 이들은 '공동의 그러나 차별화된 책임' 개념을 검토하여 글로벌 남반구 국가들에 SDGs가 궁극적인 목표 달성을 위한 국제규범이기보다는 국내적으로 결정된 개발목표와 정책을 정당화하는 전략자산이자 도구로서의 의미가 있다는 점을 확인한다. 이를 위해 남남협력 파트너십의 구축과정과 시대별 흐름을 개괄하고, 일대일로 정책을 추진하고 있는 중국 중심의 새로운 남남협력 파트너십이 남반구 개도국의 SDGs 이행책임 논의에서 시사하는 바를 살펴본다. 또한, SDGs 이행을 위한 재원조달의 책임 간극을 해소하는 방안으로 남북·남남 두 협력플랫폼 사이를 오가며 원조확보를 위한 일종의 전략적 수단으로써 국제규범을 활용하기 위해서는 개도국의 역량이 중요하다고 강조한다.

4장에서 김태균은 SDGs의 이행이 개별 국가들의 의무사항이 아니라 자발적인 책무라는 한계로 인해 SDGs에 내재된 부조화 문제가 있다고 하면서, 이를 북반구의 '연역적 정당성' 전략과 남반구의 '귀납적 상충성'으로 정리하고 있다. 즉, 북반구 선진국 그룹이 주도적으로 기획한 지속가능발전의 연역적 규범력과 남반구 개도국 그룹이 개별적으로 자국이 처한 환경적 조건과 역사적 맥락을 토대로 전략 또는 저항을 하는 미시적 선택은 거시적 구조와 미시적 행위자 간의 상호작용과 구성을 통해 변증법적으로 경합하거나 절충하는 역사적 경로를 겪는다고 하고 있다. 이러한 변증법적 통합과 절충은 유엔의 '인도주의-개발-평화 연계(HDP Nexus)'와 같이 이슈별 통합적 접근에서 찾아볼 수 있으며, 본서의 5장부터 시작하는 2부에서도 이슈영역별로 중범위 수준에서 취약국, 난민, 젠더, 과학기술 및 디지털, 보건의료 등의 섹터로 세분화하여 분석하고자 시도한다고 밝히고 있다.

5장에서 이지선은 취약국 관점에서의 지속가능발전목표(SDGs)를 다루면서, SDG 빈곤 목표의 내재화 및 실천에 있어 취약국이 가지는 특수한 동기성 및 행동 양태를 '이중적 정치성'이란 개념을 통해 조명하고자 그 사례로 북한을 선정한다. 이중적 정치성은 개도국 행위자 입장에서 SDGs를 내재화하고 이행하면서, 빈곤 현상에 대해 공식적으로 인정하지 않고 왜곡된 정보를 공유하거나 정보 공유를 거부하려는 동기와, 다른 한편 국내에 부족한 개발 재원을 외부세계로부터 유인하기 위해 국제사회가 설정한 일련의 원칙과 규범들을 포용하고자 하는 두 가지 상충되는 동기가 존재함을 의미한다고 한다. 북한의 경우 SDGs와 관련하여 이러한 이중적 정치성을 드러낸다고 할 수 있으며, 취약국의 빈곤 문제에 획일화된 틀로 접근하기보다는 취약국 내 존재하는 빈곤 관련 동기 및 정치적 특수성을 이해하고, 이들 입장에서 진정한 의미의 빈곤 감소를 위해 노력해야 할 필요성을 제시한다.

6장에서 최원근은 먼저 최근 나타나고 있는 난민위기의 양적·질적 변화에 따라 난민보호와 개발 협력을 연계하는 추세에 있는 국제난민레짐의 상황을 설명하고 관련된 연구들을 검토한다. 이어서 SDGs의 어디에나 난민문제가 존재함에도 불구하고, SDGs의 17개 목표에 난민과 강제이주가 언급되어 있지 않으며 난민에 대한 구체적 지표 또한 어디에도 존재하지 않는 소위 SDGs의 '난민소외' 현상에 대해 비판을 정리한다. 그러나 SDGs의 누구도 소외시키지 않는다는 목표가 난민 글로벌컴팩트(GCR)가 추구하는 '전 사회적 접근'의 목표와 상충하지 않고 상호보완적이라는 점에서 난민보호와 SDGs의 내재적 연계를 찾을 수 있다고 하면서, 기존의 SDGs 지표체계의 변화 가능성과 GCR의 지표체계 도입을 제안한다. 결론적으로 SDGs에는 난민보호를 위한 필수적 요소들이 내재되어 있으며, 난민보호의 실질적 달성을 위해서 SDGs의 달성이 반드시 필요하다는 점을 강조하고 있다.

7장에서 장은하는 SDGs의 성평등 목표의 글로벌 이행현황을 살펴보고 그 성과와 도전 과제를 분석하고자 하였다. 먼저 글로벌 성평등 규범의 발전 속에서의 SDGs, 성평등 목표, 세부목표가 무엇을 의미하는지를 살펴보고, SDGs의 독자적 목표로서 성평등 목표와 함께 나머지 16개 목표에 크로스커팅되어 있는 성평등 목표의 이행 현황을 유엔의 보고서를 통해 검토하였다. 나아가 이러한 검토를 통해 SDGs의 5번 성평등 목표와 크로스커팅 목표의 이행의 성과, 그리고 기술적인 측면과 가치적인 측면에서 난관을 정리하였다. 마지막으로 이러한 상황에서 앞으로 SDGs의 성평등 목표 달성을 위해, 성인지 데이터와 통계·분석의 개선, 성인지적 투자 정책과 프로그램에 우선순위 부여와 함께 충분한 자원의 동원, 성인지적 프로세스와 조직을 통한 책무성의 강화, 그리고 개도국의 통계역량 강화를 위한 공여국들이 공적개발원조(ODA) 증대를 제안하였다.

8장에서 정헌주, 남수정, 정윤영은 지속가능발전을 위한 과학기술혁신의 긍정적 역할에 대해 살펴본다. 구체적으로 SDGs 달성을 위해 STI를 적극적으로 활용하려는 국제적 노력인 '지속가능발전을 위한 과학기술혁신(STI for SDGs)'을 분석한 후, STI를 지속가능발전에 활용하는 노력이 기술패권 경쟁에 따른 기술종속의 위험, 수원국과 주민의 대상화, 국내외적 두뇌유출과 노동시장의 양극화, 불평등 문제를 야기할 수 있다고 하고 있다. 이들은 STI가 오히려 SDGs 달성을 저해하고 새로운 문제를 가져올 수 있다는 점에 주목하여 STI의 역할을 비판적으로 검토하고, STI의 활용으로 인한 이익이 결국 누구에게 귀속되는지에 대해 논의하고자 하였다. 결론적으로 STI가 SDGs 달성에 기여하기 위해서는 STI의 양가적 역할과 이해당사자 간의 상대적 이익에 주의하여 다양한 이해당사자의 파트너십에 기초한 모니터링과 평가, 환류를 통해 공동의 가치 창출을 하기 위한 노력이 필요하다고 제시한다.

9장에서 이훈상은 SDGs의 보건목표들을 살펴보고 보건 분야에 있어서 SDGs의 역할과 의미, 가치에 대해 분석하여 그 한계와 제한점을 비판적으로 검토하였다. SDGs가 보건과 건강의 수많은 세부적인 목표들에 대해 포괄적이고 포용적인 접근을 시도하고, 생애주기적인 접근과 보편적 건강보장으로의 확대를 시도한 점 등은 의미가 있으나, 우선순위와 체계화된 목표들의 구성과 제시, 구체적 접근 및 재원 마련 방안의 제시, 추가적인 재원 확보 등에서 취약하다고 평가하였다. 향후 선진국과 개발도상국의 구분이 없이 인류사회가 나아가고자 하는 차원에서 정책적 의지를 실질적으로 구현해야 하며, 이와는 다른 차원에서 책무성 강화를 위한 노력이 필요하다고 하고 있다. 무엇보다 알마아타 선언의 '모두를 위한 건강(health for all)'의 연장선에서 SDGs가 보편적 건강의 증진과 건강 불평등 해소를 위해 노력하고, 이를 위한 구체적인 실천방안과 재원마련이 필요하다고 강조한다.

2023년 2월
저자들을 대표해서
우창빈

제

부

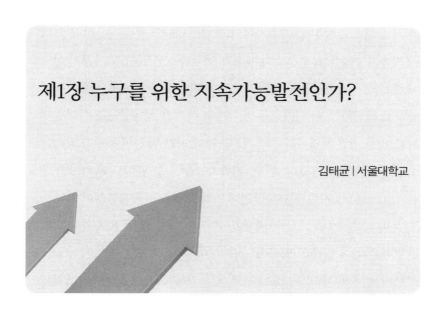

제1장 누구를 위한 지속가능발전인가?

김태균 | 서울대학교

Ⅰ. 지속가능성의 본질적 문제

지속가능한 발전이 이념과 정치체제를 떠나 모든 국가와 사회가 추구하는 이상향이라는 사실에 어느 누구도 이견을 제시하기 어려울 것이다. 이는 모든 국가와 사회가 원하는 발전방식이 궁극적으로는 지속가능성(sustainability)을 겸비한 효과적인 경제성장과 사회발전으로 수렴한다는 희망과 믿음이 있기 때문일 것이다. 이러한 희망적 믿음은 우리 모두에게 당연한 진리로 인식되어 왔고 국제개발 분야에서 우리의 인지적 사고에 지배적인 위치를 점유해 왔다. 그러나 여기서 공통적으로 발견되는 논쟁거리는 경제성장과 사회개발의 경우 국가와 사회의 맥락에 따라 차별적으로 발전방향이 기획되고 이행된다고 통상적으로 인식하지만 지속가능성은 발전경로의 배경과 맥락과 상관없이 그 자체가 상수로서 존재하고 지속가능성 존재의 유무에 따라 발전경로에 유불리가 발생한다고 확신하는 데 있다.[1] 특정 국가와 사회가 경제성장과 사회발전을 위한 제반 조건을 얼마나 충족시키는가에 따라 발전의 목표가 달성되는 정도에 차이가 나타난다. 반면, 지속가능성은 그 달성도의 차이가 중요한 것이 아니라 지속가능한 발전이 가능하도록 지속가능성이 제도적으로 준비되었는가에 대한 문제에 집중한다. 다시 말해, 지속가능성은 개발협력에 있어 일종의 범분야(cross-cutting) 요소로 간주되어 개발프로젝트의 성패에 지속가능성이 프로젝트 이행에 필수요건으로 포함되어 있는가가 관건이 되는 것이다. 결국, 지속가능성의 변수는 '연역적 정당성'을 확보하게 되어 지속가능성이 실제로 적용되는 미시적 맥락의 차별적인 지형보다는 거시적인 공통분모로서의 존재 여부가 중요하다.

그렇다면, 우리는 맹목적으로 지속가능성을 보편적 가치로 인식하는 인지적 습관에 스스로 문제를 제기하게 된다. 이러한 성찰적 질문을 위해서 지속가능성에 배태된 가치(value)의 다양성과 내재적 변형(variation)의 가능성에 대한 반사실적(counterfactual) 논의가 필요하다. 과연 지속가능성 요건이 개발프로젝트에 포함된다는 조건만으로 그 프로젝트는 안정적으로 성공할 수 있고 사업 종료 이후에도 지속적인 목표의 안정적 달성이 유지되는가? 지속가능성은 자본주의 대 사회주의, 또는 민주주의 대 전체주의 등의 이분법적 정치체제 구분과 어떤 정치적 정

---

1   Salas-Zapata, Walter Alfredo, and Sara Milena Ortiz-Muñoz, "Analysis of Meanings of the Concept of Sustainability," *Sustainable Development* 27(1), 2019.

합성을 가지고 있는가? 개발협력을 위한 지속가능성은 누가 어떤 단계에서 누구와 협력하여 어떻게 설정하고 이행하는가? 이러한 질문을 스스로 던지다보면 결론적으로 지속가능성이 반영된 발전목표가 궁극적으로 누구를 위한 지속가능발전인가라는 근본적인 성찰에 이르게 된다. 지속가능성의 전략적 가치와 대상목표를 누가 연역적으로 설정하고 기획하며, 지역 맥락에 따라 지속가능성의 편차가 발생하는 것이 아니라 가치중립적인 보편적 가치로 지속가능성을 탈정치화하는 의도가 무엇인가에 대한 심층적인 논의가 필요하다.

지속가능성이 발전목표와 접목되는 가장 구체적인 사례가 2015년 9월 유엔이 천명한 '2030 지속가능발전을 위한 의제(2030 Agenda for Sustainable Development)'이다. 기존의 새천년개발목표(Millennium Development Goals: MDGs)와 달리 지속가능발전목표(Sustainable Development Goals: SDGs)는 이행의 주체가 MDGs의 글로벌 북반구 공여국 그룹을 넘어서 글로벌 남반구의 수원국 그룹까지 적용되는 포괄성을 담보한다(김태균 외, 2016). 다시 말해, SDGs 이행의 책임이 개발원조의 공여국뿐만 아니라 전 세계 모든 국가와 함께 시민사회, 민간기업, 의회 등을 포함하는 이른바 '다중관계자(multi-stakeholder)'로 확산되어 국가가 전통적으로 책임을 지었던 공공부문의 역할이 민간부문과 공동의 책임으로 전환하자는 논리이다. 연역적으로는 SDGs의 이행에 전통적인 국가(특히, 과거 제국주의의 주체였던 서구 국가들)를 넘어서 모든 관계자들이 참여할 수 있다는 긍정적인 프레임이 작동하지만, 귀납적으로는 자국의 조건에 따라 공여국이 협력대상국의 SDGs 이행에 지원을 못하거나 지원의 규모를 축소하는 상황이 발생하는 경우를 공식적으로 상정하고 있다. 이렇게 SDGs의 공동책임론이 연역적으로 정당성을 부여받으면 글로벌 남반구의 저개발국은 자국의 상황을 귀납적으로 전략화하는 경향이 강해지는 동시에 북반구의 공여국 그룹에 연역적 공동책임론의 비정당성과 탈윤리 문제를 집단적으로 제기할 수 있다. 실제로 1992년 브라질 리우에서 개최된 지구정상회의(Earth Summit)에서 거론된 '공동의 그러나 차별화된 책임(Common but Differentiated Responsibilities: CBDR)'은 2012년 리우+20 회의에서도 재차 남반구 개발도상국들에 의해 강조되었다. 그럼에도 불구하고, 북반구 공여국 그룹은 리우+20 회의부터 지속적으로 공동의 책임(shared responsibility)을 내세우며 2015년 아디스아바바에서 개최된 유엔개발재원총회까지 동일한 논리와 입장을 고수해 왔다.

II. 지속가능발전과 책무성

결국, 국제개발협력의 지속가능성은 개발원조의 책무성(accountability)과 직결된다. 개발 프로젝트가 지속가능하게 이행되려면 공여주체, 수원주체, 프로젝트 이행에 관련된 다양한 행위자들, 협력대상국의 문화, 언어, 역사, 정치 등의 수많은 변수들이 누군가에 의해 성공적으로 관리되고 문제가 발생하였을 때 이를 적절하게 개선하고 민주적으로 책임을 지는 명확한 주체가 필요하다.[2] SDGs 이행의 권한을 가지고 있는 주체

---

2   Goetz, Ann-Marie and Rob Jenkins, *Reinventing Accountability: Making Democracy Work for Human Development* (Basingstoke: Palgave, 2005).

는 동시에 책임도 뒤따르지만 권한만 행사하고 책임의 부담이 요구되지 않는다면, 이행권한을 점유한 주체가 SDGs의 지속가능성과 개발효과성의 달성을 독단적인 기준으로 평가하며 권력 남용을 통하여 SDGs의 공공성을 사유화하는 위험이 발생하게 된다. 국내정치에서는 — 민주주의라는 전제 하에 — 이러한 독단적인 권력 남용 및 오용을 통제하고 제재할 수 있는 제도적 장치가 마련되어 있지만, 국내 거버넌스에서 글로벌 거버넌스로 분석 수준을 상향하면 실제 강대국 또는 북반구 공여국 그룹이 일방적으로 개발프로젝트에 원조조건을 부과하는 등의 지속가능성이라는 명목 하에 국제사회에서 발생하는 비민주적 권력 남용을 제재할 수 있는 방법이 없다는 문제를 쉽게 목도할 수 있다.[3] 특히, 1980년대 이후부터 2008년 금융위기까지 전 세계의 경제정책 기조로 금과 옥조처럼 다루었던 신자유주의(neoliberalism) 시기에는 신자유주의의 쌍두마차였던 세계은행(World Bank)과 국제통화기금(International Monetary Fund: IMF)이 국가의 주권을 초월하는 강력한 시장개혁의 무기를 원조조건으로 제시하고 협력국의 철저한 준수를 요구하였다. 같은 맥락에서 세계은행은 1990년대 후반에 이른바 '굿거버넌스(good governance)'라는 새로운 개념을 만들어 개발원조 영역에서 구현하기 위하여 세계은행의 재원을 지원받기 위해서는 협력국의 국내 제도를 개선하는 선제조건을 굿거버넌스의 원조조건으로 요구하였다. 굿거버넌스

---

3   Keohane, Robert O., "Global Governance and Democratic Accountability," in D. Held and M. Koenig-Archibugi (eds.), *Taming Globalization: Frontiers of Governance* (Cambridge: Polity Press, 2003), pp. 130-159; Nye, Joseph S., "Globalization's Democratic Deficit: How to Make International Institutions More Accountable," *Foreign Affairs* 80(4), 2001.

의 조건을 만족하기 위해서는 협력국의 입장에서는 대대적인 정치경제적 개혁이 필요하기 때문에 실제로 세계은행이 주장하는 굿거버넌스는 협력국을 위하여 고안된 제도적 장치가 아니라 세계은행을 위한 '제국주의적 개입'이라는 비판을 받기도 하였다.[4] 따라서 개발원조의 지속가능성을 위하여 동원된 다양한 제도적 개선은 실제로 하향식으로 원조의 공여주체가 결정한 일방적이면서 획일화된 연역적 개입의 귀결되는 경향이 강하다.

개발협력의 지속가능성이 책무성과 깊게 관계성을 갖게 된다면, 어떤 이유에서 원조 공여주체는 국가 주권 침해라고 반발할 수 있는 무리한 원조조건을 협력국에게 제시하는 것일까? 우선, 저개발국가인 협력국이 개발원조를 수용하기 전에 사전작업으로 제도개혁을 요구함으로써 원조의 개발효과성과 지속가능성을 제고하려는 긍정적인 측면을 고려할 수 있다.[5] 그러나 원조조건의 강화는 궁극적으로 개발프로젝트의 책임전가(buckpassing)에 있다는 평가가 설득력이 있다.[6] 개발프로젝트의 성패에 따라 공여주체 및 수원주체 모두 책임을 일정 정도 공유하는 상호책무성(mutual accountability)이 2005년 원조효과성 제고를 위한 파리선언(Paris Declaration)의 5대 원칙 중 하나임에도 불구하고, 프로젝

---

4   Goldman, Michael, *Imperial Nature: The World Bank and Struggles for Social Justice in the Age of Globalization* (New Haven: Yale University Press, 2005).

5   Gibson, Clark C., Krister Andersson, Elinor Ostrom and Sujai Shivakumar (eds.), *The Samaritan's Dilemma: The Political Economy of Development Aid* (Oxford: Oxford University Press, 2005).

6   Hood, Christopher, "Accountability and Blame-Avoidance," in Mark Bovens, Robert E. Goodin, and Thomas Schillemans (eds.), *The Oxford Handbook of Public Accountability* (Oxford: Oxford University Press, 2014).

트가 실패로 판명되면 공여국은 원조재원에 일조한 자국 국민에 대한 책무성과 개발프로젝트 관리에 대한 책무성에 문제가 발생하게 된다. 이를 미연에 방지하거나 회피하기 위한 수단으로 원조조건 등의 제도적 장치를 통해 프로젝트 실패에 대한 책임을 조건에 성실하게 임하지 않은 협력국에게 전가하게 되는 것이다.[7]

그렇다면, 원조 책무성에 최선을 다하지 않은 공여국 및 협력국에게 지속가능성을 위해 제재를 할 수 있을까? 책무성 이론에 따르면, 책무성의 구성요소 가운데 프로젝트 실패의 책임이 있는 행위주체에게 법적·제도적 제재를 가할 수 있어야 개발프로젝트의 책무성이 온전히 구현될 수 있다고 한다.[8] 앞서도 언급했지만, 국내 정치에서는 민주적 정치가 보장될 때 책임에 문제가 있는 행위자에게 제재를 가할 수 있는 법

---

7 김태균. 2018. 『대항적 공존: 글로벌 책무성의 아시아적 재생산』. 서울: 서울대학교출판 문화원.

8 책무성 이론은 책무성의 구성요소를 크게 세 가지로 정리하고 있다(United Nations, 2013). 첫째, 책임성(responsibility) 요소로, 공여주체와 수원주체 간의 전반적인 개발 사업에 대한 책임의 범주를 양해각서(MOU) 등을 통해 구분하는 작업을 의미한다. 둘째, 응답성(answerability)으로, 개발사업의 기획에서 집행완료까지 모든 단계의 정보 및 자료를 일반대중에게 공개할 수 있어야 한다는 투명성을 강조한 요소이다. 셋째, 강제집 행성(enforceability)은 국내에서는 납세자, 국제 수준에서는 개별 국가 및 세계시민에게 개발원조의 공여국과 협력국, 그리고 다양한 행위자들 중 개발프로젝트가 실패로 돌아가는 데 원인을 제공한 주체에게 제재를 가할 수 있는 강제성을 전제로 한다. 이러한 세 가지 책무성의 구성요소 중 강제집행성이 국제사회에서 가장 실천으로 옮기기 어려운 요소이다. (United Nations, *Who Will Be Accountable? Human Rights and the Post-2015 Development Agenda* (New York: UN, 2013); Kim, Taekyoon and Sojin Lim, "Forging 'Soft' Accountability in Unlikely Settings: A Conceptual Analysis of Mutual Accountability in the Context of South-South Cooperation," *Global Governance*, 23(2), 2017).

적·제도적 방법이 구비되어 있지만, 국제관계 및 글로벌 사회에서는 특정 주체가 다른 주권국가에게 책무성 부족의 문제로 제재를 가할 수 있는 국제법적 정당성은 존재하지 않는다. 주권국가인 협력국의 정치적 힘과 국제사회에서의 영향력 수준에 따라 공여국이 부과하는 원조조건의 부당성과 책무성 전가에 대한 협력국의 대응정도가 다르게 나타날 것이다. 따라서, 지속가능성을 위한 책무성에 관한 제재를 비롯한 시정사항은 책무를 지어야 할 주체들의 자세와 그들이 위치한 로컬 단위의 맥락과 환경조건에 따라 다르게 구현될 것이다.

Ⅲ. 지속가능발전의 로컬라이제이션(localization)

지속가능발전의 책무는 결국 SDGs의 로컬라이제이션 과정에 달려 있다. SDGs 이행의 현지화 내지 SDGs 이행이 지역사회에 어떻게 접목되는가에 대한 논의는 협력국의 지역적 맥락과 역사, 그리고 언어 등 고유의 전통적 가치와 제도를 글로벌 규범인 SDGs의 지속가능성 가치가 어떻게 이해하고 소화하는가와 연계되어 있다. 지역적 언어와 사고방식 등 문화적 요소를 최대한 SDGs 이행과정에 반영하여 현지화하지 않으면 지역 주민뿐만 아니라 지역 커뮤니티의 자생적인 협력을 유도할 수 없고, 글로벌 수준에서 일방적으로 이식된 SDGs 규범이 현지 상황을 적절하게 반영하지 못하는 이질적인 현지화가 진행될 가능성이 크다.[9]

---

9   Grincle, Merilee S., *Going Local: Decentralization, Democratization, and the Promise*

다시 말해, 이는 연역적으로 동원된 SDGs의 규범력이 귀납적으로 구현된 현지의 다양성을 포용하지 못하는 부조화의 문제로 귀결되며 연역적 정당성이 귀납적 자생력과 상충되는 문제를 야기하게 된다.

국제사회가 강조하는 SDGs의 이행은 현지 지역 커뮤니티와 협력국 정부가 스스로 행동하고 그 행동에 책임을 지지 않는 한 SDGs의 지속가능성에 대한 책임은 어느 누구도 쉽게 받아들이지 않을 것이다. 협력국의 개발주체가 책무성을 제고하기 위해서는 무엇보다 개발원조의 공여주체들이 연역적으로 형성된 개발담론과 원칙을 맹목적으로 고수하지 않고 먼저 현지의 개발조건에 대해 인지하려는 귀납적인 자세가 필요하다. 따라서 진정한 개발협력의 공여주체는 개발프로젝트를 이미 계산된 표준에 따라 기획하는 기계적인 기획자(planner)가 아니라 현지의 요구를 적극적으로 발굴해서 개발프로젝트에 반영하는 현장 중심의 탐색자(searcher)가 되어야 한다는 주장이 설득력을 갖게 된다.[10]

IV. 지속가능성을 위한 사고의 전환: 국제정치사회학적 상상력

지금까지의 논의는 우리가 국제사회의 SDGs에 배태된 지속가능성을

---

    of Good Governance (Princeton: Princeton University Press, 2009).

10 Easterly, William, *The White Man's Burden: Why the West's Efforts to Aid the Rest Have Done So Much Ill and So Little Good* (New York: The Penguin Press, 2006).

책무성의 이슈로 전환시키고 지속가능성에 대한 연역적 사고를 현장 중심의 귀납적 분석으로 성찰하는 사고의 전환이 필요하다는 결론과 상응한다. 본 연구에 참가한 모든 연구진이 공통적으로 던지고 있는 질문은 '누구를 위한 지속가능발전인가?' 이지만, 사고의 수준을 책무성에 집중하면 오히려 '누가 어느 수준까지 지속가능발전의 책임을 져야하는가?'로 질문의 무게중심이 이동하는 것을 성찰할 수 있다. 본 연구에서 지향하는 비판적인 성찰과 총체적인 거시맥락 비교는 국제관계에서 발생하는 개발협력이라는 현상을 단순히 국제법 또는 국제정치학적 시각에서 실증적으로 분석하는 것을 의미하지 않는다. 대신, 국제정치적 현상을 국내 사회와 유사하게 국제관계에서 형성된 일종의 사회적 관계성을 역사적으로 '이해(verstehen)'하는 성찰적 사회학이 동원되어야 한다[11]

국제정치이론 중 이해사회학적 접근이 접목될 수 있는 영국학파(English School)의 국제사회론(International Society)이 대안적인 이론으로 소환될 수 있다.[12] 국제관계에서도 국내정치에서 목도할 수 있는 사회적 관계가 형성되고 이러한 유형의 사회관계가 축적되면 국제사회가 형성될 수 있다는 주장이다. 여기에 역사성과 총체성의 접근법이 추가되면 최근 국제관계를 분석하는 새로운 융합적 시각인 '국제정치사회학(international political sociology)'이 국제관계학과 사회학의 중간지대에서 국제사회를 성찰한다.[13] 사회적 관계가 역사적으로 어떻게 구성되고

---

11 Laiz, Álvaro Morcillo and Klaus Schlichte, "International organizations, their staff and their legitimacy: Max Weber for IR," *Cambridge Review of International Affairs* 29(4), 2016.

12 Buzan, Barry and Laust Schouenborg, *Global International Society: A New Framework for Analysis* (Cambridge: Cambridge University Press, 2018).

재구성되는가를 추적하는 국제정치사회학적 상상력은 유엔의 SDGs 결정 과정이 리우+20 회의를 거친 이후에도 북반구 공여국 그룹의 개입이 이어지는 정치적 관성과 거버넌스 관행의 이유를 역사적 단계마다 추적할 수 있도록 인도한다. 이러한 국제정치사회학의 역사적 방법론은 역사사회학의 장기지속(longue durée) 개념과 맥을 같이 하며 SDGs 구성의 복잡한 과정을 역사적으로 이해하면서 지속가능성에 대한 성찰적 분석을 시도할 수 있다.[14]

　　역사성과 함께 국제정치사회학은 총체성이라는 성찰적 이해의 도구를 사용한다. SDGs의 복잡한 행위자와 프로젝트 이행의 단계, 그리고 공여주체와 수원주체 간의 갈등과 협력 등 SDGs 이행의 복합적 현상은 분석 수준을 협력국의 국내수준, 지정학적인 지역 수준, 그리고 글로벌 수준까지 포함할 수 있는 총체적인 분석 프레임워크가 필요하다. 따라서 SDGs의 지속가능성을 다양한 측면에서 이해하고 평가하기 위해서는 분석 수준을 국제사회 또는 세계체제의 거시적 총체로 상정해야 한다. 단순히, 분석 수준을 공여국과 협력국 등의 국가로 설정하는 현실주의적 시각은 다양한 분석 수준에서 발현되는 현상과 분석 수준 간에 발현되는 관계성을 미처 고려하지 못하는 협소한 분석만을 제시하게 될 것이다.

13　Bigo, Didier, "International political Sociology: Rethinking the International through Dynamics of Power," in Tugba Basaran, Didier Bigo, Emmanuel-Pierre Guittet and R. B. J. Walker (eds.), *International Political Sociology: Transversal Lines* (Abingdon: Routledge, 2017).

14　Bonacker, Thorsten, "Reporting Security: Postcolonial Governmentality in the United Nations' Trusteeship System," *International Political Sociology* 16(1), 2022.

국제정치사회학적 상상력을 동원하여 SDGs의 지속가능성을 글로벌 북반구 중심의 연역적 정당성과 글로벌 남반구 중심의 귀납적 상충성 간의 변증법적 산출물로 인식하고, 이를 토대로 본 연구는 취약국의 빈곤문제, 난민의 소외문제, 젠더와 성평등, 과학기술혁신, 그리고 국제보건의료 이슈에 천착하여 국제정치사회학의 성찰적 이해에 도전한다.

김태균. 2019.『한국 비판국제개발론: 국제開發의 發展적 성찰』. 서울: 박영
사.

김태균. 2018.『대항적 공존: 글로벌 책무성의 아시아적 재생산』. 서울: 서울
대학교출판문화원.

김태균·김보경·심예리. 2016. "국제개발 규범의 국내화 과정에 관한 연구
지속가능발전목표(SDGs)," 『국제·지역연구』 제25권 제1호, 서울대
학교 국제학연구소.

손혁상. 2020. "지속가능발전 담론: 형성, 역사적 변화와 다양한 시각," 박지
연·손혁상 외,『북한개발협력과 지속가능발전목표』. 서울: 오름.

Kim, Taekyoon and Sojin Lim, "Forging 'Soft' Accountability in Unlikely
Settings: A Conceptual Analysis of Mutual Accountability in the
Context of South-South Cooperation," *Global Governance*, 23(2),
2017.

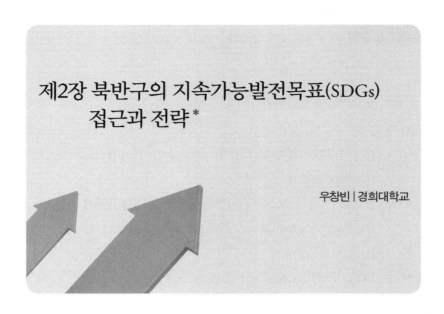

제2장 북반구의 지속가능발전목표(SDGs) 접근과 전략 *

우창빈 | 경희대학교

I. 들어가기

지속가능발전목표(SDGs: Sustainable Development Goals: SDGs)는 이전의 새천년개발목표(Millennium Development Goals: MDGs)를 대체하는 인류공동의 원대한 목표이다. SDGs는 가치적인 면에서 총체적인 발전을 지향하고, 이슈에 있어 경제·사회·환경 모두를 포함하여 포괄

---

* 본 장은 2022년 『사회적경제와 정책연구』 제12권 2호에 게재된 "코로나19 팬데믹 상황에서 지속가능발전목표(SDGs)의 실현을 위한 거버넌스에 대한 탐색적 연구"를 토대로 수정·보완하여 작성되었다. 논문이 책으로 나올 수 있도록 허락해 준 사회적경제와 정책연구 편집위원회에 감사드린다.

적이며, 또한 그 대상이 개도국과 취약국만이 아니라 모두를 포함하는 보편적인 규범이다. 그러나 애초부터 정치적 타협의 산물로서 SDGs는 다양한 목표들이 서로 상호 연계되어 있고 상호의존적일뿐만 아니라, 이들 사이에 충돌과 갈등, 나아가 모순이 존재한다.[1] 따라서 SDGs를 달성하기 위해서는 이행에 필요한 재원을 누가 책임져야 하는가 하는 책임의 문제와 SDGs가 채택한 목표들을 어떻게 효과적으로 실천할 것인가 하는 거버넌스의 문제가 핵심적이다.

이러한 상황에서 코로나19(COVID-19) 팬데믹은 전 세계적으로 국제개발협력을 포함하여 다양한 분야에 영향을 주었으며, 특히 SDGs의 현실과 특성을 매우 잘 보여주는 계기가 되었다. 먼저, 코로나19 팬데믹은 인수공통전염병이 전 세계적으로 확산된 것인데, 특히 지구화가 심화된 상황에서 급속히 전파되어 나타나게 된 것이라고 할 수 있다. 따라서 코로나19 팬데믹은 SDGs를 포함한 지구적 문제에 대해 공동으로 책임지고 협력하여 대응할 필요성을 보여준다. 또한 코로나19 팬데믹과 SDGs는 그 영향력의 범위나 특성이 매우 유사하여, 둘 다 해결하기 어려운 까다로운 문제(wicked problem)이다.[2] 코로나19 팬데믹은 비인간 행위자와 인간 행위자가 만드는 '행위자-네트워크'의 복합체이며, 이러한 행위자-네트워크 복합체는 창발(emergence)을 통해 새로운 복잡

1 　우창빈·이주하·김태균, "지속가능발전목표(SDGs) 달성을 위한 거버넌스와 공공행정 추진전략: 한국의 국제개발정책을 중심으로," 『국정관리연구』 제4권 (2)호 (2019). pp. 269-298; 우창빈·김태균·김보경, 지속가능발전목표 이행의 글로벌 경향성 분석: UN 자발적국별리뷰(VNR)를 중심으로, 『국정관리연구』 제5권 (2)호 (2000), pp. 65-108.

2 　Benjamin, Klasche, "After COVID-19: What can we learn about wicked problem governance?" *Social Sciences & Humanities Open*, 4(1) (2021), pp. 100-173.

성을 만들어 내어 발생한 것이다.[3] 이러한 복잡한 상황의 핵심은 다양한 주체들의 상호관련성과 상호의존성이 심화된다는 것이며, 따라서 이를 해결할 수 있는 거버넌스 문제가 더욱 중요해진다.

본 글에서는 이러한 배경에서, 코로나19 팬데믹 상황이 국제개발협력에 주는 의미와 국제개발협력의 지속가능발전목표(SDGs)에 대한 책임, 그리고 이를 추진하는 데에 적합한 거버넌스에 대해 논의하고자 한다. 북반구에 속하는 국가들이 다양하고 각각 견해도 다를 수 있으나, 여기에서는 북반구에 속하는 국가들이 대체로 동의한다고 할 수 있는 주류의 담론을 정리한다는 데에 그 목적을 두고 있다고 하겠다. 이를 위해 Ⅱ장에서 먼저 SDGs의 책임과 거버넌스에 대하여 지금까지의 논의들을 살펴보고, 이어서 Ⅲ장에서는 코로나19 팬데믹이 국제개발협력과 SDGs에 주는 의미를 정리하였다. 다음으로 Ⅳ장에서는 이러한 코로나19 팬데믹이 구체적으로 SDGs의 책임과 거버넌스에 주는 의미를 제시하고, 코로나19 팬데믹 상황에서 적합한 거버넌스로 메타거버넌스를 대안으로 제시하였다.

---

3   김상배, "신흥안보와 메타 거버넌스: 새로운 안보 패러다임의 이론적 이해," 『한국정치학회보』 제50권 (1)호 (2016), pp. 75-104; 윤정현, "신흥안보 거버넌스: 이론적 고찰과 대안적 분석틀의 모색," 『국가안보와 전략』 제19권 (3)호 (2019), pp. 1-46.

Ⅱ. SDGs에 대한 책임과 거버넌스에 대한 논의

1. SDGs에 대한 책임에 대한 논의

일반적으로 책임은 사전적으로는 반응이나 응답을 하는 능력을 이르나, 책임을 명확하게 정의하기는 어렵다. 정치 이론적 의미에서 논란이 많은 개념이어서, 누구에게 책임을 지우는가의 문제는 정치적 문제이며, 책임의 정의는 누군가에게 책임을 지우기 위한 문제와 관련되어 있으므로 정치적 다툼이 있다고 하겠다. 원칙적으로 책임은 개인과 공동체, 그리고 국가 모두에게 있다고 볼 수 있으나, 현실에서 많이 볼 수 있는 책임, 특히 문제가 되는 책임의 비대칭은 권력의 비대칭에서 비롯하는 것으로 볼 수 있다. 또한 권력의 비대칭은 또한 국가의 책임과 상응하는 측면이 있고, 따라서 여러 책임 중에 상대적으로 국가의 책임이 중요하다고 할 수 있다.

책임의 정의도 정치적 문제로 다툼이 있으나, 정치이론가인 아이리스 영은 법적책임 모델과 사회연계 모델로 구분하였다.[4] 법적책임모델은 어떠한 손해나 위해에 대한 죄나 잘못을 묻는 것으로, 책임을 추구하는 상황과의 인과적 관계를 확인하여 책임을 따지므로, 구조적인 부정의에 대해 책임을 묻기 어렵다. 반면 사회연계모델에 따르면, 개별 주체 단독으로 그러한 불공정한 결과를 생성한 것이 아니며, 결과로부

---

4   Iris Marion Young, "Responsibility and global justice: A social connection model," *Social philosophy and policy* 231 (2006), pp. 102-130.

터 각자가 기여한 특정 부분을 별개로 구분하여 분리할 수 없다. 따라서 생성한 과정에 기여한 모든 주체에게 책임을 물을 수 있게 된다. 이러한 흐름에서 SDGs와 관련한 책임도 원인(cause)으로서의 책임과 의무(obligation)로서의 책임으로 구분해 볼 수 있다.[5] 원인으로서의 책임과 의무로서의 책임은 개념적으로도 조세부담의 원칙인 편익원칙, 능력원칙과 유사하여 구분이 명확한 편이며, 현실적으로 선진국과 개도국 사이에서 정치적 문제로 논쟁거리이다.

먼저, 원인으로서의 책임은 기여(contribution) 원칙에 근거한 것으로, 조세원칙의 수혜자 또는 편익원칙과 유사하게 역사적으로 불공정한 상태에서 혜택을 얻은 정도만큼 의무가 있다는 것이다.[6] 원인에 의한 요구는 불공정한 상태를 만드는 구조적 과정에 기여한 국가들이 책임을 지도록 할 요구를 할 수 있다는 정치적 함의를 지닌다. 따라서 역사적으로 기후변화를 일으킨 국가들이 그렇지 않은 국가들보다 더한 책임을 져야한다는 것이다.[7] 이러한 원인으로서의 책임은 특히 기후변화 협상에서 공동이지만 차별적인 책임(Common but Differentiated Responsibilities: CBDR) 원칙으로 구체화되어 개도국들에 의해 지속적으로 주장되고 있다.

다음으로 의무로서의 책임이 있는데, 의무 또한 다양한 원칙들에

---

5 Magdalena Bexell and Kristina Jönsson, *The Politics of the Sustainable Development Goals: Legitimacy, Responsibility*, and Accountability. Routledge, 2021.

6 Christian Barry, Global justice: Aims, arrangements, and responsibilities. *Can Institutions Have Responsibilities?*, Palgrave Macmillan, London, 2003.

7 Pamela Chasek, et al., "Getting to 2030: Negotiating the post-2015 sustainable development agenda," *Review of European, Comparative & International Environmental Law* 251 (2016), pp. 5-14.

의해 정의될 수 있다. 특히 SDGs와 같이 어떠한 목적이 있는 경우 그 목적을 이행해야 할 의무가 있는 것이라고 하겠으며,[8] 어떠한 것을 할 의무는 박탈을 치유할 능력이 있다는 것을 포함한다고 할 수 있다.[9] 따라서 의무로서의 책임은 소위 능력(capacity) 원칙이 적용되는 것으로, 빈곤하고 박탈된 지역에 해결책을 제시할 수 있는 능력과 역량이 있는 국가가 의무를 진다는 것을 의미한다. 원인에 의한 책임이 과거에 집착한다면, 의무로서의 책임은 보다 미래지향적(forward-looking)인 것으로 역할을 우선한다고 할 수 있다.[10] 또한 이러한 의무는 개별적인 주체들의 행위보다는 집합행동(collective activity)을 통해 실현되는 것이며, 따라서 제도적 책임이라고 할 수 있다.[11]

SDGs의 책임의 성격을 규범적인 측면에서 규정하고 있는 문서들을 찾아보면, SDGs와 관련한 주요한 두 개의 문서인 'Transforming Our World: The 2030 Agenda for Sustainable Development', 그리고 'Addis Ababa Action Agenda(AAAA, 2015)'를 들 수 있다. 이들 문서들에서 규정하고 있는 책임을 살펴보면, 주로 원인에 의한 책임은 많이 나타나지는 않는데 비해, 의무에 의한 책임은 두드러지게 나타난다는 것을 확인할 수 있다.[12] 그러나 이들 보편적 목적은 서로 상충하고, 의무로서의 책임의 개념이 모호하게 규정되어 있는 측면이 있다. 따라서 SDGs와 관련

8 Thomas Pogge and Mitu Sengupta, "The Sustainable Development Goals: a plan for building a better world?," *Journal of Global Ethics* 111 (2015), pp. 56-64.

9 Barry (2003).

10 Peter Cane, et al., *Responsibility in law and morality,* Hart Oxford. 2002.

11 Young (2006).

12 Magdalena Bexell and Kristina Jönsson, Responsibility and the United Nations' sustainable development goals. *Forum for development studies,* Taylor & Francis, 2017.

하여 공식적으로 주요 문서에서는 대체로 의무에 의한 책임을 강조하고 있다고 하겠으나, 실제 구체적인 책임배분에 있어서는 국가들의 주권과 각각의 상황을 존중하여 여지를 두고 있다고 할 수 있다.

　이러한 상황에서 선진국과 개도국들 사이에 SDGs의 책임 문제를 두고 대립이 존재한다. 선진국들은 SDGs를 통해 국내 수준에서 정치적 포용성을 강조하고 자국의 지속가능성을 해결하고자 하였으며, 국제적 수준에서는 개도국과의 '책임의 공유(shared responsibility)'를 주장하였다. 반면, G-77 개도국들은 국제수준에서의 평등을 요구하여 '공동의 그러나 차별화된 책임(common but differentiated responsibility: CBDR)'을 강조하였다. CBDR은 정치적으로 SDGs에 참여하고 있는 국가들의 대립관계를 기반으로, 국가들을 개도국과 선진국, 남과 북으로 양분하여 이들 간의 갈등이 주요하다는 전제를 하고 있다. 실제로 G77 국가와 중국은 CBDR이 SDGs의 책임 원리로 채택되어야 한다고 주장하는 데 반해, EU를 비롯한 선진국들은 명시적으로 이에 반대하고 있다.[13]

13　Achala Abeysinghe and Saleemul Huq, Climate justice for LDCs through global decisions, 2016; Oran Young, "Conceptualization: Goal setting as a strategy for earth system governance," In Kanie, N., & Biermann, F. (Eds.), *Governing through goals: Sustainable development goals as governance innovation*, MIT Press, 2017; EC-European Commission, "A Global Partnership for Poverty Eradication and Sustainable Development after 2015," COM 2015 44, 2015.

2. SDGs의 거버넌스에 대한 논의

SDGs 체제에서 거버넌스는 SDGs의 모든 목표를 달성하기 위한 결정적인 요소이며, 지속가능발전은 결국 모두 거버넌스에 관한 것이라고도 한다(Meadowcroft 2010). SDGs 체제에서 거버넌스는 SDGs의 모든 목표를 달성하기 위한 결정적인 요소이며, SDGs의 17개 목표 중 16과 17에 명기하고 있듯이, 거버넌스는 SDGs가 채택한 목표들을 어떻게 효과적으로 실천할 것인가에 대한 이행수단(Means of Implementation: MoI)이며, 동시에 SDGs가 달성하고자 하는 중요한 목표이기도 하다[14]

그러나 거버넌스의 개념은 다양하게 사용되고 논란이 많다. SDGs의 거버넌스에 대한 논의를 위해 필요한 수준에서 개괄해 보면, 일반적으로 넓은 의미에서의 거버넌스와 좁은 의미에서의 거버넌스로 나눠볼 수 있다. 넓은 의미에서 거버넌스는 사회적 조정(social coordination)과 규칙양식(patterns of rule)의 모든 형태로 정의되고,[15] 이러한 넓은 의미에서의 거버넌스는 일반적인 세 가지 사회적 조정양식인 계층제(hierarchy), 시장(market), 네트워크(network) 모두를 포함한다고 하겠다. 한편, 좁은 의미에서의 거버넌스는 넓은 의미에서의 거버넌스가 포함하고 있는 전통적인 거버넌스 형태인 시장과 계층제를 제외한 것으로, 사회적 조정 양식의 특정 유형으로서 네트워크만을 의미한다.[16]

국제개발협력의 현실에서 SDGs를 위한 거버넌스에 대한 접근도

---

14 Joachim Monkelbaan, *Governance for the sustainable development goals*. Singapore: Spinger, 2019.

15 Mark, Bevir, *Governance: A Very Short Introduction*, OUP Oxford, 2012.

16 Jan Kooiman, *Modern governance: new government-society interactions*, Sage, 1993.

대체로 이상적인 세 가지 거버넌스의 유형을 따라 구분할 수 있다.[17] 첫 번째는 계층제에 속하는 것으로, UN의 '고위급 정치포럼(HLPF)', 그리고 SDG16에서 구현된 것과 같은 형태로 강력한 중앙형 리더십이 필요하다는 접근이다. 둘째로는 네트워크에 속하는 것으로 네덜란드, 덴마크, 스웨덴 등 합의제 민주주의 국가들의 학계에서 많은 지지를 받고 있으며, SDG17에서 파트너십으로 반영된 것과 같은 형태의 강력한 상향식(bottom-up) 파트너십이다. 셋째는 전환관리(transition management) 접근으로, 네트워크와 위계방식이 더해지기는 했으나 시장형 거버넌스에 가까운 것이다. 주로 비정치적이고 시스템적인 문제에서 작동하는 것으로, 90년대 네덜란드의 환경 정책에서 유래하였으며, 전문가 관리가 중요하다.

　　보통 거버넌스를 다루는 연구들에서는 좁은 의미의 거버넌스 또는 네트워크를 대상으로 하는 경우가 많다. 또한 국제법적으로 각국 정부가 SDGs를 이행해야 할 의무가 없는 개발협력의 현실에서 좁은 의미의 거버넌스인 네트워크가 보다 더 적절하다고도 할 수 있다. 현실적으로 SDGs를 강제하거나 실효적으로 이행을 감독할 수 있는 제도가 제대로 갖춰져 있지 않은 상황에서, 각 국가들은 SDGs의 목표들을 선택하는 것을 포함하여, 이를 해석하고 이행하는 것에 자유와 재량(discretion)이 있다. 결국 SDGs의 이행은 다양한 수준의 거버넌스에서 다양한 행위자들에게 맡겨져 있다고 할 수 있으며, 따라서 개발도상국뿐만 아니라 선진국들을 모두 포함하는 형태로 이해관계가 있는 각 국가들이 협조하여

17　Louis Meuleman, *Metagovernance for sustainability: A framework for implementing the sustainable development goals*, Routledge, 2018.

상향식(bottom-up) 파트너십을 형성하는 것이 중요하다.[18]

　　한편, 넓은 의미의 거버넌스를 지지하는 입장에서 보면, 좁은 의미의 거버넌스는 그 정의에 이미 네트워크가 어떠한 시·공간적 상황과 맥락에서건 계층제, 시장, 네트워크의 세 가지 사회적 조정양식 중에서 가장 바람직한 거버넌스라는 신념을 포함하고 있어 문제가 될 수 있다. 실제로 네트워크 거버넌스도 패자에 대한 보상, 파트너십 역량, 단기적인 시각, 부적절한 조정 메커니즘, 잘못된 인센티브 등의 문제가 발생하여 실패할 수 있다.[19] 따라서 SDGs의 거버넌스는 네트워크에 국한되는 좁은 의미에서의 거버넌스보다는 사회적 조정 양식으로 정의되는 넓은 의미에서의 거버넌스로, 계층제, 시장, 네트워크의 세 가지 사회적 조정양식을 모두 포함하는 것이어야 하며, 시·공간적 맥락에서 다양한 행위자를 통해 적절히 활용할 수 있어야 한다.

---

18 Sakiko Fukuda-Parr, "Global goals as a policy tool: intended and unintended consequences," *Journal of Human Development and Capabilities* 152-3 (2014), pp. 118-131; Sabine Weiland, et al., "The 2030 Agenda for Sustainable Development: Transformative Change through the Sustainable Development Goals?," *Politics and Governance* 91 (2021), pp. 90-95.

19 David Horan, "A new approach to partnerships for SDG transformations," *Sustainability* 1118 (2019), pp. 49-47.

Ⅲ. 코로나19 팬데믹이 국제개발협력과 SDGs에 주는 의미

1. SDGs와 지구적 문제에 대한 공동 대응 필요

팬데믹으로서 코로나19(COVID-19)는 전 세계적으로 막대한 피해를 주었다. 세계적으로 코로나19에 감염된 환자를 누적하면 총 4억 8천 2백만명을 넘고, 사망자 수는 6백 2십만 명에 달하며, 우리나라의 경우에도 총 누적 감염자가 1천 5백 6십만 명, 사망자는 2만 명에 육박한다.[20] 팬데믹의 해악은 무엇보다 우선 감염자의 건강에 대한 직접적인 피해가 있겠으나, 스트레스 등 비감염자의 정신건강에 미치는 영향과 보건시스템에 대한 간접적인 피해, 그리고 건강을 넘어서 실업, 빈곤, 경기 침체 등 전세계적으로 경제적인 피해를 주었다. 과거의 표준이 더 이상 작동하지 않고 새로운 가치가 세상의 변화를 주도하여 비정상적으로 생각되던 것들이 상식적인 일로 변화한 상태를 뉴노멀이라고 한다면, 코로나는 기존의 만성적인 저성장으로 인한 경제적 불확실성에 더해 지구적 위험이 더해져 이중적 뉴노멀의 시대를 가져왔다고 할 수 있다.

코로나19 팬데믹 사태는 전 지구적 수준에서 확산되고 증폭되었으며, 또한 전 지구적 수준에서 공동의 대응과 협력이 중요성을 강조한다. 특히, 코로나19 팬데믹이 그 전의 전염병 확산과 다른 점은 무엇보다 그 속도와 정도이다. 과거 100여 년 전 세계적으로 유행한 스페인 독감의 경우에 비해 보면, 2019년 12월말 중국에서 전파되기 시작한 코로나 팬

---

[20] http://ncov.mohw.go.kr/ (2022년 4월 12일 기준. 검색일: 2022. 4. 13).

데믹은 훨씬 빠르게, 또한 더 넓게 세계적으로 확산되었다. 이는 지구 전체를 포괄하는 연결성과 이동성 및 신속성을 특징으로 하는 지구화 (globalization)의 심화에 의한 것이라고 하겠다. 지구화는 지구적인 수준에서 전문화가 이루어짐에 따라 특정 기술과 상품을 대체하기 어렵게 되고, 이에 따라 기업들뿐만 아니라 어떤 나라도 자국의 경제가 필요로 하는 상품과 부품을 완전히 통제하지는 못하는 상호의존의 복잡한 체계를 형성한 상황이라고 할 수 있다.[21]

코로나19는 이러한 지구화가 심화된 상황에서 빠르게 확장되고 증폭되었다. 교통과 통신의 발전으로 인간들의 초국적 이동이 크게 늘어나고 빨라졌으며, 이에 따라 전염병의 전파속도가 빨라지게 되었다. 휴대전화, 인터넷, 화상회의 등 통신의 발달과 함께, 항공여행은 전 지구적 연결성을 바꾸어 놓았다. 항공여행은 2010년과 2019년 사이에 매년 평균 6.5퍼센트 성장했다. 이동이 잦아지고 빨라지고, 연결성이 증대된 만큼 전염병으로부터 취약해진 것이다. 또한 지구화로 밀접하게 연결된 상황에서 한 국가의 방역실패는 도미노처럼 다른 국가로 전파되어, 어떤 국가도 코로나19 전염병의 세계적인 확산을 단독으로 해결할 수 없다.[22]

이런 맥락에서 코로나19 팬데믹은 글로벌 공공재(Global Public Goods: GPG)에 대한 인식을 제고하였다고 할 수 있다. 글로벌 공공재

21 이상만, "코로나19의 정치경제와 위기의 신자유주의-변증법적 사유," 『아시아연구』 제 23권 (2)호 (2020), pp. 1-45.
22 김상배, "코로나 19와 신흥안보의 복합지정학: 팬데믹의 창발과 세계정치의 변환," 『한국 정치학회보』 54권 (4)호 (2020), pp. 53-81; Walden Bello, Coronavirus and the Death of 'Connectivity.'. *The Transnational Institute TNI*, 23, 2020.

의 공급은 전통적 공공재의 개념에 더해 국경을 넘어 문제가 되는 기후변화에 대한 대처, 금융위기 방지, 이민자 유입 관리, 세계평화의 유지와 같은 것을 말하며, 코로나19와 같은 질병에 대한 관리도 글로벌 공공재라고 할 수 있다. 글로벌 공공재의 관점에서 보면, 코로나 바이러스를 스스로 통제할 수 없는 가장 약한 고리(weakest links)에 속하는 국가들을 도와줘야만 하는 것이다. 그런데 문제는 전통적 공공재는 권위 있는 정부가 존재하여 개입할 수 있는 데 비해, 글로벌 공공재의 경우에는 이를 해결할 수 있는 메커니즘이 없다는 것이다.[23]

　이는 또한 역설적으로 코로나19 대응이라는 과제를 해결하는 데 있어 전 지구적 협력과 글로벌 공공재를 공급하기 위한 집합행동(collective action)의 중요성을 강조하는 것이라고 할 수 있다. 특히, 코로나19 팬데믹은 북반구의 국가들이 모든 전문적인 지식과 해법을 지니고 있다는 가정이 허위라는 것을 드러냈으며, 선진국과 개발도상국들 사이에서 다방면의 학습이 필요하다는 것을 강조한다. 지금까지와 달리 선진국들에서의 저개발 문제, 그리고 보다 공정하고 지속가능한 세계를 창출하는 데에 선진국들의 역할에 대해 관심을 가지고, 선진국과 개발국 모두에 관련 있는 많은 다양한 문제들에 관여할 필요가 있는 것이다. 다시 말해, 국제개발협력의 과제들을 협소하게 국제적인(international) 관점으로 볼 것이 아니라 전 지구적(global) 문제로 보고 협력해야 한다는 것을 모든 국가들에게 일깨워 준다고 할 수 있다.[24]

23　Gordon Brown and Daniel Susskind, "International cooperation during the COVID-19 pandemic." *Oxford Review of Economic Policy*, 36(Supplement_1) (2020), pp. S64-S76.

24　Johan Oldekop et al., "COVID-19 and the case for global development," *World devel-*

2. 복잡성의 증가와 까다로운 문제로서 SDGs

다음으로, 코로나19 팬데믹은 인류가 자연과 조화를 이룬 홀로세(Holocene)에서 인류가 환경을 심각하게 훼손하는 인류세(Anthropocene) 시대에 들어섰음을 보여준다. 현상적으로 코로나19 팬데믹은 인간과 동물(박쥐) 간의 접촉이 늘어나 동물에게만 있던 병원체가 인간에게 전파된 것으로, 인간의 개입과 바이러스의 변종이 상호작용을 통해서 나타난 현상이다. 보다 근본적으로 코로나19 팬데믹이 발생한 이유는 농지 개간이나 금속 채굴을 목적으로 한 야생삼림의 벌목이나 무분별한 산림 훼손 등에 의한 것으로, 인간중심주의적인 환경파괴의 산물이라고 할 수 있다. 따라서 인류가 초래한 변화로 인해 지구가 예측불가하고 더 이상 통제되지 않을 뿐만 아니라, 인류에게 반격을 가하는 것으로 해석될 수도 있다.[25]

또한 이러한 인류세 시대의 코로나19 팬데믹 사태는 탈인간질서로의 변환의 서막이 될 수 있다.[26] 지금까지 인간과 함께 있었지만 주목받지 못했던 비인간 행위자(non-human actor)로서 자연적 존재인 코로나바이러스가 자신의 행위성(agency) 또는 능동성을 보여주는 것이다. 전통적으로 국제개발협력에서 행위자를 국가와 인간으로 한정해 왔으나, 이러한 인간중심 접근은 국제개발협력의 현실에서 새롭게 대두되는 이

opment 134 (2020), pp. 105044.

25 하대청, "다종적 얽힘과 돌봄: 코로나 감염병 시대 공변성을 위한 윤리," 『안과밖』 제49권 (2020), pp. 224-249; Clive Hamilton, Defiant earth: _The fate of humans in the Anthropocene,_ John Wiley & Sons, 2017.

26 김상배(2020).

슈들을 다루는 데에 효과적이지 못하다는 비판이 있어 왔다. 최근에는 행위자-네트워크이론(Actor-Network Theory: ANT)에 근거하여 비인간적 존재인 바이러스와 같은 행위소(actant)를 고려해야 한다는 주장이 제기되고 있다.

행위자-네트워크이론(ANT)에 따르면 비인간과 인간 행위자는 서로 명확히 구분되지 않는 혼성물로서 인간이나 비인간 행위자 어느 하나로 환원되지 않으며, 나아가 바이러스와 같은 비인간 행위자도 인간과 대칭성을 이루는 존재로 네트워크를 이루어 새로운 중합체(assemblage)를 형성한다. 여기에서 '사회적인 것(the social)'은 행위자이자 동시에 네트워크이며 끊임없이 변화하는 복합체이자 끊임없는 과정으로서 존재한다. 따라서 코로나19 팬데믹 사태는 코로나 바이러스와 인간 행위자가 만드는 '행위자-네트워크'의 복합체(collective)로, 바이러스로서의 본성 외에 인간이 만들어낸 조건, 야생의 자원화, 무역과 여행의 전지구화, 자원 동원과 배분에 대한 정치, 그리고 보건시스템 등이 어우러져 감염병이 되고 팬데믹으로 확산된 것이라고 할 수 있다.[27]

이렇게 코로나19 팬데믹은 바이러스와 인간이 사회적으로 예측할 수 없는 방식으로 상호작용하여 발생하였다. 또한 코로나 바이러스는 빌 게이츠가 오래 전부터 경고했듯이 잠재적 위험으로 이미 존재하던 것이었는데,[28] 복잡한 과정을 통해 미시적 차원을 넘어 거시적 차원

---

27 김상배(2020); 윤정현(2019); 은진석·이정태(2020). "코로나 사태의 국제정치학적 함의-비인간은 '행위자'인가?-,"『대한정치학회보』28(4), pp. 243-270; Bruno Latour, *Reassembling the social: An introduction to actor-network-theory*, Oxford university press, 2005; Donna J. Haraway, *The haraway reader*, Psychology Press, 2004.

28 Bill Gates, The next outbreak? We're not prepared. https://www.ted.com/talks/bill_

의 문제가 되었다. 코로나19 팬데믹 상황에서 누가 바이러스의 전파자이고 감염자인지 알 수 없으며, 모두가 모두에게 복잡한 상호관계를 가진다. 광범위한 주체와 지역을 아우르는 문제이며, 그 범위에 있어서 정치, 사회, 경제를 모두 포함한다. 또한 에너지, 교통, 식량 등 다양한 분야를 포괄할 뿐만 아니라, 그 수준에 있어서 지구적 수준, 지역적 수준, 국가, 국가 하위 수준과 개인에 모두 적용되는 문제이다.

이는 문제가 체계적이지 않고, 그 해결책이 문제의 정의와 깊이 관련되어 문제의 정의조차 어려운 문제로, 비체계적이고, 범분야적이며, 지속적 특성을 가지는 해결하기 까다로운 문제(wicked problems)라고 할 수 있다.[29] 나아가 코로나19 팬데믹은 물론이고 이에 대한 관리도 상호작용하는 부분들의 매우 복잡한 비선형적 관계로 이루어진 복잡계 또는 복잡성(complexity)으로 묘사할 수 있다.[30] 이러한 코로나19 팬데믹의 복잡성은 국제개발협력을 훨씬 더 복잡하게 만들고 해결하기 까다로운 문제로 만들었다고 할 수 있다.[31]

gates_the_next_outbreak_ we_re_not_ready/up-next?languagedz, 2015.

29 Horst J. Rittel and Melvin M. Webber, "Dilemmas in a general theory of planning," *Policy sciences* 42 (1973), pp. 155-169; Edward P. Weber and Anne M. Khademian, "Wicked problems, knowledge challenges, and collaborative capacity builders in net-work settings," *Public administration review* 682 (2008), pp. 334-349.

30 Tarcisio A. Saurin, "A complexity thinking account of the COVID-19 pandemic: im-plications for systems-oriented safety management." *Safety science* 134 (2021), p.105087; Didier Wernli et al., "A complexity lens on the COVID-19 pandem-ic." *International journal of health policy and management* (2021), p. 4.

31 복잡계(complexity)와 까다로운 난제(wicked problem)는 문제정의, 전체성, 동학, 결과, 예측가능성, 경로의존성 등에서 공통점이 많아, 이하에서는 구분하지 않고 사용한다 (Paul Cairney, "Complexity theory in political science and public policy." *Political*

IV. 코로나 팬데믹 상황에서 SDGs의 책임과 거버넌스

1. 코로나 팬데믹 상황이 SDGs에 대한 책임에 주는 의미

그렇다면, 코로나19 팬데믹 상황은 SDGs의 책임을 둘러싼 논란에 어떤 의미를 주는가? 첫째로, 코로나19 팬데믹을 겪으면서 SDGs의 보편적 책임으로서의 당위성과 적실성이 더욱 높아졌다고 하겠다. 새천년발전목표(MDGs)에서 SDGs로의 전환은 일부를 위한 약속에서 모두를 위한 것으로의 전환을 의미한다고 할 수 있다.[32] 원칙적으로 SDGs는 국가 발전의 모든 단계에 적용되므로, SDGs는 보편적 책임이라고 할 수 있다. 그러나 한편, SDGs는 법적 구속력이 없어 강제할 수 없으며, 제도적 정비가 미미하며, 국가들의 자유재량이 많다.[33] 따라서 국가들에게 도덕적 책임은 부여되고 있지만, 국제법적으로 SDGs를 달성해야 하는 책임은 각 국가들에게 주어져 있는 상황이라고 할 수 있다.

---

studies review, 10(3) (2012), pp. 346-358; Falk Daviter, "Policy analysis in the face of complexity: What kind of knowledge to tackle wicked problems?" Public Policy and Administration, 34(1) (2019), pp. 62-83; Sandra Waddock et al., "The complexity of wicked problems in large scale change." Journal of Organizational Change Management, 2015).

32 Sakiko Fukuda-Parr, "From the Millennium Development Goals to the Sustainable Development Goals: shifts in purpose, concept, and politics of global goal setting for development," Gender & Development 241 (2016), pp. 43-52.

33 Frank Biermann et al., "Global governance by goal-setting: the novel approach of the UN Sustainable Development Goals," Current Opinion in Environmental Sustainability 26 (2017), pp. 26-31.

그런데 앞에서 언급했듯이, 코로나19 팬데믹 상황은 지구적 문제에 대하여 우리 모두가 공동으로 대응해야 할 필요성이 절실하다는 것을 의미하며, 이러한 필요성은 국제개발협력과 SDGs의 경우에도 마찬가지로 적용된다. 특히, SDGs의 중요한 부분인 기후환경변화 위기를 코로나19 팬데믹과 비교하면, 매우 유사한 특성을 지닌다. 코로나19 팬데믹과 기후환경 변화의 위기는 모두를 위협하며, 한 국가의 실패는 전체의 실패가 되어 어떠한 국가도 혼자 문제를 해결할 수 없다. 결국 가장 약한 고리에 속하는 국가들을 도와줘야만 비로소 안전할 수 있다는 교훈을 준다. 코로나19 팬데믹을 통해서 SDGs도 보편적 목표로서 선진국과 개도국을 구분하지 않고 모두가 다른 주체들과 함께 집합적 행동에 참여해야만 그 책임이 이행될 수 있다는 점이 분명히 드러났다고 할 수 있다.

둘째로, 코로나19에 대처하는 과정에서 볼 수 있듯이, 각자가 기여한 특정 부분을 별개로 구분하여 책임을 지우는 것은 더욱 어려워졌다. 코로나19 팬데믹에서 과연 누가 더 책임이 있는지, 예를 들어 초기 진원지로서 진압을 제대로 못한 중국의 책임이 있는지, 아니면 이후 확산의 기폭제가 된 유럽이나 미국이 더 책임이 있다고 할 수 있는지 판단하기가 쉽지 않다. 또한 이를 따져 책임을 묻기보다는 당장의 확산을 막는 것이 시급한 일이다. 마찬가지로 SDGs와 관련하여 원인으로서의 책임에 따라 선진국들이 더 많은 책임을 져야한다면, 과연 원인을 제공한 국가들이 선진국에 국한되는지 논란이 있을 수 있다.

실제로 최근 국제개발협력의 현실에서 중국, 인도와 같은 신흥국가들이 중요해지면서 그 역할이 변화하고 있어서, SDGs에 대한 책임을 개도국과 선진국, 남과 북으로 양분하여 책임을 지울 수 있는지 의문이다.[34] 기후변화를 예로 중국의 경우를 살펴보면, 2016년 기준으로 중국은 세계 전체 온실가스 배출량 중 28%를 혼자 배출하는 국가로서 배출량 세계 2위인 미국의 16%보다도 많다[35] (정진영 외, 2019). 또한 대립구도가 개도국과 선진국의 남북문제를 넘어서 복잡해지고 있다. 미국은 트럼프 전 대통령이 탈퇴한 파리기후협약에 다시 가입하고 적극적으로 글로벌 리더십을 보이고자 하였으나, 최근 개최된 제26차 유엔기후변화협약 당사국회의(COP26)의 탈석탄선언에는 최대 석탄 소비국가인 호주, 중국 인도등과 함께 빠졌다.[36] 나아가 선진국과 개도국 내부에도 다양한 의견차가 존재한다. 예를 들어 기업들 중에도 보험회사들의 경우에는 기후변화로 인한 재해로 피해를 입을 수 있어, 환경 NGO들과 함께 배출가스 감축을 적극적으로 찬성한다.

정리하자면, 코로나19 팬데믹은 SDGs를 실현시키기 위한 책임으로 원인이나 기여보다는 의무로서의 책임 원칙이 적절하다는 것을 보여준다고 하겠다. 현재의 상황에서 각자가 기여한 부분을 별도로 구분하기 어려운데, 과거에 얽매여 누가 이런 상황을 초래했는지 원인을 따지기보다는, 미래지향적으로 의무로서의 책임의 원칙을 따르는 것이 문제의 해결에 도움이 될 것이다. 따라서 현재 상황의 시급함과 중대함을 가져온 과정에 참여한 모든 이들이 발전 단계에 관계없이 책임을 공유

34 Sigrid Jerpstad, Who Should Bear the Burden? The EU's Approach to Responsibility for the Sustainable Development Goals. *GLOBUS Research Paper*, 2019

35 정진영, 『(일반인을 위한) 기후변화의 과학과 정치』, 서울: 경희대학교 출판문화원, 2019.

36 《중앙일보》, 2021.11.05. "석탄발전 단계적 폐기" 40개국 합의…미국·중국은 빠져. https://www.joongang.co.kr/article/25021114#home.(검색일: 2022. 4. 13).

하는 것을 원칙으로 하되, 각자의 능력과 역량(capability)에 따라 책임을 지도록 하는 것이 적절할 것이다.

2. 코로나19 팬데믹 상황이 SDGs의 거버넌스에 주는 의미

다음으로, 코로나19 팬데믹 상황은 SDGs의 거버넌스에 어떠한 의미를 주는가? 앞에서 살펴보았듯이 코로나19 팬데믹은 인류세 시대와 탈인간질서로의 변환을 의미하여 국제개발협력의 문제를 더욱 복잡한 문제로 만들었다. 복잡성은 전체가 그를 구성하는 부분들로 설명되지 않는 창발(emergence) 현상이 일어나므로 해결하기가 매우 어렵다. 복잡성은 다수의 인과관계를 가지지만 비선형적 관계는 아닌 제한적 복잡성(restricted complexity)이나, 풀기 어렵다고는 해도 순서나 선형의 관계를 따르기 때문에 가산(additive)의 논리 모형으로 풀 수 있는 어려운(complicated) 문제와 다르다. 예를 들면, 제트기 엔진과 같은 경우는 요인이 많다고는 하지만 그 관계가 고정되어 명확히 정의될 수 있고, 부품이 많지만 이들을 하나하나 순서대로 조립하여 전체를 만들 수 있으므로, 어려운 문제이기는 하지만 복잡한 문제는 아니다. 그러나 어려운 문제와 달리 복잡한 문제에서는 요소들의 특성이 아니라 상호작용이 중요하고, 인과관계가 비선형적이다.[37]

---

37 Julia Kreienkamp Tom Pegram, "Governing complexity: Design principles for the governance of complex global catastrophic risks," *International Studies Review* 233 (2021), pp. 779-806; Malte Brosig, Restricted Complexity a Middle Path Between Post-modern Complexity Theory and Positivist Mainstream IR. Forum: Complex

복잡성의 원인은 단순하게 설명할 수 없다. 동일한 원인이 서로 다른 결과를 낳을 수 있으며, 반대로 서로 다른 원인이 같은 결과로 이어질 수도 있다. 미시적 원인이 거시적 결과를 초래하거나 또는 반대로 거시적 원인이 미시적 결과를 초래하기도 한다. 나아가 원인과 반대되는 결과가 나타나기도 하여, 원인의 결과는 불확실하다. 복잡성은 우발적 필연성(contingent necessity)으로 설명하는데, 이에 의하면, 실제 세계에서 일어나는 모든 것들은 원인이 있어 일어날 수밖에 없는 필연적인 것들이라고 할 수 있다. 그러나 그렇다고 그것이 하나의 단일한 원인에 의한 것임을 의미하는 것은 아니며, 다양한 인과적 경향성과 반경향성이 상호작용하여 발생한다. 이러한 의미에서 사전적(ex ante)으로는 우발적이다. 또한 복잡성은 폐쇄적이지 않고 개방적이어서, 때로는 상상하지 못했던 전혀 다른 미래가 가능하다.[38]

구체적으로 지속가능발전목표(SDGs)와 관련하여 코로나19 팬데믹과의 관계를 살펴보면 그 복잡성을 확인할 수 있다. 먼저 코로나19는 일차적으로는 경제성장을 둔화시키고 이에 따라 SDG1(빈곤퇴치), SDG2(기아종식)와 같은 목표들을 달성하는 데에 부정적인 영향을 주지만, 다른 한편 환경문제의 심각성을 깨닫게 됨으로써 SDG13(기후변화 대응)에 대한 긍정적인 기회가 될 수도 있다. 또한 연대감(solidarity)이 증진되어 SDGs를 제대로 달성할 수 있는 기회가 될 수 있다.[39] 나아가

systems and international governance', *International Studies Review,* https://doi.org/10.1093/isr/viz005, 2019.

38 Bob Jessop, *Putting Civil Society in Its Place: Governance, Metagovernance and Subjectivity.* Bristol: Bristol University Press, 2020; Jürgen Schriewer, Coping with complexity in comparative methodology. *Learning from comparing* (1999), pp. 33-72.

팬데믹에 대한 대항을 하는 과정에서 정부의 주도권이 강화되기도 한다. 예를 들어, 일본에서는 SDG7(청정에너지) 목표들을 달성할 수 있는 기회가 창출되었고,[40] 우리나라에서는 마스크 재고량이 공공데이터로서 공개되어 다양한 앱이 개발되는 등 정부와 시민 간의 공동생산(Co-production)의 기회가 되었다.[41]

이렇게 코로나19 팬데믹은 SDGs 각각의 목표의 상호의존성과 상호관련성을 높이고, 중첩되거나 반복되는 부분, 상호 모순적인 부분을 더욱 부각시켜, SDGs의 실현을 훨씬 복잡하고 해결하기 까다로운 문제로 만들었다. 적어도 이러한 문제를 모두 단번에 풀어낼 수 있는 하나의 만병통치약(one-size-fits-all) 같은 것은 없으며, 불확실성이 높아진 포스트 코로나 시대에 SDGs의 실현은 기존의 방법으로는 할 수 없다. 복잡성은 복잡하며, 이를 해결하기 위해서는 전 사회(whole-of-society)적 접근이 필요하다. 복잡하고 까다로운 문제들은 그러한 문제들과 마찬가지로 총체적이고 상호 연계된 개입방식과 해결방안이 요구된다고 하겠다. 거버넌스는 바로 이러한 복잡성을 감소시키는 역할을 하여, 구조화되지 않은 복잡성(unstructured complexity)을 구조화하고자 하는 것이

---

39 Shan L. Pan and Sixuan Zhang, "From fighting COVID-19 pandemic to tackling sustainable development goals: An opportunity for responsible information systems research," *International Journal of Information Management* 55 (2020), pp. 102-196.

40 Jacob Hörisch, "The relation of COVID-19 to the UN sustainable development goals: Implications for sustainability accounting, management and policy research," *Sustainability Accounting, Management and Policy Journal,* 2021.

41 M. J. Moon, "Fighting COVID-19 with agility, transparency, and participation: wicked policy problems and new governance challenges," *Public administration review* 804 (2020), pp. 651-656.

다.[42]

인류세 시대의 코로나 팬데믹 상황에서 거버넌스는 지금까지의 이해 당사자 간의 상호관계를 중심으로 한 전통적인 거버넌스와는 달라야 한다. 특히 ANT에 의하면, 자연과 사회 또는 비인간 행위자와 인간 행위자의 혼성물, 나아가 부분의 합을 넘어서 새로운 것을 발생하게 하는 창발적 속성을 지닌 중합체(assemblage)의 효과는 단순하게 인간 행위자들에 의한 거버넌스 실패로 환원되지 않는다. 예를 들어 홍수와 같은 자연재해가 자연의 객관적 힘에 의한 것으로 자연 발생적인 이변현상이라고만 할 수 없으므로, 단순하게 인간의 재난안전이나 위험 거버넌스에 의해 예측될 수 있는 것이 아니라고 하겠다.[43] 이러한 세계에서 전통적인 하향식(top-down)의 단일한 해결책은 적합하지 않다.

그러나 이것이 계층제 거버넌스는 틀리며, 네트워크 거버넌스만이 유일하게 옳다는 의미는 아니다. 코로나19 팬데믹의 현실은 다양한 대응방식, 그리고 정부실패(government failure), 시장실패(market failure), 네트워크 실패(network failure) 등 다양한 거버넌스의 실패를 보여준다. 국가적 차원에서 코로나19 팬데믹에 대응하는 방식은 상이했고, 이러한 차이는 서로 다른 결과를 가져왔다. 예를 들어 홍콩, 뉴질랜드, 싱가포르, 한국, 대만 등은 대체로 신속하고 효과적으로 대응했다고 할 수 있는 데 반해, 미국, 프랑스, 이탈리아, 영국, 일본 등이 대처에 실패하였다

---

42 Guy B. Peters, *Policy Problems and Policy Design. Wicked, complex, or just difficult problems*, Edward Elgar Publishing, 2018; Jessop (2020).

43 Tobias Gumbert, "Materiality and nonhuman agency". *Routledge Handbook of Global Sustainability Governance*, Routledge, pp. 47-58, 2019.

고 하겠다.[44] 글로벌 차원에서 보면, 여러 국제기구, 각국의 보건당국을 포함하는 국가, 국경없는 의사회 등 다양한 NGO, 민간이 각자의 이익을 추구하여 협력이 제대로 이뤄지지 않았다. 특히 보건 문제를 둘러싼 이해관계를 조율하여 글로벌 공공재로서의 보건을 증진해야 하는 핵심 행위자인 WHO가 위기를 적절하게 관리하지 못했다는 비판이 많았다.

이는 효과적인 공공부문과 거버넌스의 중요성을 일깨워주며, SDGs 거버넌스에 교훈을 준다고 하겠다. 적어도 공공행정 부문에서 지금까지 권위와 효과성을 희생하며 효율성을 추구해온 소위 신공공관리(NPM: New Public Management) 방식이나 시장 거버넌스가 항상 효과적이지는 않다는 것을 보여준다.[45] 또한 맥락에 따라서는 SDGs를 달성하기 위해 계층제 거버넌스나 정부의 개입이 필요하다는 것을 보여준다.[46] 따라서 코로나19 팬데믹은 복잡하고 해결하기 까다로운 문제인 SDGs를 달성하기 위해서는 거버넌스적 접근이 필요하지만, 또한 거버넌스도 실패할 수 있다는 교훈을 준다. 절차적 합리성을 추구하며 신공공관리로 대변되는 시장중심 거버넌스가 한계를 드러낸 시장실패, 내용적 합리성과 공공이해의 실현을 추구하다 비싼 공공재의 과도한 공급 등 의도하지 않은 결과를 초래한 정부실패, 그리고 이를 극복하기 위해 등장한 네트워크 거버넌스 역시 실패할 수 있다.

---

44 Gumbert (2019).

45 Louis Meuleman, "Metagovernance for Sustainability: A Framework for Implementing the Sustainable Development Goals," *Public Sector Economics,* 43(1) (2019), pp. 109-113.

46 Simon H. Olsen et al., *Governing the Sustainable Development Goals in the Covid-19 Era: Bringing Back Hierarchic Styles of Governance?*. (No. 1227). ADBI Working Paper Series, 2021.

3. 포스트 코로나 시대 SDGs의 거버넌스로서 메타거버넌스

이러한 맥락에서 상위거버넌스로 거버넌스의 거버넌스(governance of governance)라고 할 수 있는 메타거버넌스를 대안으로 검토해 볼 수 있다. 메타거버넌스는 정부실패, 시장실패, 또는 네트워크의 실패 상황에서 각각의 거버넌스 유형의 실패 위험을 줄이고, 이들이 제대로 기능하기 위한 전반적인 조건에 관한 것이다.[47] 구체적으로, 메타거버넌스는 특정 상황에서 어떠한 거버넌스가 적합한지를 성찰하여 조정하고, 다양한 거버넌스 유형을 혼합하여 맥락에 적합한 거버넌스 유형을 선택하고, 나아가 주어진 목적을 달성하는 데 적합한 형태의 거버넌스를 개발하는 역할을 한다.[48]

일반적으로 특정 문제해결을 위한 거버넌스를 1차적 거버넌스라고 하면, 2차적 거버넌스는 1차적 거버넌스의 제도적 조건, 그리고 3차적 거버넌스는 거버넌스의 원칙과 관련되는데, 이를 메타거버넌스라고 할 수 있다.[49] 또한 3차적 거버넌스, 메타거버넌스는 공진(collibration)

---

47 Mark Bevir, *The SAGE handbook of governance,* Sage, 2010; Bob Jessop, "Governance and meta-governance: on reflexivity, requisite variety and requisite irony," *Governance as social and political communication* (2003), pp. 101-116; Anne M. Kjær, *Governance.* Malden, MA: Polity, Blackwell, 2004.

48 Stamatios B. Christopoulos et al., "Advancing the governance of cross-sectoral policies for sustainable development: A metagovernance perspective," *Public Administration and Development* 323 (2012), pp. 305-323; Eva Sørensen and Jacob Torfing, "Making governance networks effective and democratic through metagovernance," *Public administration* 872, pp. 234-258, 2009.

49 Jan Kooiman, Societal Governance: Levels, models, and Orders of Social-Political Interaction. In Jon Pierre, ed., *Debating governance: Authority, steering, and democracy.*

으로 설명된다. 공진은 단순한 기술적, 또는 기술관료적 문제해결 방식을 넘어서, 거의 대등한 세력들 사이의 균형, 또는 사회적 갈등 사이의 균형을 의미한다. 그러나 여기에서 균형이 정태적 균형을 의미하는 것은 아니다. 공진은 일시적인 타협의 불안정한 균형을 관리하는 과정, 또는 다른 유형의 거버넌스를 미세조정하거나 재조정하는 것을 의미한다.[50]

메타거버넌스는 복합적인 관점과 맥락을 중시하고 해결해야 할 문제의 세부적인 특성과 상황의 특성을 고려하여, 다양한 거버넌스의 형태를 결합하여 문제를 해결하고자 한다는 점에서 SDGs를 실현하기 위한 거버넌스로서 적합하다.[51] 한편, SDGs는 전 지구적 수준에서 복잡한 문제들을 해결하기 위해 여러 국제기구, 전문가 집단, NGOs 등 여러 조직들의 다중심적인 거버넌스 네트워크들을 형성하고자 노력해 왔으므로, 메타거버넌스가 운용될 수 있는 틀을 제공할 수 있다.[52] 따라서 메타거버넌스가 국제개발협력의 주요 목표인 SDGs를 보다 효과적으로 추진하고 효과적인 해결책을 제시할 수 있을 것이다.

그러나 메타거버넌스는 초역사적인 설계자가 존재하여 이를 구사한다는 의미의 것은 아니다. 메타거버넌스를 국가나 정부의 권력 행사 가능성으로 보기도 하지만,[53] 그 운영자가 정부가 된다고 하더라도 정부

OUP Oxford, 2000.

50 Andrew Dunsire, "Tipping the balance: autopoiesis and governance, " *Administration & Society*, 28(3) (1996), pp. 299-334; Jessop (2020).

51 Louis Meuleman, *Metagovernance for sustainability: A framework for implementing the sustainable development goals,* Routledge, 2018.

52 Kreienkamp et al. (2021).

53 Bob Jessop, "Metagovernance." In Bevir, M. (ed.). 2010. *The SAGE Handbook of*

중심적 거버넌스로 회귀하는 것을 의미하는 것은 아니다. 또한 정부가 아니라 민간부문을 포함하여 다양한 주체가 메타거버넌스의 운영자가 될 수 있다.[54] 나아가 인류세 시대의 거버넌스는 한계상황에 처한 사람들을 포함시켜 포용성을 확대하고 시민사회의 참여와 성찰성(reflexivity)을 진작시켜야 한다.[55] 따라서 메타거버넌스는 불완전하게나마 복잡성에 적응하기 위해, 문제와 함께 해결수단까지 개방하여 참여적이고 집단적인 방식을 통해 문제를 해결해 나가는 것이라고 할 수 있다.[56]

종합적으로, 메타거버넌스는 상이한 맥락에서 다양한 주체들이 관여하여 더욱 복잡하고 까다로운 문제가 된 코로나 팬데믹 상황에서

Governance. London: Sage, 2010.

54 Jan Kooiman & Svein Jentoft, Meta-governance: Values, Norms and Principles, and the Making of Hard Choices. *Public Administration.*, 87(4) (2009), 818-836; Louis Meuleman & Ingeborg Niestroy, Common but differentiated governance: A meta-governance approach to make the SDGs work. *Sustainability,* 7(9) (2015), pp. 12295-12321.

55 Cristina Y. A. Inoue et al., Worlding global sustainability governance. Routledge *Handbook of Global Sustainability Governance,* Routledge, pp. 59-71, 2019. 나아가 Dryzek은 비인간 행위자가 보이지 않더라도 이를 행위자로 간주하고, 정치적으로 이를 대변해야 할 필요가 있다고 주장한다(John S. Dryzek et al., eds., *The Oxford handbook of climate change and society.* Oxford University Press, 2011.). 그러나 인류세를 포스트휴머니즘 시각으로 해석하여 인간 주체성마저 포기하는 것은 문제가 있다고 하겠으며, 자연과 사회가 뒤얽혀 있다고 해도 거버넌스의 주체는 분석적으로 구별되는 목적을 지닌 인간 행위자라고 할 수 있다(Gerard Delanty and Aurea Mota, "Governing the Anthropocene: Agency, governance, knowledge," European Journal of Social Theory 20(1) (2017), pp. 9-38.).

56 Alexander Wendt, "Driving with the rearview mirror: On the rational science of institutional design," *International Organization* 554 (2001), pp. 1019-1049; Sørensen et al. (2009).

SDGs 달성을 위한 거버넌스로 적실성을 지닌다고 하겠다. 메타거버넌스 접근은 해결할 문제의 세부적인 특성과 거버넌스가 작동해야 하는 경제, 사회, 환경 등 상황의 특성을 다중적으로 고려하여, 다양한 거버넌스 형태를 역동적으로 결합하여 문제에 적용한다. 실제로 메타거버넌스는 복합적인 관점과 맥락적 접근을 중시하여, 현실에서 정책을 실행하는 사람들에게서 많은 지지를 받아 왔다.[57] 복잡한 코로나19 팬데믹 상황에서 계층제, 시장, 네트워크 등 상이한 거버넌스를 특정 상황에 적합하게 선택하고, 또한 다양한 거버넌스를 혼합해야만 SDGs를 효과적으로 달성할 수 있다.

이러한 메타거버넌스는 앞에서 책임 문제와 관련되어 개발도상국들이 요구하는 '공동의, 그러나 차별화된 책임(CBDR)과는 다른 것으로 거버넌스와 관련되어 '공동의, 그러나 차별화된 거버넌스(Common but differentiated governance: CBDG)'라고 부를 수 있을 것이다.[58] 다시 말해, 주체별로 책임을 다르게 하자는 CBDR과 달리, 분야와 이슈별로 적절한 거버넌스를 선택하고 혼합하여 구사하는 방식을 의미한다. 예를 들어 환경정책은 입법과정과 같은 계층제를 통해, 사회정책은 네트워크 거버넌스, 그리고 경제정책은 시장형 거버넌스와 대체로 잘 맞는다. 한편 평화(Peace)에 해당하는 SDG 16은 주로 법의 지배(rule of law)나 제도를 강조한다는 면에서 계층제와 잘 조응하고, SDG 17의 파트너십은 본질적으로 네트워크, 그리고 투자 등을 포함하는 시장형 거버넌스

---

57 Jonna Gjaltema, et al., From government to governance⋯ to meta-governance: a systematic literature review. *Public Management Review,* 22(12) (2020), pp. 1760-1780.

58 Meuleman et al. (2015).

와 잘 조응한다고 할 수 있다.[59] 이를 〈그림 1〉과 같이 정리할 수 있다.

〈그림 1〉 SDGs의 거버넌스로서 메타거버넌스

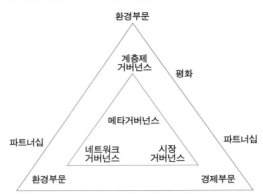

자료: Meuleman(2019). 저자 수정

　　마지막으로, 거버넌스 실패에 대한 대안으로서의 메타거버넌스 또한 실패할 수 있다는 점을 기억할 필요가 있다. 따라서 거버넌스와 메타거버넌스의 도전들과 실패 가능성에 대한 필수 요건들을 지적, 실용적, 철학적 차원에서 세 가지로 정리해 볼 수 있다(Jessop 2003; 2020). 첫째는 지적으로 다양성(variety) 요건으로, 복잡성에 대해 단순한 거버넌스 해법은 없으며, 효과적인 거버넌스는 상이한 방법을 결합해야 한다는 것이다. 예를 들어, 국가들의 SDGs 이행이 어려우면 민간의 역할을 증대시킬 수 있다. 둘째는 실용적으로 탄력성(reflexivity) 요건으로, 불완전한 성공이나 실패할 경우에 대비해 수용할 만한 정책대안을 미리 준비하는 것이다. 코로나19 팬데믹과 같이 급변하는 환경에서 SDGs를

59　Meuleman (2019).

달성하기 위해서는 신속하게 결정을 변경시킬 수 있어야 한다. 셋째는 철학적으로 아이러니(irony) 요건으로, 실패의 가능성이 높지만, 그럼에도 불구하고 성공의 가능성이 높은 것처럼 계속 나아가야 한다. 비록 SDGs의 성공 가능성이 높지 않고 불완전할지라도, 적절한 메타거버넌스 방법을 구사하여 SDGs를 달성하고자 해야 하는 것이다.

V. 나가며

본 글에서는 SDGs에 대한 북반구의 접근과 전략을 정리하고자 하였다. 생각건대, 미국과 유럽의 국가 등 북반구에 속하는 국가들 사이에서도 SDGs와 관련하여 크고 작은 차이가 있을 수 있을 것이며, 또한 이들이 명목적으로 표방하는 것과 실제 속내가 다를 수도 있다. 그러나 여기에서는 주로 북반구에 속하는 국가들이 국제기구 등을 통해 표방하는 주된 주장과 근거를 정리해 보고자 하였으며, 특히 코로나19 팬데믹 상황에서 SDGs의 본질적 특성이 더 두드러지게 나타난다고 보고, 이와 관련하여 SDGs의 책임과 거버넌스 문제를 논의하였다. 북반구의 입장은 SDGs에 대한 책임은 미래지향적으로 발전의 수준에 관계없이 모든 국가들이 의무로서의 책임을 지도록 하자는 것이다. 또한 팬데믹 상황에서 더욱 복잡하고 해결하기 까다로운 문제인 SDGs를 제대로 추구하고 이행하기 위해서는 더 많은 행위자들을 고려하고 이들이 참여할 수 있도록 하는 거버넌스적 접근이 필요하다.

주지하듯이, SDGs는 그 협상의 과정에서부터 정치적 타협이나 포용의 산물로, 가치적으로 총체적이고, 이슈면에서 포괄적이고, 대상에 있어 보편적인 성격을 지니고 있다. 또한 이렇게 야심차게 광범위한 의제를 모두 포함함으로 인해 그의 실현에 태생적인 한계가 있으며, 국제개발협력의 장에서 SDGs 목표들 간의 갈등 문제, 집합행동의 문제, 복잡하고 까다로운 문제로서 그 이행이 쉽지 않다는 점 등 현실적으로 여러 어려움이 있다. 나아가 이렇게 SDGs를 달성하기가 어려울 뿐만 아니라, SDGs를 달성한다고 하여도 진정한 의미의 지속가능한 발전을 이루었다고 하기 어려울지도 모른다. 2030년까지 SDGs의 모든 목표들을 달성한다고 하더라도 지속가능한 발전을 위한 전체 사회구조의 변화나 자원 이용의 감소에는 이르지 못할 수 있다는 것이다.

　그렇다면, SDGs가 이루고자 하는 궁극적인 목표인 지속가능한 사회를 이루는 것을 포기해야 하는가? 또는 SDGs가 추구하는 것은 결국 달성할 수 없는 이상적인 목표에 불과하기 때문에 SDGs는 가치가 없는 것인가? 결코 그렇지는 않다. SDGs는 직접적으로 표방하는 목표뿐만 아니라 진정으로 지속가능한 발전의 장기적인 목표들을 이루기 위한 전략적인(strategic) 가치가 있다고 할 수 있다. 즉, SDGs는 장기적인 지속가능발전을 이루기 위한 충분조건은 아닐지라도, 적어도 이를 이루기 위해 없어서는 안 되는 필요조건인 것이다. 또한 SDGs를 목표로 하여 지속가능발전이 정책 의제가 되고, SDGs가 존재하여 이를 추진하는 과정에서 사회의 변화를 촉발할 수 있다.[60]

60　Nina Eisenmenger et al., "The Sustainable Development Goals prioritize economic growth over sustainable resource use: a critical reflection on the SDGs from a socio-ecological perspective," *Sustainability Science*, 15(4) (2020), pp. 1101-1110.

코로나19 팬데믹은 이러한 SDGs의 본질적인 성격을 잘 드러내며, SDGs와 관련하여 위험과 기회를 동시에 주었다고 하겠다. 우선 코로나19 팬데믹 상황으로 국제개발협력과 SDGs는 분명히 위기를 맞이한 측면이 있으며, 지난 수십년간 이룬 성과를 되돌리는 결과가 발생하였다. 실제로 전세계적으로 극빈층이 이번 세기 들어 처음으로 증가하여, 새로이 1억5천만명이 절대빈곤의 상황에 처하게 되었다. 또한 코로나19 팬데믹에 대응하면서 현재의 다자주의(multilateralism)와 글로벌 거버넌스가 지니고 있는 약점을 드러내었다.[61] 그러나 다른 한편, 팬데믹 상황에서 SDGs를 추구하고 실현하는 것이 더욱 중요해지고, 나아가 SDGs 실현을 위한 기회의 창(window of opportunity)이 열렸다고도 할 수 있다.[62]

다시 말해, 코로나19 팬데믹은 SDGs를 포함한 국제개발협력의 과제들을 국제적이 아니라 지구적 문제의 관점으로 접근하고, 글로벌 공공재를 공급하기 위해 남반구와 북반구, 개발국과 선진국 관계없이 모두가 참여하여 책임을 공유해야 한다는 것을 잘 보여준다. UN 또한 코로나19 팬데믹의 영향에 대한 보고서에서 직접적으로 책임의 공유를 원칙으로 표방하였다.[63] 또한 포스트 코로나 시대의 국제개발협력은 근시안적이고 국가중심적인 발상을 뛰어 넘는 사고와 패러다임의 전환이

---

61 Elissaios Papyrakis, COVID-19 and International Development, Springer, 2021; Francisco Santos-Carrillo et al., "Rethinking the Governance of the 2030 Agenda for Sustainable Development in the COVID-19 Era", *Sustainability,* 12(18) (2020), 7680.

62 Olsen et al. (2021).

63 UN, "Shared Responsibility, Global Solidarity: Responding to the Socio-economic Impacts of COVID-19", United Nations Publications, New York, 2020.

필요하다.[64] 팬데믹 이후, 정부가 아니라 기업과 시민사회의 행위자들을 포함하는 다양한 주체들이 자발적으로 주도하는 거버넌스가 확장되어 가는 경향이 심화되고 있는데[65], 이를 적극적으로 활용하여 SDGs 실현을 위한 기회로 삼을 필요가 있다.

관련하여, 최근 총공적개발지원(Total Official Support for Sustainable Development, TOSSD)이 국제개발협력의 새로운 기준이 되고 있는데, 이는 개발협력이 단순히 개도국의 이익을 위한 것이 아니라, 정부, 기업, 시민단체, 학계 등 각 부문이 협력하여 지구 공동의 과제에 대응하는 활동이라는 것을 의미한다.[66] 또한 글로벌 공공재(GPG)와 전통적인 공적개발원조(ODA)와의 경계가 무너지고 있다. 구체적으로, OECD 개발원조위원회(DAC)는 GNI의 0.7% 권고 외에, 코로나 R&D를 포함하여 글로벌 공공재 문제에 대처 비용을 측정하는 항목 설정을 고려하고 있다.[67]

ODA는 여전히 개발협력을 위한 개발 재원의 중심에 있다고 하겠으나, 글로벌 공공재의 공급이나 SDGs의 달성을 위해서는 이것만으로는 충분하지 않다.[68] 실제로 방대한 글로벌 공공재 생산과 그 비용을

---

64 김소연, "공생을 위한 인류세 시대의 개발협력," 『국제개발협력연구』 12권 (4)호 (2020), pp.1-17.

65 David L. Levy, "COVID-19 and global governance," *Journal of Management Studies.* doi:10.1111/joms.12654, 2021.

66 박수영·안미선·조예은, "개발협력의 관점에서 본 코로나19의 영향과 대응방안," 『개발과 이슈』 제61호 (2020), pp. 1-43.

67 Andrew Rogerson & Euan Ritchie, *ODA in turmoil: Why aid definitions and targets will come under pressure in the pandemic age, and what might be done about it.* Policy Paper 198, Center for Global Development, 2020.

ODA가 모두 떠맡는다는 것은 비현실적이다. 이에 따라 ODA의 역할도 변화하고 있는데, 글로벌 공공재 생산과 관련하여 ODA의 역할은 제한적으로 다양한 민간주체의 재원제공을 유도하고 통제하는 기능을 하는 것이라고 할 수 있다.[69] 따라서 SDGs 달성을 위해 민간기업의 역할이 매우 중요하다 할 수 있다. SDGs의 영향으로 SDGs가 제시한 목표를 해결하려는 투자가 생겨나고, 투자가들은 기업에게 지속가능한 사업 운영 방식을 요구하고 있다. 특히, ESG(Environment, Social, Governance)를 매개로 기업경영에서 지속가능성을 달성하고, 또한 사회적 목표와 환경적 목표를 추구하여 SDGs를 실현하는 접점을 찾는 것이 가능할 수 있다.

마지막으로, 코로나19 팬데믹 이후 국제사회에서는 더욱 적극적이 된 중국이 대규모 인프라 투자를 약속하며 일대일로(Belt-and Road-Initiative: BRI)를 더욱 공격적으로 추진하고, 미국이 이에 대항하여 더 나은 세계 재건(Build Back Better World: B3W)를 내놓는 등, 국제개발협력의 장에서 미국과 중국의 주도권 경쟁이 치열한 상황이다. 그러나

---

68 김태균·이일청, "국제개발 재원조달의 다중전환과 공적개발원조의 중심성: 한국적 재해석을 위한 단상," 『지역발전연구』 23권 (2)호 (2014), pp. 1-34; 조한슬, "개발 성과 제고를 위한 글로벌 공공재의 역할과 개발협력의 과제," 한국국제협력단 연구보고서 04-058. 2012.

69 실제로 다자개발은행 등을 대상으로 한 조사에서 ODA의 역할이 변화하였다는 의견이 다수로 나타났다. 또한 협력국들의 사업에 재정 지원을 하는 전통적인 방식과 기존 재원에 보완적인 역할 외에, 민간재원과 무역 또는 국내 자원을 포함한 추가적인 재원 확보에 촉매(catalytic) 역할이 증가하였다는 응답이 많았다(Calleja, Rachael, and Beata Cichocka, WIDER Working Paper 2022/140-Good for now but not forever: officials' perspectives on the relevance of the effectiveness agenda and the need for change, 2022.

국제개발협력과 인류공동의 목표로서 SDGs는 원칙적으로 모두의 책임이자 의무라고 할 수 있다. 이의 실현에 몇몇 선진국가들이 중심이 되는 것이 아니라, 개발도상국과 민간부문을 포함한 다양한 주체가 참여하여, 분야에 따라 맥락에 맞는 다양한 거버넌스를 운영하고 메타거버넌스 운영자의 역할을 할 수 있을 것이다. 추가적으로, 이러한 SDGs의 거버넌스 또는 메타거버넌스 또한 실패할 수 있다는 점에서, 실패의 가능성이 높지만, 그럼에도 불구하고 성공의 가능성을 믿고 지속적으로 추구하는 아이러니(irony)의 자세가 필요할 것이다.

Bexell, M. and K. Jönsson(2017). Responsibility and the United Nations' sustainable development goals. *Forum for development studies,* Taylor & Francis.

Biermann, F., N. Kanie and R. E. Kim(2017). "Global governance by goal-setting: the novel approach of the UN Sustainable Development Goals," *Current Opinion in Environmental Sustainability* 26, pp. 26-31.

Jerpstad, S.(2019). Who Should Bear the Burden? The EU's Approach to Responsibility for the Sustainable Development Goals. *GLOBUS Research Paper.*

Meuleman, L.(2018). *Metagovernance for sustainability: A framework for implementing the sustainable development goals,* Routledge Press.

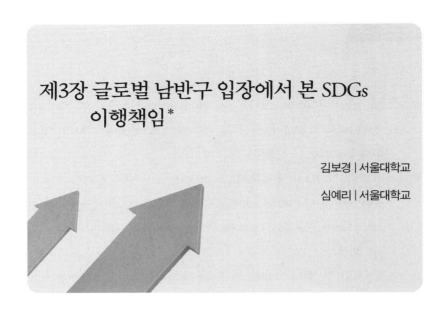

제3장 글로벌 남반구 입장에서 본 SDGs 이행책임*

김보경 | 서울대학교

심예리 | 서울대학교

I. 서론: SDGs 이행책임에 대한 논쟁

지속가능발전목표(SDGs)는 2015년 9월 제70차 유엔 총회에서 채택된 개발목표로서, 범지구적 차원의 책임강조와 이행을 위한 공동행동(joint action)를 촉구한 국제규범이다. 그러나 채택 이후 그 실효성에 대한 의구심은 끊임없이 이어져 왔다. SDGs는 17개 목표, 169개 세부목

---

* 본 장은 2022년 『국제개발협력연구』 제14권 4호에 게재된 "Common or Differentiated Responsibility?: Leveling the Playing Field for the Global South in Sustainable Development" 내용 중 일부를 활용하여 작성하였다. 논문의 일부 내용이 책에 포함될 수 있도록 동의해주신 『국제개발협력연구』 편집위원회에 감사드린다.

표, 231개 지표를 아우르는 방대한 글로벌 개발의제를 다루고 있다.[1] 이러한 목표의 달성을 위한 이행책임을 글로벌 북반구와 남반구에 차등 없이 요구하는 것은, 남북 간 존재하는 현실적인 개발격차를 참작하지 않는다는 점에서 비판이 제기되었다. 특히, 2020년 초부터 전 세계를 강타한 코로나19 확산으로 글로벌 북반구와 남반구 간의 격차가 더 벌어졌을 뿐 아니라, 글로벌 남반구 국가 간의 불평등 구조는 더욱 심화하였다.

이는 2021년 발표된 유엔 지속가능발전목표 보고서(UN Sustainable Development Goals Report 2021)상의 여러 수치상으로도 잘 나타나 있다. 대표적으로는 글로벌 북반구와 남반구에서의 백신 보급률, 개발도상국에서의 전염병 관련 자료집계의 어려움, 해외여행 수요의 급감으로 인한 군소도서국의 피해 등 여러 양상을 통해 이러한 구조적 불평등을 확인할 수 있다.[2] 2022년 유엔 지속가능발전목표 보고서에는 코로나19로 인해 그간 전면 중단되었던 대면조사와 이에 따른 데이터 부재

---

1 2015년 채택된 글로벌 SDG 지표 프레임워크에는 당초 232개 고유지표(unique indicators)가 있었으나, 2020년 개정 이후 고유지표 231개(여러 세부목표에 반복된 지표 포함 시, 총 248개)로 구성되어 있음. United Nations, "SDG Indicators," https://unstats.un.org/sdgs/indicators/indicators-list (검색일: 2022. 8. 15).

2 유엔 2021년 SDGs 보고서에 따르면, 2021년 6월 기준 유럽과 북미에는 백신 보급이 100명당 68명에게 이루어진 반면, 사하라 이남 아프리카의 경우 불과 100명당 2명에 그친 것으로 집계되었다. 아프리카 지역의 코로나19 관련 기록은 대부분 성별과 연령 정보가 누락되어 전염병 관련 주요 세분화된 통계가 부재한 상황이다. 반면, 공적개발원조(ODA)는 공여국 GNI의 0.32%에 불과하여 0.7% 목표에 여전히 미치지 못하며, 2020년 해외직접투자(FDI) 역시 2019년 대비 최대 40% 하락을 기록하였다. United Nations, *The Sustainable Development Goals Report 2021* (New York: United Nations, 2021). https://unstats.un.org/sdgs/report/2021.

가 세계 각국의 통계청에 미친 영향을 강조하였다. 특히, 원격으로 이러한 통계자료를 수집하고 활용할 수 있는 정보통신기술(ICT) 인프라가 부족한 지역에서의 정보격차는 더욱 커졌음을 나타냈다.[3] 그럼에도 불구하고 빈곤과 기아퇴치, 보건, 교육, 기본서비스 제공 등 지난 몇 년간의 퇴보를 극복하기 위한 긴급조치는 예외 없이 촉구되고 있어 상대적으로 글로벌 남반구 국가들에 더욱 큰 부담이 가중되고 있다.

이처럼 본 장은 SDGs 채택 이후 반환점을 지난 현재까지도 글로벌 북반구-남반구 간 격차를 고려한 이행책임 논의 및 비판적 성찰이 불충분했다는 문제 제기와 함께, 글로벌 남반구의 관점에서 목표의 이행책임을 재검토하고 남남·삼각협력(South-South and Triangular Cooperation)을 통한 대응전략을 살펴본다. 먼저, 선진공여국에서 표방하는 '책임의 공유(Shared Responsibility)' 입장과 대치되는 개념인 '공동의 그러나 차별화된 책임(Common but Differentiated Responsibility, CBDR)'을 검토한다. SDGs 이행에 필수적인 재원동원에 대한 선진국과 개도국 간 견해차가 극명함을 나타냄으로써, 지속가능발전 책임분담에 대한 글로벌 북반구와 남반구의 이해도가 결국 다른 출발선상에서 시작했다는 점을 확인한다. 이러한 배경에서 본 장은 글로벌 남반구 국가들의 대응전략의 기초가 되는 남남협력 파트너십의 구축과정과 시대별 흐름을 짚어본다. 또한, 일대일로 정책(Belt and Road Initiative, BRI) 추진으로 부상한 중국 중심의 새로운 남남협력 파트너십이 개도국의 SDGs 이행책임 논의에 있어 시사하는 바를 살펴본다. 한편, 개발도상국이 SDGs 달성을

---

3 United Nations, *The Sustainable Development Goals Report 2022* (New York: United Nations, 2022). https://unstats.un.org/sdgs/report/2022.

궁극의 목적으로 인식하기보다는, 사실상 원조확보를 위한 일종의 수단으로써 국제규범에 동조하는 것일지에 대한 탐색이 필요하다. 이를 위해 글로벌 남반구 국가들이 재원조달의 책임에 대한 간극을 해소하는 방안으로 남북·남남협력 플랫폼을 전략적으로 활용하는 것에 대한 가능성을 점검한다.

II. 공동의 그러나 차별화된 책임(CBDR):
기후변화협약에서 지속가능발전목표로

SDGs가 인류의 보편적 가치로서 자리매김하고 지속가능한 발전을 위한 공동의 과제라는 합의를 끌어냈다는 점에서는 여러 괄목할만한 성과와 의미가 있다. 그러나 어디까지가 과연 '공동'의 책임부담 영역이고, 어디부터가 '차별화'된 책임이며, 이러한 책임성을 누구에게 부과할 것인가에 대한 의견은 분분하다. 글로벌 북반구를 구성하는 선진공여국들은 체제를 통해 '책임의 공유'를 제도화할 수 있는 전략화 방안으로써 글로벌 거버넌스의 중요성을 강조해왔다. 이에 반해 '공동의 그러나 차별화된 책임(CBDR)'은 글로벌 남반구의 독자적 견해를 상징하는 개념이다. 이는 개발도상국에 대한 선진공여국의 원조를 지칭하는 전통적인 형태의 남북협력(North-South Cooperation) 및 책무성에 대한 서구식 발상과는 대조적인 입장이다.

　해당 개념에 대한 논의는 용어가 처음 소개되었던 1992년 6월 유엔 환경개발회의(United Nations Conference on Environment and Development, UNCED)에서 공식적으로 대두되었다.[4] UNCED에서 채택된 주요 결과문서 중 하나인 기후변화협약(United Nations Framework Convention on Climate Change, UNFCCC)은 '공동의 그러나 차별화된 책임 및 개별국가의 역량에 따라 현재와 미래 인류의 이익을 위해 기후체계를 보호할 것'을 제3조 원칙[Principles]으로 두었으며, 제4조 공약[Commitments] 이행에서도 '공동의 그러나 차별화된 책임 및 해당 국가 및 지역의 특정 개발 우선순위를 고려할 것'을 명시하였다.[5] 차별화된 책임 원칙에 따라 부속서 I 국가로 분류된 42개 선진국에 대해서는 2000년까지 온실가스 배출 규모를 1990년 수준으로 안정화할 것을 권고한 반면, 개도국이 포함된 비(非)부속서 I 국가에는 감축 의무 부담 없이 기후변화 적응에 관한 보고, 계획 수립, 이행과 같은 의무가 주어졌다. 또한, 협약은 부속서 I 국가 중에서도 부속서 II 국가로 분류된 일부 24개 선진국에 대해 개도국의 기후변화 적응과 온실가스 감축을 위한 재정 및 기술을 지원할 의무를 부과했다.[6]

이후 1997년 제3차 UNFCCC 당사국총회(COP3)에서 채택된 교토의정서(Kyoto Protocol)는 선진국들의 온실가스 감축 의무 목표를 수치화하여 부속서 I 국가들에 2008부터 2012년까지 6대 온실가스(이산화

---

4 리우 회의(Rio Summit) 또는 지구정상회의(Earth Summit)라고도 함. United Nations, "United Nations Conference on Environment and Development, Rio de Janeiro, Brazil, 3-14 June 1992," https://www.un.org/en/conferences/environment/rio1992 (검색일: 2022. 6. 1).

5 United Nations, *United Nations Framework Convention on Climate Change* (1992) http://unfccc.int/files/essential_background/background_publications_htmlpdf/application/pdf/conveng.pdf.

6 United Nations (1992).

탄소, 메탄, 아산화질소, 수소불화탄소, 과불화탄소, 육불화황) 배출량을 1990년 수준 대비 평균 5.2% 감축할 것을 명시하였다.[7] 제1차 공약 기간의 종료 시점이었던 2012년 이후 기후변화 대응 체제에 대한 논의는 회를 거듭할수록 온실가스 감축 목표 및 개도국에 대한 재정지원 등의 핵심 쟁점을 둘러싼 선진국과 개도국 간의 불협화음을 양산했다. 결국 2009년 제15차 당사국총회(COP15)에서의 코펜하겐 협상 타결은 불발되어, 과도기적 조치로써 2012년 칸쿤합의(Cancun Agreement)와 이후 교토의정서 2차 공약기간(2013~2020)에 관한 도하개정(Doha Amendment to the Kyoto Protocol)이 각각 채택되었다.[8]

먼저 칸쿤합의에서는 선진국(부속서 I 국가)의 온실가스 추가감축 방안과 개도국(비부속서 I 국가)의 감축을 별도로 논의하는 두 개의 협상 체제를 유지하는 동시에 적응위원회(Adaptation Committee)와 기술집행위원회(Technology Executive Committee) 설립, 개도국 지원을 위한 녹색기후기금(Green Climate Fund, GCF) 조성 등 장·단기 재원 마련에 대한 근거가 수립되었다.[9] 이후 제18차 당사국총회(COP18)에서 채택된 도하 개정안은 효력이 2020년까지 연장되었음에도 불구하고 일본, 캐나다, 뉴질랜드, 러시아 등 주요 국가들의 불참선언으로 인해 그

---

7   United Nations, *Kyoto Protocol to the United Nations Framework Convention on Climate Change* (1998). https://unfccc.int/resource/docs/convkp/kpeng.pdf.

8   Lavanya Rajamani, "The Cancun Climate Agreements: Reading the Text, Subtext and Tea Leaves," *The International and Comparative Law Quarterly* 60-2 (2011), pp. 499-519.

9   Richard Klein and Annett Moehner, "The Political Dimension of Vulnerability: Implications for the Green Climate Fund," *IDS Bulletin* 42-3 (2011), pp. 15-22.

실효성이 떨어졌다.[10] 2015년에 이르러서야 열린 제21차 당사국총회(COP21)에서 파리협정(Paris Agreement)이 채택됨에 따라 2020년부터 모든 국가가 참여하는 신기후체제의 근간이 마련되었다. 이로써 선진국에 국한되었던 기존 교토의정서의 범위를 넘어서서 국별 조건을 반영한 온실가스 감축 의무가 부과되도록 하는 보편적 체제가 마련되었다.[11]

이처럼 지구 평균기온 상승 억제라는 환경적 지속가능성 맥락에서 차별화된 책임에 대한 선진국과 개도국의 갈등은 지속하여 왔다. 또한, 글로벌 북반구와 남반구 간의 차별화된 개발재원 동원에 대한 의무는 SDGs 이행책임 논의와도 맞물려 있다. 2015년 9월 25일 유엔총회와 지속가능발전 정상회의에서 회원국 만장일치로 채택된 「2030 지속가능발전의제(Transforming Our World: The 2030 Agenda for Sustainable Development) 유엔 문서(A/RES/70/1)에는 책임(responsibility)이라는 단어가 10회가량 언급된다.[12] 우선 '공동의 책임' 개념에 가까운 언급으로는 '인권 촉진에 대한 모든 국가의 책임'[para. 19], '지속가능발전에 대해 모든 문화와 문명이 갖는 공동의 책임'[para. 36], '각 국가의 경제적·사회

---

10 Anna Korppoo, "Does Doha's Decision Treat Transition Economies Unequally?" *Climate Policy* 13-3 (2013), pp. 403-407.

11 파리협정은 지구 평균기온 상승을 산업화 이전 대비 2℃ 보다 낮은 수준으로 유지하고, 1.5℃로 제한하기 위한 전 지구적 목표이며, 모든 참여국이 5년 주기 이행점검을 통해 자발적으로 결정한 온실가스 감축목표를 국내적으로 이행 및 모니터링하고, 선진국이 재원 조성 관련 선도적 역할을 수행하도록 하고 있다. United Nations, "The Paris Agreement," https://unfccc.int/process-and-meetings/the-paris-agreement (검색일: 2022. 6. 1).

12 United Nations General Assembly, *Transforming Our World: the 2030 Agenda for Sustainable Development* (A/RES/70/1, 21 October 2015).

적 발전에 대한 개별국가의 주된 책임'[paras. 41, 63], '각 정부의 이행 보고 책임'[paras. 47, 90]이 포함된다. 공동의 그러나 차별화된 책임 내용은 '리우 선언 제7원칙에 따를 것'으로 명시되어 있으며[para. 12],[13] 특히 재원과 관련해서는 '채무국의 지속가능한 부채 수준 유지 책임 및 채권국의 국가부채 지속가능성을 저해하지 않는 차관공여 책임'[para. 69]으로 선진국과 개도국의 근본적인 책임을 구분하여 제시하고 있다.

여기서 지속가능성을 저해하지 않는 수준은 누가 재단하는 것이며 지속가능한 부채 수준을 유지할 수 있는 개도국의 책임은 정확히 어디까지인지, 그 경계가 모호하므로 책임의 분배에 대한 이견이 존재할 수밖에 없다. 온실가스 배출량 감축 정책의 자체적인 수립과 시행, 당사국총회(Conference of the Parties, COP) 보고 등의 공통의무와 달리, 국별 역량, 공동의 그러나 차별화된 책임, 형평성 및 공정성 문제 등은 기후변화 대응 문제에서뿐만 아니라 SDGs 달성을 위한 다양한 개발재원 마련과 글로벌 남반구의 책임성 문제를 다뤄오면서 끊임없이 이어진 논쟁지점이다. 정리하자면, 공동의 그러나 차별화된 책임은 역사적으로 부당한 이익을 얻은 만큼 선진국에 더 큰 의무를 부과해야 한다는 오염자 부담 원칙(polluter-pays principle)을 바탕으로 인과적 책임, 즉, 원인으로서의 책임을 강조하는 것이다. 이에 반해 책임의 공유 접근법은 보편성의 원칙을 바탕으로 의무로서의 책임을 강조하며, 이러한 두 견해차가 SDGs 달성을 위한 이행책임 논쟁의 기본적인 맥락을 이룬다.

---

13 Paragraph 12. "We reaffirm all the principles of the Rio Declaration on Environment and Development, including, inter alia, the principle of common but differentiated responsibilities, as set out in principle 7 thereof." United Nations General Assembly (2015), p. 5.

III. SDGs를 위한 재원조달 논의와 격차

SDGs 이행에 있어 재원조달의 절대적 부족 현상은 채택 이전부터 제기되어 왔다. 이를 타결하고 개발재원 확대를 위한 국제적 공조를 높이기 위해 2002년부터 총 세 차례에 걸쳐 개발재원총회가 개최되었다. 2002년 몬테레이에서 열린 제1차 개발재원총회는 개발재원 이슈를 글로벌 의제로 부상시키는 계기를 마련하였으며, 향후 다양한 이해관계자 간의 지속적인 연대를 위한 플랫폼을 구축하는 역할을 담당했다고 평가된다.[14] 몬테레이 합의(Monterrey Consensus)는 기존 전통적인 형태의 공적개발원조(ODA) 외에도 해외직접투자, 국제무역 촉진, 부채탕감, 국제금융체제 개편 등 다양한 재원 출처와 마련방안을 제시하였으며, 그 중에서도 국내재원의 조성(mobilizing domestic financial resources) 개념을 처음 제시하였다는 점에서 함의를 갖는다.[15] 이는 협력대상국을 개발주체로 상정하고 공여국의 개발재원 조달을 지원한다는 중요성을 시사한다는 측면에서 2005년 원조효과성 제고에 관한 파리선언(Paris Declaration on Aid Effectiveness)에서 강조된 수원국의 주인의식(ownership) 원칙과도 연결된다.[16]

---

14 개발재원에 관한 최초의 정상회의로 전 세계 200여 명의 장관이 참여하였다. 정지원·정지선, "국제사회의 개발재원 논의동향과 한국의 정책과제," 『ODA 정책연구』 11-03 (서울: 대외경제정책연구원, 2011).

15 International Monetary Fund, "Financing for Development: Revisiting the Monterrey Consensus," (IMF Policy Paper 15 July 2015). https://www.imf.org/external/np/pp/eng/2015/061515.pdf (검색일: 2022. 6. 8).

16 Peter Nunnenkamp and Thiele Rainer, "Financing for Development: The Gap be-

2008년 도하에서 이어진 제2차 개발재원총회는 몬테레이 후속 회의로, 2008년 글로벌 금융위기와 경기침체로 인해 개발원조가 감소할 것이라는 우려가 커지던 와중에 선진공여국들의 기존 개발원조 목표달성의 의지를 재확인하는 자리였다. 해당 회의에서는 개발재원 확대를 위해 원조 증액뿐 아니라 해외직접투자를 위한 투자환경 조성, 국제경제체제 개편 과정에서의 개발도상국 참여의 중요성 등이 논의되었다. 공적개발원조 증가, 국내외 개발재원의 확대, 국제무역 증진, 외채경감, 환경친화적 기술 전수를 통한 개도국 역량강화, 식량위기 극복, 농업부문 생산성 강화 등의 새로운 이슈 또한 논의의 대상이었으며 해당내용은 도하선언(Doha Declaration on Financing for Development)에 포함되었다.[17] 그러나 증액목표의 의사를 표한 유럽연합(EU)과 달리 미국, 일본 등 일부 공여국들이 미온적인 태도를 보이는 등 국별 입장 차가 극명하게 나타났다.

이를 보완하기 위해 2015년 SDGs 채택 직전 에티오피아에서 개최된 제3차 개발재원총회 결과문서인 아디스아바바 행동의제(Addis Ababa Action Agenda)에는 글로벌 남반구 국내 재원조달도 중요하지만 이를 잘 활용하기 위한 조세제도 개혁의 필요성이 강조되었다. 또한, 공적개발원조, 기타공적자금(OOF), 민관협력을 활용한 재원조달 등 기

---

tween Words and Deeds since Monterrey," *Development Policy Review* 31-1 (2013), pp. 75-98.

17 United Nations, *Doha Declaration on Financing for Development: Outcome Document of the Follow-up International Conference on Financing for Development to Review the Implementation of the Monterrey Consensus* (A/CONF.212/L.1/Rev.1) (2009). https://www.un.org/esa/ffd/wp-content/uploads/2014/09/Doha_Declaration_FFD.pdf.

존 원조 외 여러 혁신적 개발재원에 대한 논의가 이어졌다.[18] 이후 ODA 현대화와 함께 OECD 개발원조위원회(Development Assistance Committee, DAC)의 지속가능개발을 위한 총공적지원(Total Official Support for Sustainable Development, TOSSD) 개념이 등장했다. TOSSD에는 공적개발원조뿐만 아니라 기타공적자금, 남남·삼각협력, 민간금융 등 SDGs 달성을 위한 국제 공공재(International Public Goods) 지원 목적의 모든 공적재원이 포함된다.[19]

　　다양한 논의에도 불구하고 SDGs 이행에 있어 요구되는 개발재원은 여전히 부족한 상황이다. SDGs 채택에 앞서 2014년 발표된 유엔무역개발회의(UNCTAD) 세계투자보고서(World Investment Report)는 2030년까지 SDGs를 달성하기 위해 개발도상국에서 필요한 연간 총투자액이 미화 3.3조~4.5조 달러에 달할 것으로 예상했다. 당시 투자 수준이 미화 1.4조 달러 정도에 머문다는 점을 고려할 때 매년 최대 미화 2.5조 달러의 재원조달 간극을 초래한다고 분석하였다. 특히, 개도국의 도로, 철도, 항만, 전력, 통신, 보건 등의 인프라 투자는 전 부문 매년 미화 1조 달러 미만 수준에 머물러 있으나 2030년까지 미화 1.6조~2.5조 달러 사이로 증액해야 할 것으로 전망하였다.[20] 아시아개발은행(ADB)은

18　오수현, "혁신적 개발재원 조성(Innovative Financing for Development): 개념의 발전과 동향,"『개발협력이슈』제3집 (2016), pp. 31-51; 한국수출입은행 경협총괄부, "SDGs 달성을 위한 재원조달 방안: 혼합금융(Blended Finance)," 『EDCF Issue Paper』제4집 (7)호 (2015), pp. 1-15.

19　Total Official Support for Sustainable Development, "What is TOSSD?" https://www.tossd.org/what-is-tossd (검색일: 2022. 6. 8).

20　UNCTAD, *World Investment Report 2014. Investing in the SDGs: An Action Plan* (New York and Geneva: United Nations, 2014), p. 140.

2017년 아시아의 인프라 수요에 관한 보고서에서 2016~2030년 아시아 45개 개도국의 총 인프라 투자 수요를 미화 22.6조 달러로 예상했으며, 기후변화 대응 및 완화 비용을 고려했을 때 이는 미화 26.2조 달러까지 상승할 것으로 분석했다. 이는 연간 미화 1.7조 달러에 달하는 수치이다.[21]

　　전반적으로 코로나19 팬데믹 이후 글로벌 남반구는 글로벌 북반구에 비해 회복탄력성을 위한 기반이 더욱 취약해졌으며, 개발도상국들은 부채의 위기에 빠졌을 뿐 아니라 경제성장을 위한 여러 기회가 저해되었다. 지속가능한 회복을 주제로 한 2021년 UNCTAD 세계투자보고서에 따르면, 코로나19 팬데믹으로 인한 SDGs 재원조달 간극은 특히 최빈국(LDCs)에서 더욱 심각하게 나타나며 개도국 내 SDGs 관련 그린필드 투자는 팬데믹 전과 비교해 약 33% 감소한 것으로 발표되었다.[22] 이러한 위기를 극복함에 있어 개발도상국이 충분한 개발재원과 투자를 위한 차관을 조달할 수 있는지 여부에 대한 관심이 높아졌으며, 이는 「2022년 지속가능한발전을 위한 재원조달 보고서 (2022 Financing for Sustainable Development Report)」상에서 규정하는 '상당한 재정격차 (great finance divide)' 개념에서도 찾아볼 수 있다. 선진국은 평균적으로 국부의 3.5%를 부채에 대한 이자로 지불하는 반면, 최빈개도국의 경우 이의 4배에 달하는 14%를 기록한다. 저소득국가의 경우에도 2015년에

21　Asian Development Bank, *Meeting Asia's Infrastructure Needs* (Mandaluyong City, Philippines: Asian Development Bank, 2017), p. 43.

22　그중에서도 SDG 6번 목표인 물과 위생 부문은 67% 감소, SDGs 7, 9, 11에 해당하는 교통, 전력, 통신 인프라는 54% 감소, 13번 목표의 재생에너지 부문은 8% 감소한 것으로 집계되었다. United Nations (2021), p. 13.

비해 두 배 가량의 국가들이 부채위기에 처해 현재 고위험군으로 평가되고 있다. 이러한 재정격차는 개발도상국들로 하여금 지속가능한 발전을 위한 투자를 위축시킬 수밖에 없는 장벽으로 작용하며 자연스럽게 다른 위기대응 방안을 전략적으로 모색하는 계기가 되었다.[23]

IV. 남남협력과 SDGs: 글로벌 남반구 파트너십의 발전 과정

지금까지의 논의는 결국 서로 다른 출발선상에서 시작한 선진국과 개도국에게 SDGs 달성을 위한 개발재원 동원이라는 과제가 동일하게 주어진 상황에서 글로벌 남반구 국가들이 전략적으로 선택할 수 있는 대응 방안은 무엇인가라는 질문으로 요약할 수 있다. 글로벌 남반구가 겪는 재원조달의 책임에 대한 부담과 글로벌 북반구와의 책임분배에 대한 이견을 피력하기 위해 개발도상국은 그간 남남협력뿐 아니라, 삼각협력, 지역적·소지역적 협의체 및 지역기구를 활용해왔다. 글로벌 남반구의 목소리를 보다 효과적으로 전달하기 위한 남남협력의 플랫폼을 구축하고 파트너십을 강화해나가는 과정은 독자적인 국내 재원동원 역량이 부족한 개발도상국에게 있어 매우 중요한 전략수단일 수 있다.

---

23 United Nations, Inter-Agency Task Force on Financing for Development, *Financing for Sustainable Development Report 2022* (New York: United Nations, 2022). https://developmentfinance.un.org/fsdr2022.

개발재원 동원의 책임에 대한 논의와는 별개로 지속가능한 발전을 위해 남남협력과 남북협력 간의 상보성을 주목해야 한다는 점은 2002년 몬테레이 합의[paras. 19, 43], 2008년 도하선언[paras. 49, 50]에서부터 강조되어 2009년 제1차 UN 남남협력 고위급회담으로 이어졌다. 2019년 UN 남남협력 고위급회담(BAPA+40)에서는 SDGs 달성을 위한 다양한 이해당사자의 참여를 촉구하는 개발협력의 원칙이 강조되었으며, 이에 남남·삼각협력의 허브 역할을 할 수 있는 지역협의체 구축의 중요성이 다시금 대두되었다.

해당 내용은 글로벌 파트너십과 관련된 SDG 목표17 중에서도 재정과 관련된 세부목표[17.1~17.5], 무역에 대한 세부목표[17.10~17.12], 그리고 다양한 이해관계자와의 파트너십과 관련된 세부목표[17.16~17.17]에 함축되어 있으며, 기술에 관한 세부목표[17.6], 그리고 역량강화에 관한 세부목표[17.9]에 명시적으로 포함되어 있다.[24] 모든 세부목표에 구체적인 남남협력 관련내용이 명문화되지 않았다고 할지라도 '누구도 소외되지 않는(leave no one behind)' 의제의 기본원칙에서도 나타나듯, 글로벌 남반구의 적극적인 참여와 연대는 SDGs의 기초가 된다고 볼 수 있다.[25] SDGs라는 국제규범이자 글로벌 개발목표를 달성

---

24 SDG 17.6 [기술] 과학, 기술 및 혁신에 대한 남북·남남·삼각협력 등의 지역적·국제적 협력과 접근을 강화하고, 현존 메커니즘 조정, 특히 UN 차원에서의 개선과 세계 기술증진 메커니즘 등을 통해 상호합의에 기초한 지식공유를 증대한다; SDG 17.9 [역량강화] 17.9 남북·남남·삼각협력 등을 통하여 모든 지속가능발전목표 이행을 위해 수립된 개발도상국의 국가계획을 지원할 수 있도록 효과적이고 선별적인/목표지향적인 역량강화를 이행하며, 이를 위해 국제사회 지원을 강화한다.

25 United Nations Office of the High Representative for the Least Developed Countries, Landlocked Developing Countries and Small Island Developing States (UN-

하기 위해 남북·남남·삼각협력 등 다양한 형태의 파트너십을 연계할 필요성이 있다는 점에 대해서는 합의가 이루어졌다. 〈그림 1〉은 이러한 남남협력의 역사적 흐름을 요약한 것이며, 이 중 주요 논의를 짚어봄으로써 지속가능발전 담론에서 남남협력 개념이 갖는 중요성을 검토한다.

〈그림 1〉 남남협력의 시대별 흐름

1945년-1960년대	1970년대-2000년(MDGs)	2000년 이후-현재(SDGs)
지역협력과 초기 남남협력	지역통합·협의체를 통한 남남협력 확대	지역간 포럼 확대 및 새로운 형태의 남남협력
1945 아랍연맹 1951 콜롬보 계획 1955 반둥회의 (아시아· 　아프리카회의) 1959 미주개발은행(IDB) 1961 비동맹운동 　(벨그레이드 회의) 1961 중남미자유무역연합 　(LAFTA) 1964 제1차 유엔무역개발 　회의 (UNCTAD)와 　77그룹(G77) 1965 아시아개발은행 　(ADB) 1966 삼대륙회의 1967 동남아시아국가연합 　(ASEAN) 1969 안데스공동체 　(CAN)	1973 카리브공동체 　(CARICOM) 1978 개도국 간 기술협력에 　대한 UN 회의 (부에노스 　아이레스 행동계획[BAPA] 　채택) 1985 남아시아 지역협력연합 　(SAARC) 1986 리오그룹 　(기존 콘타도라 그룹) 1989 아시아태평양 경제협력체 　(APEC) 1991 남미공동시장 　(MERCOSUR) 1999 아프리카연합(AU) 2000 UN MDGs 채택 2000 G77 하바나 정상회담 　(하바나 행동계획)	2000 제1차 중국·아프리카 　협력포럼(FOCAC) 2003 인도·브라질·남아공 정상 　대화포럼(IBSA) 2009 제1회 BRIC 정상회담 　(브라질·러시아·인도·중국 　*남아공 2010 가입) 2009년 제1차 UN 남남협력 　고위급회담 2011 라틴아메리카·카리브 　국가공동체(CELAC) 2013 중국의 BRI 추진 2015 UN SDGs 채택 2016 아시아인프라투자은행 　(AIIB) 2019 제2차 UN 남남협력 　고위급회담(BAPA+40)

출처: 저자정리

OHRLLS), *South-South Cooperation in Advancing Sustainable Development and Achieving the Transformative Recovery of the Least Developed Countries* (UN-OHRLLS, 2022). https://www.un.org/ohrlls/sites/www.un.org.ohrlls/files/south-south_cooperation_and_ipoa.pdf.

먼저, 남남협력은 2개국 이상의 개발도상국이 각자의 개발목표 달성을 위해 정치, 경제, 사회, 문화, 환경, 기술 분야에 걸쳐 지식, 기술, 전문성 등의 자원을 공유하고 협력하는 광범위한 틀을 지칭한다.[26] 이러한 협력의 형태는 2000년대에 들어서 기존의 OECD 개발원조위원회 회원국을 제외한 신흥경제국의 빠른 성장으로 더욱 주목받게 되었다. 냉전체제 속에서 독자적인 노선을 취하고자 했던 제3세계 노력에서 비롯된 남남협력의 역사는 반세기가 훨씬 넘는다. 1945년 결성된 아랍연맹(Arab League)은 중동에서의 여러 독립국가 탄생과 함께 개발도상국 간의 지역기구로서 남남협력을 꾀한 첫 번째 시도라고 할 수 있다.[27] 1951년에는 아시아태평양 국가들의 협력적 경제개발을 위한 원조를 제공하기 위해 7개국 영연방 국가들 주도로 추진된 콜롬보계획(Colombo Plan)이 수립되었다. 이후 미국, 일본, 다수의 동남아시아 국가들도 가입하는 등 파트너십은 현재까지 유지되고 있다.[28]

1955년 4월, 아시아·아프리카 29개국 대표가 인도네시아 반둥에 모여 연대를 결성하게 된 반둥회의(Bandung Conference, 아시아·아프리카회의)가 개최되었다. 기본인권 및 유엔헌장 존중, 모든 국가의 주권·영토 존중, 모든 인종 및 국가 간 평등, 상호 내정불간섭, 상호이해 및 협력 촉진 등 이른바 '반둥정신(Bandung spirit)'으로도 불리는 '평화 10원

---

26 United Nations Office for South-South Cooperation (UNOSSC), "About South-South and Triangular Cooperation," https://www.unsouthsouth.org (검색일: 2022. 6. 8).

27 Council on Foreign Relations, "The Arab League," https://www.cfr.org/backgrounder/arab-league (검색일: 2022. 11. 30).

28 The Colombo Plan, "The History of Colombo Plan," https://colombo-plan.org/history (검색일: 2022. 11. 30).

칙'이 선언되었으며, 이는 그로부터 6년 후 1961년 벨그레이드 회의에서의 비동맹운동(Non Aligned Movement)으로 이어졌다.[29] 이 시기는 다수의 독립국이 탄생한 시기였을 뿐 아니라, 선진국과 개발도상국 간의 격차를 줄이고 이를 위해 글로벌 남반구 국가 간의 협력관계를 증진하고자 하는 움직임이 집중된 시기였다. 비동맹운동은 유엔 내 결성된 개발도상국 연합체인 77그룹(Group of 77, G77)으로 대표되며, 개발도상국의 경제발전과 무역을 촉진하기 위한 논의가 이루어진 1964년 제1차 유엔무역개발회의(UNCTAD)에 참가하면서 그 첫발을 내디뎠다. G77은 개발도상국의 발전을 목표로 더욱 공정한 국제무역의 표준을 설정하기 위한 개발도상국 간의 협력기구이며, 그 회원국은 130여개에 달한다.[30]

해당 시기 전후로 출범한 중남미자유무역연합(LAFTA), 아시아개발은행(ADB) 등의 지역개발은행과 동남아시아국가연합(ASEAN), 안데스공동체(CAN), 카리브공동체(CARICOM) 등과 같은 협의체는 지역통합을 기반으로 한 남남협력을 더욱 확대시켰다. 이후 유엔 체제에서 남남협력 개념은 1978년 아르헨티나 부에노스아이레스에서 개최된 개도국간 협력에 관한 유엔 회의에서 논의되었으며 「개도국간 기술협력(TCDC: Technical Cooperation among Developing Countries)을 위한 부에노스아이레스 행동계획(Buenos Aires Plan of Action, BAPA)」 채택을 통해 강화되었다. BAPA는 양자간, 다자간, 지역적·소지역적 협

---

29 Heloise Weber and Poppy Winanti, "The 'Bandung Spirit' and Solidarist Internationalism," *Australian Journal of International Affairs* 70-4 (2016), pp. 391-406.

30 The Group of 77 at the United Nations, "About the Group of 77," https://www.g77.org/doc/members.html (검색일: 2022. 11. 30).

력을 기반으로 한 기술협력에서의 참여국 역할을 강조하며 남남협력의 의미를 되새기는 계기가 되었다.[31] BAPA 채택 이후에도 남아시아 지역협력연합(SAARC), 리오그룹(Rio Group), 아시아태평양 경제협력체(APEC), 남미공동시장(MERCOSUR), 아프리카 연합(AU) 등 역내 협력플랫폼 구축을 위한 노력은 계속되었다.

2019년 3월 부에노스아이레스에서 개도국 간 기술협력을 위한 유엔 회의 채택 40주년을 기념하는 제2차 UN 남남협력 고위급회담(BAPA+40)이 개최되었다. 이는 2009년 케냐에서 열린 제1차 UN 남남협력 고위급회담 이후 10년 만의 회담이었으며, SDGs 달성에 있어서 남남협력의 의의, 가치 및 기회가 주요 주제로 다뤄졌다. 특히 변화하는 글로벌 거버넌스 체제에서 전통적인 남북협력 방식을 보완하고, 다양한 이해당사자의 참여를 촉구하여 포용적인 개발협력을 도모한다는 측면에서 남남협력이 지속가능발전에서 갖는 중요성과 의의를 재확인하였다. 아울러 증가하는 개도국 간 무역과 투자를 지원하는 지역협의체와 재정적 지원, 효과적인 남남·삼각협력 추진을 위한 모니터링과 평가와 관련된 체제 마련이 중요 과제로 논의되었다.[32] BAPA+40 상에도 명시된 바와 같이 글로벌 남반구 국가 간의 협력은 선진국에서 과거 공유되던 협력을 대체하는 것이 아니라 보완하는 역할에 가깝다고 볼 수 있

---

31 United Nations Office for South-South Cooperation (UNOSSC), "Buenos Aires Plan of Action (1978)," https://www.unsouthsouth.org/bapa40/documents/buenos-aires-plan-of-action (검색일: 2022. 6. 8); UNDP, *The Buenos Aires Plan of Action* (New York: Special Unit for TCDC-UNDP, 1994).

32 송지혜, "UN 남남협력 고위급회담(BAPA+40) 주요 의제와 쟁점,"『세계경제 포커스』제2집 (11)호 (세종: 대외경제정책연구원, 2019).

다. 상호의존성, 공동의 이익, 연대 행동과 책임 등이 계획의 중추적인 핵심어이며 개발도상국의 발전을 위해서는 공적개발원조로 대표되는 선진국의 참여를 유지하는 동시에 개발도상국의 자생성 또한 점증시켜야 할 점이 강조되었다.[33]

이후 2000년 유엔 새천년개발목표(UN MDGs), 2015년 SDGs가 채택되고 이행되는 과정에서는 공동의 개발목표를 달성하기 위한 글로벌 차원의 논의가 크게 진전되었다. 이와 병렬적으로 역내 국가뿐 아니라 지역 간의 포럼 및 대화채널을 확대한 남남협력으로써의 중국·아프리카 협력포럼(FOCAC), 중국을 필두로 한 브릭스(BRICS) 창설, 일대일로 정책(BRI) 추진, 아시아인프라투자은행(AIIB) 출범 등 새로운 형태의 파트너십이 다수 결성되기 시작했다.

한편, SDGs 달성을 위한 과정은 결국 구조적 전환 과정을 수반한다는 인식이 확산되었다. 그러나 현실적으로 모든 개발도상국이 구조적 변화를 자체적으로 추진하고 SDGs를 달성하는 데 필요한 전략적 정책 조치를 효과적으로 설계, 관리, 조정, 시행, 및 평가할 수 있는 제도적 역량을 갖춘 것은 아니다.[34] 이러한 관점에서 본다면, 개도국 입장에서는 남남협력의 한 사례로써 유엔 내 설치된 BRI 플랫폼(BRI Platform)을 활용하는 것도 하나의 전략적인 방안일 수 있다.

---

33 United Nations, "The Role of South-South Cooperation in the Achievement of SDGs and the BAPA+40 Conference," https://www.un.org/ecosoc/sites/www.un.org.ecosoc/files/files/en/dcf/brief%204_SSC_SDGs_BAPA%2B40_DGCIN_Argentina.pdf (검색일: 2022. 7. 30).

34 UNCTAD, "BRI Platform," https://unctad.org/topic/south-south-cooperation/bri-platform (검색일: 2022. 11. 30).

유엔은 해당 플랫폼을 활용하여 BRI에 수반되는 경제적 상호작용을 토대로 협력대상국에 투자, 무역, 금융, 기술발전 기제를 구축한 우수사례를 모델로 삼고, 궁극적으로는 대상국 내에 SDGs 달성을 위한 제도적, 구조적 변화를 이끌어내고자 한다. 그 첫 시범사업은 에티오피아, 인도네시아, 스리랑카에서 진행되었으며, BRI 플랫폼은 유엔평화개발신탁기금(UN Peace and Development Trust Fund) 중 2030 개발의제를 위한 하위기금(2030 Agenda for Sustainable Development Sub-Fund)으로 운영된다.[35] 유엔평화개발신탁기금은 중국 정부가 10년간 유엔에 미화 2억 달러를 기여하기로 공약한 이후 2016년에 조성되었으며 플랫폼에서 추진하는 사업의 시행주체는 UNCTAD이다.[36]

중국의 사례는 여느 국가와 마찬가지로 SDGs라는 글로벌 의제를 이행하기 위해 공동의 그러나 차별화된 책임 개념을 적절히 적용하고 있는 예시로 볼 수 있는 반면, 차이점이 있다면 자국에서뿐만 아니라 유엔에서도 중국의 일대일로 정책과 SDGs 간의 연결성을 찾아보려는 시도가 있다는 것이다. 이는 결국 SDGs 달성에 있어 필수적으로 해결해야 할 재원동원 부담의 문제가 두드러지게 드러나는 지점이며, SDGs 이행책임 논의에 있어 개도국의 대응전략을 다각화하는 동시에 또 다른 부채의 덫(debt trap)으로 빠지게 하는 양날의 검으로써 작용할 수 있다.

---

35 UNCTAD, "South-South Integration and the SDGs: Enhancing Structural Transformation in Key Partner Countries of the Belt and Road Initiative," https://unctad.org/project/south-south-integration-and-sdgs-enhancing-structural-transformation-key-partner-countries (검색일: 2022. 7. 30).

36 United Nations, "United Nations Peace and Development Trust Fund," https://www.un.org/en/unpdf (검색일: 2022. 7. 30).

이처럼 흔히 중국의 자국 우선주의로 해석되는 BRI가 남반구의 입장에서 SDGs 이행책임을 논하는 데 있어 중요한 변수로 작용할 가능성도 무시할 수 없다. 다음 절에서는 중국이 SDGs를 자국의 BRI 정책과 통합하려는 양상을 살펴보고 이러한 움직임이 개도국에 시사하는 바를 검토한다.

V. 남남협력과 SDGs: 중국과 개도국의 전략적 대응

앞에서 살펴본 바와 같이 중국은 1955년 반둥회의 이후 아프리카 사회주의 국가에 지속적으로 원조를 제공하며 남남협력의 주체로 영향력을 구축해왔다. 이러한 역사적 경험의 연장선상에서 출범한 중국의 일대일로 정책(BRI)은 도로, 철도, 공항, 항구, 에너지 파이프라인 건설 등 경제개발을 위한 대규모 인프라 프로젝트이다. 2013년 시진핑 주석이 중앙아시아와 동남아시아 순방 중 '실크로드 경제벨트'와 '21세기 해상실크로드' 개발을 각기 제시한 것을 시작으로 2015년 이른바 BRI 비전을 담은 공식문서「실크로드 경제지대와 21세기 해상실크로드 공동건설 추진을 위한 비전과 행동(Vision and Actions on Jointly Building Silk Road Economic Belt and 21st-Century Maritime Silk Road)」이 발표되었다.[37] 신유라시아대륙교(NELBEC), 중국·몽골·러시아(CMREC), 중

---

[37] China's National Development and Reform Commission (NDRC), Ministry of Foreign Affairs (MOFA), and Ministry of Commerce (MOFCOM), "Vision and Actions

국·중앙아시아·서아시아(CCWAEC), 중국·인도차이나반도·남아시아(CICPEC), 중국·파키스탄(CPEC), 방글라데시·중국·인도·미얀마(BCIMEC)가 '6대 경제회랑(Economic Corridor)'에 해당하며, 남중국해·말라카해협·인도양·유럽·동아프리카를 잇는 해상로, 남중국해·남태평양을 연결하는 해상로를 '21세기 해상실크로드'라고 통칭한다. 이외에도 빙상 실크로드, 디지털 실크로드 등 다양한 부문간 연결과 협력을 추진 중이다.

이렇듯 BRI의 출범과 SDGs 채택 시점이 맞물리면서 BRI와 SDGs 간 연결성에 관한 다양한 논의가 시도되었다. 우선, BRI와 SDGs라는 '메가 이니셔티브(mega initiative)'는 빈곤해소, 보건, 교육, 고용 등 오늘날 세계 인구가 직면하고 있는 근본적인 문제 해결에 우선순위를 두고 있기에 고유의 호환성(compatibility)과 시너지를 창출하는 수렴(convergence)을 제시한다고 한다.[38] UNDESA에 따르면 비록 BRI와 SDGs의 범위와 본질은 다르나, 상생의 협력, 공동의 발전과 번영, 평화와 협력, 개방성과 포용성, 상호이해와 신뢰 등 유사한 비전과 기본원칙을 공유한다. 구체적으로는 BRI 전략의 5대 협력 분야인 정책소통, 인프라 연결, 무역원활화, 자금융통, 민심상통의 오통(五通)과 SDGs 17개 목표, 아디스아바바 행동의제(AAAA)의 7대 행동분야 간의 연결가능성을 제

on Jointly Building Silk Road Economic Belt and 21st-century Maritime Silk Road (10 April 2017)," http://2017.beltandroadforum.org/english/n100/2017/0410/c22-45.html (검색일: 2022. 6. 8).

38 Donald J. Lewis, Xiaohua Yang, Diana Moise, and Stephen John Roddy, "Dynamic Synergies Between China's Belt and Road Initiative and the UN's Sustainable Development Goals," *Journal of International Business Policy* 4 (2021), pp. 58-79.

시했다.[39] 특히 인프라 구축을 강조하는 BRI는 '포용적이며 지속가능한 산업화 및 혁신을 촉진'하는 SDG 9번 목표와 직접적으로 연결되며, 프로젝트가 종료되어 기반시설이 완공되었을 경우 해당 지역 거주민들의 이동시간 단축, 무역증가를 통한 빈곤종식[SDG 1]과 불평등 감소[SDG 10] 등 다양한 SDGs 목표에 간접적으로 기여한다는 평가도 있다.[40] 이러한 기존 논의는 〈표 1〉과 같이 정리할 수 있다.

---

39 Pingfan Hong, "Strengthening National Policy Capacity for Jointly Building the Belt and Road towards the Sustainable Development Goals: A Capacity Development Project Financed by UN Peace and Development Trust Fund," https://www.un.org/development/desa/dpad/wp-content/uploads/sites/45/publication/2017_cdas_beltandroadb.pdf (검색일: 2022. 5. 26).

40 Sarah Basham, "Op-Ed: Furthering SSC and SDGs through the Belt and Road Initiative," *United Nations Association-National Capital Area* (UNA-NCA, 2021. 8. 12) https://medium.com/una-nca-snapshots/op-ed-furthering-ssc-and-sdgs-through-the-belt-and-road-initiative-9617a74ea59e (검색일: 2022. 5. 26).

〈표 1〉 중국의 BRI 정책과 포스트-2015 글로벌 의제와의 연결가능성

BRI 협력 우선 순위(5통)	BRI 중점분야	아디스아바바 행동의제[41]	관련 SDGs 목표
정책소통	• 국가·지역·국제 이니셔티브와 BRI의 연계성 강화 (2019년 3월 기준 154개국 및 국제기구와 국제협력을 위한 공식문서 서명)	• 국제개발협력 • 시스템이슈대응	16, 17
인프라 연결	• 도로, 철도, 항구, 에너지 물류, 전력망, 정보통신(ICT) 인프라	• 과학·기술·혁신·역량강화	1, 2, 5, 6, 7, 8, 9, 11, 13, 17
무역원활화	• 초국경 전자상거래 • 경제무역협력지구 • 자유무역협정(FTA), 양해각서 (MOU) • 투자 활성화	• 개발동력을 위한 국제무역 • 과학·기술·혁신·역량강화	1, 2, 5, 8, 9, 10, 17
자금융통	• 일대일로 개발 재원마련을 위한 가이드라인 수립 • 인프라 개발과 녹색 발전을 위한 특별 금융제도 구축	• 국내공공재원 • 국내외 민간기업, 재원 • 국제개발협력 • 개발동력을 위한 국제무역 • 과학·기술·혁신·역량강화	1, 2, 8, 9, 10, 17
민심상통	• BRI 참여국 국민·기업 간 문화적·사회적 교류	• 국제개발협력 • 과학·기술·혁신·역량강화	1, 3, 4, 9, 10, 13, 17

출처: Hong (2017); Lewis, Yang, Moise, Roddy (2021) 활용하여 저자정리

---

41 아디스아바바 행동의 제7대 행동분야: (1) 국내공공재원(Domestic public resources); (2) 국내외 민간기업 및 재원(Domestic and international private business and finance); (3) 국제개발협력(International development cooperation); (4) 개발 동력으로서의 국제무역(International trade as an engine for development); (5) 부채 및 지속가능성(Debt and debt sustainability); (6) 시스템이슈대응(Addressing systemic issues); (7) 과학, 기술, 혁신 및 역량강화(Science, technology, innovation and capacity-building).

2022년 12월 기준 누적 횟수가 333건에 달하는 자발적국가리뷰 (Voluntary National Review, VNR)에서도 알 수 있듯이, SDGs와 국내 정책을 연결하려는 논의는 여느 국가에서나 활발히 진행되었지만 중국의 BRI와 SDGs 연계시도는 자국에서뿐만 아니라 유엔의 지지가 일면 있다는 점이 인상적이다.[42] 유엔의 BRI 플랫폼 구축과정은 2016년 초 중국 측의 적극적인 소통으로 시작되었다.[43] 2016년 4월 중국은 유엔아시아태평양경제사회위원회(UNESCAP)와 BRI 상호연결성(interconnectivity) 및 BRI 국가 간 전략적인 정책 조정과 실질적인 협력을 촉진하기 위한 구체적인 행동계획을 공동으로 세울 것을 명시한 의향서(Letter of Intent)에 서명하였다. 같은 해 9월에는 유엔개발계획(UNDP)과 BRI 양해각서(MOU)를 체결하였으며, 뒤이어 11월 유엔총회에서 BRI가 최초로 채택 결의 중 하나로 인정되었다.

유엔사회개발위원회(UNCSD)에서는 2017년 2월 BRI 개념인 '운명공동체(Community of Common Destiny)'를 인식했으며, 3월 유엔 안보리에서 UNSC 결의안 2344를 통해 BRI에 대해 우호적인 입장을 내비쳤다.[44] 2019년 4월에는 구테흐스(Guterres) 유엔 사무총장이 베이징에서 열린 제2차 일대일로 국제협력 포럼(Belt and Road Forum for International Cooperation)에 참석해 국제협력과 다자주의의 기둥으로써 중국

---

42 UN High-Level Political Forum on Sustainable Development, "Countries who have presented their Voluntary National Reviews," https://hlpf.un.org/countries (검색일: 2022. 12. 5).

43 Lewis, Yang, Moise, Roddy (2021).

44 Lewis, Yang, Moise, Roddy (2021), p. 62.

의 핵심 역할을 인정하며, BRI와 SDGs의 연관성을 언급했다.[45] 유엔경제사회국(UNDESA)은 미얀마, 방글라데시, 라오스, 캄보디아 등 14개 협력국을 대상으로 BRI-SDGs 프로젝트를 수행 중이며, BRI 협력으로 인한 경제적, 사회적, 환경적 영향 연구 및 BRI 프로젝트가 SDGs 달성을 가속화할 수 있도록 BRI 국가 간 제도적 네트워크를 구축하는 것을 목표로 하고 있다. 또한 필요로 하는 정부는 역량개발을 통해 정책 제안을 국별 프로그램에 통합할 수 있도록 지원할 계획을 보유한다.[46]

유엔이 이렇게 BRI를 글로벌 체제에 편입하게 된 배경에는 앞서 논의한 SDGs 달성에 필수적인 재정 동원의 문제가 얽혀있음을 간과할 수 없다. BRI는 서유럽 개발을 촉진한 마셜플랜과 비교될 정도로 큰 규모의 프로젝트이자, 연성(soft) 원조로 노선변경을 한 전통적인 선진 공여국의 지원을 대체할, 실질적으로 개도국 발전에 필수요소인 경성(hard) 원조로의 귀환이라고 주목받은 바 있다.[47] 글로벌 북반구의 독점적인 원조 지원은 공여국의 경제적 이해를 촉진하는 도구로 국가 금융

---

45 United Nations, "United Nations Poised to Support Alignment of China's Belt and Road Initiative with Sustainable Development Goals, Secretary-General Says at Opening Ceremony," UN Meetings Coverage and Press Releases (SG/SM/19556, 2019. 4. 26). https://www.un.org/press/en/2019/sgsm19556.doc.htm (검색일: 2022. 5. 26).

46 United Nations Department of Economic and Social Affairs (UNDESA), "Jointly Building Belt and Road towards SDGs: About BRI-SDGs," https://www.brisdgs.org/about-bri-sdgs (검색일: 2022. 5. 26).

47 Branko Milanovic, "The West is Mired in 'Soft' Development. China is Trying the 'Hard' Stuff," *The Guardian* (17 May 2017) https://www.theguardian.com/global-development-professionals-network/2017/may/17/belt-road-project-the-west-is-mired-in-soft-development-china-is-trying-the-hard-stuff (검색일: 2022. 5. 26).

기관 개혁을 추진하고 복합적인 사회 문제에 기술적인 단일 해결방식을 부과하며 원조 공여국과 수혜국 구분을 철저히 하는 경향이 있었다. 그에 반해 중국 주도의 BRI는 연대와 수평적 원칙에 기반한 남남협력의 주요 사례 중 하나로 언급되기도 한다.[48]

출범 후 초기 2년간 10개국과 공식적인 협력관계를 맺은 중국의 BRI는 2022년 12월 기준 143개 협력국을 확보하였다.[49] 참여 의사 자체가 BRI에의 적극적인 개입과 협력을 의미하는 것은 아니며, 양해각서 서명과 협정(cooperation agreement)으로 참여 수준을 구분한다. 양해각서는 가장 높은 수준의 합의로써 구체적인 중국투자로 추진될 사업 등이 명시되어 있는 문서이며, 협정은 더 일반적인 수준에서 BRI 의제에 협력할 것을 포함하고 있다. 미국 브루킹스연구소는 협정에서 양해각서로 양자 관계를 변경한 국가는 있으나, 그 반대 사례는 없었기 때문에 양해각서가 보다 공식적인 BRI 참여를 표명하는 것으로 본다.[50] 양해각서와 협정의 차이를 구분하지 않는다고 하더라도, BRI는 통상 참여국 규모로만 봤을 때 불과 몇 년 만에 전 세계 GDP의 거의 절반을 차지하는 국가의 집합을 이루었다고 할 수 있다. 이 중 사하라 이남 아프리카 국가는 43개국으로 대부분이 중국의 일대일로 영향권에 놓여있다. BRI 비참여국가는 미국, 캐나다를 비롯하여 유럽과 남미에 집중된 미국

---

48 Basham (2021).

49 Belt and Road Portal, "Profiles," https://eng.yidaiyilu.gov.cn/info/iList.jsp?cat_id=10076&cur_page=1 (검색일: 2022. 12. 3).

50 Jack Nolan and Wendy Leutert, "Signing up or Standing Aside: Disaggregating Participation in China's Belt and Road Initiative," *Brookings, Global China Series* (2020. 11. 5). https://www.brookings.edu/articles/signing-up-or-standing-aside-disaggregating-participation-in-chinas-belt-and-road-initiative/ (검색일: 2022. 5. 26).

의 동맹국이 주를 이루지만, 한국과 뉴질랜드와 같은 미 동맹국 일부도 BRI에 참여 중이다.

　중국의 BRI가 SDGs 프레임에 편승함으로써 얻을 수 있는 이점은 BRI의 대규모 인프라 프로젝트에 따른 여러 사회적, 환경적 리스크를 관리할 수 있도록 위험 정보에 기반한 결정(risk-informed decision-making) 프레임을 SDGs가 제공할 수 있다는 점이며, 이를 통해 중국은 책임있는 이해관계자(responsible stakeholder)로서의 책무성을 확보할 수 있다는 의견도 있다.[51] 중국 정부는 지속가능발전을 위한 노력의 일환으로 2016년 녹색 일대일로 정책 추진을 위한 가이드라인(Guidance on Promoting Green Belt and Road) 및 해당 가이드라인을 구체적인 정책으로 제시한 2017년 일대일로 생태환경보호 협력계획(Belt and Road Ecological and Environmental Cooperation Plan)을 마련하여 BRI 사업을 실제 지원하고 인프라 구축을 이행하는 중국 기업들이 환경적, 사회적 규범을 준수하도록 하였다.[52] 또한, 일대일로 녹색발전연맹(BRI International Green Development Coalition, BRIGC)을 출범시켜 10개 테마 그룹과 120개 이상의 국제기구, 정부부처, NGO, 싱크탱크, 기업들의 참여를 통해 일대일로의 환경적 지속가능성 원칙과 유엔 SDGs에 부응하고자 하였다.[53]

51　Basham (2021).

52　Jiang Xiheng, "Green Belt and Road Initiative Environmental and Social Standards: Will Chinese Companies Conform?" *IDS Bulletin* 50-4 (2019), pp. 47-68.

53　United Nations Environment Programme (UNEP), "The Belt and Road Initiative International Green Development Coalition (BRIGC)," https://www.unep.org/regions/asia-and-pacific/regional-initiatives/belt-and-road-initiative-international-green (검색일: 2022. 11. 26).

그러나 중국은 BRI 프로젝트에 있어 파리원칙이 아닌 철저한 내정 불간섭(non-interference) 정책을 따르고 있어 독립적인 타당성 조사, 영향평가 혹은 시민사회단체의 관점을 고려하는 노력 등이 수반될지는 불투명하다.[54] 실제로 사업에 참여하는 중국 기업의 역량은 규모와 경쟁력에 따라 매우 다르며, 투자유치국(host country)의 법과 규제 준수 여부에 대한 의무화 조치 및 모니터링 체제가 부재한 상황에서 투명성과 책무성에 대한 과제는 여전히 남아있다. 또한 BRI는 개별국가와의 양자협력 외에도 아시아개발은행, 세계은행 등 다자기구 참여의 중요성도 강조해왔으나, 다자기구의 부채 지속가능성 규범과 표준은 중국의 양자원조 사례와 일치하지 않는 측면이 크기 때문에 과연 이러한 표면적인 협력의사가 가시적인 협력으로 이어질지도 확실치 않다.

이처럼 중국에서 주장하는 바에 따르면 BRI는 개발도상국에 필요한 인프라를 제공하는 이른바 윈원의 개발 모델이지만, SDGs 프레임과 일치하지 않는 부분도 상당하며 정책 추진 과정에서 글로벌 남반구 국가의 불평등을 심화시킬 수 있는 여러 구조적 문제점들에 대한 우려도 제기되어 왔다. 즉, 부채 지속가능성과 그와 관련된 차관 투명성(lending transparency), 조달 표준(procurement standards), 양허성 수준(concessionality) 등에 있어 중국 정부와 자금의 거대한 영향력 하에 있는 사업에 다자주의적 특성을 얼마나 통합시킬 수 있을지 여부의 문제이다.[55]

54 Dan Banik, "Can China's Belt and Road Initiative help achieve the SDGs?" University of Oslo Centre for Development and the Environment (University of Oslo, Oslo SDG Blog, 2018. 8. 9). https://www.sum.uio.no/english/sdg/blog/dan-banik/belt-and-road-initiative.html (검색일: 2022. 5. 26).

55 John Hurley, Scott Morris, and Gailyn Portelance, "Examining the Debt Implications

중국에 유리한 상환조건과 고금리 융자는 개발도상국을 심각한 부채의 위기에 빠뜨릴 뿐 아니라, 중국 기업, 중국인 노동자, 중국 기자재 등을 활용하도록 하는, 이른바 구속성 원조(tied aid) 속성을 띤다는 점도 지적되었다.[56] 대규모 차관을 갚지 못할 시 주요 사회간접자본이 중국에 넘어가게 되는 위기상황에 놓인 국가는 앙골라, 에티오피아, 케냐, DR 콩고, 잠비아 등 BRI에 참여하는 아프리카 국가 중 절반에 달한다. 이러한 부채의 덫에 빠진 국가들은 주로 자원이 풍부하거나 전략적 거점지역으로 활용할 수 있는 인프라를 갖추었다는 공통점이 있다.

중국과 참여국가 간에 불균형한 관계를 나타내는 예시로 케냐를 살펴보면, 2014년 중국은 케냐의 최대 교역국으로 등극하였고, 케냐는 중국의 아프리카 교역상대국 중 6번째로 큰 국가가 되었다. 그러나 케냐의 대중국 수입은 2019년 미화 3.6조 달러로 케냐 총수입의 약 20%를 기록한 반면, 케냐 총수출의 절반을 차지하는 5대 수출국에는 중국이 포함되지 않았으며, 2017년 중국 수출은 미화 9천 6백만 달러로 케냐 총수출의 2% 미만에 그쳤다. BRI와 SDGs의 최대 접점은 주인의식 원칙 존중 및 협력국가 시스템을 기반으로 한 개발이라는 주장도 있으나,[57]

---

of the Belt and Road Initiative from a Policy Perspective," *CGD Policy Paper 11* (March 2018). https://www.cgdev.org/sites/default/files/examining-debt-implications-belt-and-road-initiative-policy-perspective.pdf (검색일: 2022. 5. 26).

56 김태균, "코로나19와 글로벌 남반구 정치경제의 질서 변화: 미중 전략 경쟁의 심화와 중국-인도 간의 역내 갈등," 『EAI워킹페이퍼 (코로나 위기 이후 세계정치경제질서 시리즈 ④ 코로나19와 글로벌 남반구 정치경제의 질서 변화: 미중 전략 경쟁의 심화와 중국-인도 간의 역내 갈등)』동아시아연구원 (2022. 2. 9); Hurley, Morris, and Portelance (2018).

57 Ling Jin, "Synergies Between the Belt and Road Initiative and the 2030 SDGs: from

불균형적인 케냐-중국 무역 관계에서 알 수 있듯이 종속적인 관계 속에서 진정한 의미의 주인의식 존중과 남남협력이 어떻게 발현될 수 있을지는 여전히 불투명하다.[58] 한편, 중국은 지역 협력플랫폼의 범위를 확장함에 따라 일부 동유럽 국가들까지 남반구 국가들로 편입시키며 BRI를 활용한 남남협력 담론을 강화하고자 한다. 그러나 역설적이게도, 이는 글로벌 남반구라는 개념에 대한 재구성과 확장 시도를 통해 선진국과 개도국이라는 서구식 이분법적 분화를 탈피하는 변혁적 움직임이라는 분석도 있다.[59]

VI. 소결

팬데믹과 글로벌 기후변화 등 총체적인 위기에서 글로벌 남반구가 북반구보다 더 큰 위험요인을 안고 있다는 사실은 자명하다. SDGs는 이러한 글로벌 위기에 대한 의미 있는 해결 방안으로 모든 국가의 공동행동

the Perspective of Development," *Economic and Political Studies* 6-3 (2018), pp. 278-292.

58 Jing Gu and Shen Qiu, "The Belt and Road Initiative and Africa's Sustainable Develompent: A Case Study of Kenya," *IDS Bulletin* 50-4 (2019), pp. 89-108; World Bank, "World Integrated Trade Solution (WITS): Kenya Trade Summary 2019," https://wits.worldbank.org/CountryProfile/en/Country/KEN/Year/2019/Summary-text (검색일: 2022. 5. 26).

59 Paul Joscha Kohlenberg and Nadine Godehardt, "Locating the 'South' in China's Connectivity Politics," *Third World Quarterly* 42-9 (2021), pp. 1963-1981.

을 촉구한 가운데, 본 장은 채택 이후 반환점을 지난 SDGs 이행책임 논의에 대해 글로벌 남반구 입장에서 검토를 시도하였다. 특히, SDGs 달성을 위해 필수적인 재원동원 책임에 대해 글로벌 북반구와 남반구 입장 차가 극명하게 나타남을 확인하였다. 이에 공동의 그러나 차별화된 책임 개념의 논의 배경을 살펴봄으로써 글로벌 북반구와 글로벌 남반구가 서로 다른 출발선상에서 시작하였음을 인식하였다.

이론적으로 책임에 대한 글로벌 남반구와 북반구의 접근법의 차이는 인과적-미래지향적, 혹은 형평성-보편성 등의 상치되는 개념으로도 설명될 수 있다. 글로벌 남반구는 현시대의 개발문제를 과거 제국주의 유산과 불가분의 문제로 상정하여 인과적 책임을 선진국에 부과하고 형평성 관점에서 이행책임을 논할 것을 주장할 수 있다. 반대로 선진국의 주요 입장은 향후 같은 미래를 후대에 물려줘야 할 동시대적 운명공동체로서 미래지향적이고 보편적인 책임을 주장하는 것이다.

그러나 어떤 측면에서 본다면 이는 상반된 주장 간 교착 상태라기보다는 글로벌 규범과 협력플랫폼을 활용하는 개도국의 대응전략으로 해석이 가능하다. 이에 개발도상국을 협력의 주요 주체로 상정한 남남협력의 발전과정을 짚어봄으로써 SDGs 이행책임 논의에 있어 개도국의 전략적인 수단을 재검하였다. 중국의 BRI 정책, 그리고 이와의 연결성을 꾀한 유엔의 BRI 플랫폼을 개발도상국이 남남·삼각협력 기제로써 활용할 수 있는 여지는 있지만, 동시에 중국의 BRI 정책은 그 규모 있는 영향력으로 인해 개도국의 부채의 덫과 같은 위기를 낳는 결과로 이어질 수 있다.

물론 SDGs가 대규모 재정지원이 전제되어야 하는 개발목표라는 점에서 BRI는 개발도상국 인프라 투자에 동원되어야 하는 재정지원 격차를 줄이는 데 있어 필수적인 재원임이 틀림없다. 인적자산 확대와 구조적 취약성 보완을 위한 노력은 최빈국에 있어 특히 중요하며, 최빈국의 SDGs 달성을 가속화하기 위한 방안으로 BRI 관련 재원이 필요하다는 점이 지적되기도 한다.[60] 그러나 실질적으로 BRI가 최빈국의 지속가능발전을 촉진하는 도구로 활용되기 위해서는 남북·남남·삼각협력 플랫폼 중 필수적인 개발재원을 선별하고 확보하는 최빈국의 역량이 필요하다.

일례로 중저소득국이자 공여국에 종속된 국가에서 더 자주적인 중고소득국으로 진입한 에콰도르 사례는 BRICS와 같이 글로벌 남반구에 위치한 신흥경제국의 부상에 따른 글로벌 거버넌스의 변화가 중소득국가의 SDGs 국내 이행에 어떠한 영향을 미치는지 제시한다.[61] 전 세계적으로 동일한 개발 우선순위를 제시했던 기존의 서구식 모델이 더 이상 적용되지 않는 글로벌 거버넌스 체제에서 에콰도르 정책입안자들은 SDGs를 일괄적으로 국가 정책 과정에 통합시키기보다는 국가 우선순위와 발전에 대한 국가의 관점에 맞는 목표와 세부목표를 선별하는 방식을 취한 것으로 분석되었다. 즉, SDGs가 에콰도르 발전의 내용과 방향에 대한 정의를 내리는 것이 아닌, 이미 국내적으로 결정된 개발목표와 정책을 정당화하는 도구로 SDGs가 활용되었으며, 그 과정에서 지방분권(decentralization)에 따른 로컬의 다양한 주체 및 행위자들이 등장한

---

60 Namsuk Kim, "Will the Belt and Road Initiative Boost Least Developed Countries Towards Sustainable Development?" *IDS Bulletin* 50-4 (2019), pp. 139-154.

61 Philipp Horn and Jean Grugel, "The SDGs in Middle-income Countries: Setting or Serving Domestic Development Agendas? Evidence from Ecuador," *World Development* 109 (2018), pp. 73-84.

것을 강조하였다.[62]

이처럼 SDGs와 BRI와 같은 거대 이니셔티브를 글로벌 남반구가 어떻게 활용할 수 있을지에 대한 연구는 현재진행 중이지만 위 사례에서 알 수 있듯이 개발도상국에게 있어 SDGs는 궁극적인 목표 달성을 위한 국제규범이기보다는 국내 개발정책과 우선순위를 통합하는 데 활용되는 전략자산에 가까울 수 있다는 분석도 가능하다. 즉, 역사적으로 얽혀있는 글로벌 남반구와 북반구의 복잡한 관계 속에서 개도국은 SDGs를 도구로 선진국으로부터 더 큰 책임을 요구하고 원조 규모를 확대하는 수단으로 활용할 수도 있는 것이다.

이는 결국 개도국 입장에서 자체적으로 SDGs와 BRI를 해석하고 다자협력 체제를 구축하여 대응할 수 있는 개도국 역량에 따라 책임이 결정된다는 의미로 함축된다. SDGs를 활용하는 글로벌 남반구 국가 사례가 있는 반면 남남협력 개념을 활용하여 이를 적극적으로 편입하려는 글로벌 북반구의 양상도 확인된다. 미국의 더 나은 세계재건(B3W) 어젠다 그리고 중국의 디지털 실크로드 이니셔티브 등이 맞물리는 미·중 담론경쟁이 대표적이다. 이러한 가운데 남남협력, 자체적인 소다자주의 협의체 혹은 믹타(MIKTA)와 같은 기존 중견국 연합체를 활용하는 등 다양한 돌파구 마련이 가능하다. 개도국은 그 과정에서 전략적으로 책임은 최소화하며, 공동의 그러나 차별화된 책임 개념은 편의에 따라 사용할 수 있다.

글로벌 거버넌스 체제가 재편되고 있고 팬데믹 특수성으로 인해 국가, 시장 외에도 글로벌 펀드, 국제 NGO, 민간기업, 시민사회 등 다

---

62 Horn and Grugel (2018).

양한 글로벌 행위자들이 책임의 주체로 부상하고 있다. 또한, 개도국은 계속해서 남남협력과 남북협력 사이에서 저울질하며 부과되는 이행책임에 대응할 것이라는 전망이 가능하다. 이러한 상황에서 향후 SDGs 이행에 있어 글로벌 남반구의 전략적인 선택은 무엇이며 대응책으로 남북·남남·삼각협력 등 다양한 협력 플랫폼을 어떻게 활용할 수 있을지 그 귀추가 주목되고 있다.

United Nations General Assembly, *Transforming our world: the 2030 Agenda for Sustainable Development* (A/RES/70/1, 21 October 2015).

United Nations Office for South-South Cooperation, *Good Practices in South-South and Triangular Cooperation for Sustainable Development, Volumes 1(2016), 2(2018), 3(2020), 4(2022).* https://un-southsouth.org/category/good-practices-in-sstc-series/

Hany Gamil Besada, M. Evren Tok, and Leah McMillan Polonenko, *Innovating South-South Cooperation Policies, Challenges and Prospects* (Baltimore, Maryland: Project Muse, 2019).

Lorenza Campagnolo and Marinella Davide, "Can the Paris Deal Boost SDGs Achievement? An Assessment of Climate Mitigation Co-benefits or Side-effects on Poverty and Inequality," *World Development* 122 (2019), pp. 96-109.

Jeremy Garlick, *The Impact of China's Belt and Road Initiative: From Asia to Europe* (London: Routledge, Taylor & Francis Group, 2020).

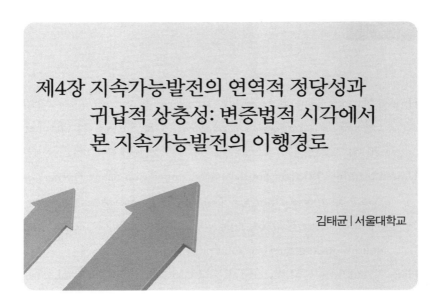

제4장 지속가능발전의 연역적 정당성과 귀납적 상충성: 변증법적 시각에서 본 지속가능발전의 이행경로

김태균 | 서울대학교

I. 들어가며: 지속가능발전의 내재적 부조화 문제

2015년 9월 제70차 유엔총회에서 이른바 '지속가능발전목표(Sustainable Development Goals: SDGs)'라 통칭되는 '지속가능발전을 위한 2030 의제(2030 Agenda for Sustainable Development)'가 선포되었다.[1] 새천년개발목표(Millennium Development Goals: MDGs)를 대체하는 또 다른 15년을 위한 인류공동의 목표가 글로벌 남반구(Global South)와 글로벌 북

---

1 김태균·김보경·심예리, 2016, "국제개발 규범의 국내화 과정에 관한 연구 지속가능발전목표(SDGs),"『국제·지역연구』제25권 제1호, 서울대학교 국제학연구소.

반구(Global North) 공동의 협의 하에 구상되었고 선진국과 개도국의 구분 없이 유엔 회원국 전체에 적용되며 국내 및 국제 수준에서 SDGs를 이행해야 하는 책무가 발생하게 된다.[2] 또한 지속가능발전이 적용되는 섹터의 스펙트럼이 사회개발에만 국한되었던 MDGs의 한계를 넘어서 SDGs는 경제개발, 불평등, 거버넌스, 기후환경 등 개별 국가의 국정과제 전체를 포함하는 포괄적(comprehensive)이면서도 정부를 비롯하여 시민사회, 의회, 민간기업 등 다양한 이해관계자(multi-stakeholder)를 아우르는 포용적인(inclusive) 개발목표로 확장되었다.

그러나 SDGs 이행이 국가의 의무사항이 아니라 자발적인 책무라는 한계가 있다. 이러한 특성 때문에 보수적인 현실 정치에서 SDGs의 달성은 태생적으로 개별 국가의 국익 우선주의라는 커다란 장벽과 부딪히게 된다. 유엔 회원국은 4년 단위로 자국의 국내외 SDGs 이행과정과 목표 등을 유엔경제사회이사회 산하 유엔고위급정치포럼(UN High-Level Political Forum: UN HLPF)에 '자발적국별리뷰(Voluntary National Review: VNR)'를 제출하게 되어 있으나, 미국 등 일부 회원국들이 VNR을 아직까지 제출하고 있지 않아 SDGs의 자발성에 대한 한계점이 드러나고 있다.[3] 특히, 코로나19를 비롯한 신종감염병 및 러시아-우크라이나 전쟁 등 자국의 이익을 위한 목표가 인류공동의 목표인 SDGs를 상쇄시키는 외부환경이 조성되면 대부분의 국가들은 우선적으로 SDGs 이

---

2   Mawdsley, Emma, Elsje Fourie, and Wiebe Nauta (eds.), *Researching South-South Development Cooperation: The Politics of Knowledge Production* (Abingdon: Routledge, 2019).

3   우창빈·김태균·김보경, 2020, "지속가능발전목표 이행의 글로벌 경향성 분석: UN 자발적국별리뷰(VNR)를 중심으로," 『국정관리연구』제5권 제2호.

행을 위한 대외원조 및 개발협력 프로젝트의 예산을 삼가하게 된다.[4] 또한, 자국의 이익을 위하여 글로벌 규범인 SDGs를 전략적으로 활용하여 특정 국가의 공격적인 해외진출을 지속가능한 발전의 대외원조로 포장할 수도 있다. 중국의 일대일로(Belt and Road Initiative: BRI) 정책을 남남협력(South-South cooperation: SSC)을 위한 SDGs 이행으로 해석하는 중국정부의 전략이 이에 해당된다.[5] 따라서, SDGs 이행을 둘러싸고 자발적 규범성과 도구적 실천성 간의 부조화 문제는 북반구의 공여국 그룹과 남반구의 수원국 그룹 간에 SDGs의 정당성에 관한 인식의 차이를 확장하는 동시에 궁극적으로 SDGs 이행을 위한 글로벌 거버넌스의 실패를 유도하는 역설적인 상황이 연출되고 있다.

제2차 세계대전이 한창 막바지로 치닫고 있을 때 알베르 카뮈(Albert Camus)가 『시지프 신화(Le Mythe de Sisyphe)』에서 피력하였듯이, 생활세계의 부조리는 자신의 주장을 스스로 실천하여 증명하지 못하는 현실세계의 의도적 또는 관성적 괴리현상에서 시작한다. 지식인으로서, 국가 지도자로서, 국제질서의 수호자로서, 개인부터 국가에 이르기까지 다양한 주체가 부조리한 현실에서 발생하는 문제를 해결하기 위하여 적절한 행위를 구상하고 실천하려고 하지만 그 결과는 외부환경과 내부전략에 따라 의도치 않은 방향으로 전개될 수 있다. SDGs 이행에 관한 부조화 현상은 지속가능발전이 글로벌 거버넌스의 강행규범으로 공인되

---

4   Bin-Nashwan, Saeed Awadh, M. Kabir Hassan, and Aishath Muneeza, "Russia-Ukraine Conflict: 2030 Agenda for SDGs Hangs in the Balance," *International Journal of Ethics and Systems* 39, 2023.

5   https://www.un.org/en/desa/jointly-building-"belt-and-road"-towards-sustainable-development-goals (2022년 11월 20일 검색).

지 않고 상황에 따라 국가의 이익을 위해 손쉽게 동원되거나 폐기될 수 있는 자발적 규범이라는 현실적인 딜레마에서 비롯된다. 특정 국가가 자국의 공격적인 대외진출을 SDGs 이행으로 공식화할 경우 유엔 또는 국제사회는 그 국가에게 공격적인 SDG 프로젝트의 정당성을 입증하도록 요청할 수 없기 때문에, 자발성에 근거한 공격적 개발프로젝트는 기획단계에서부터 SDGs라는 보편적 가치와 국익이라는 특수한 목표를 동시에 적절하게 포장하는 자의적인 부조화 현상의 중심에 서게 된다.

이러한 SDGs에 내재된 부조화 문제는 결국 수 세기에 걸쳐 국제개발의 담론과 규범을 장악해 온 글로벌 북반구의 공여국 그룹과 일방적으로 제시된 게임의 규칙에 대항하는 남반구 수원국 그룹 간의 권력 다툼으로 이어질 수 있다. 북반구는 국제관계의 질서를 유지하고 북반구가 국제관계를 통제하고 스스로에게 유리하도록 관리하기 위해서는 보편적인 가치와 규범을 글로벌 원칙으로 설정하여 관리대상인 남반구의 동의와 이행을 강제하고 이를 근거로 남반구 개도국들의 사회화를 선도적으로 유도한다. 따라서 북반구 공여주체에게 SDGs는 북반구의 대남반구 원조정책 및 '지속가능성'을 표방한 개입정책이 연역적으로 정당할 수 있도록 정치적으로 합법적인 프레임을 제공한다. 반면, 글로벌 남반구의 역사가 북반구에 의한 식민화와 경제수탈로 인하여 저발전의 발전과 종속화의 심화로 점철되어왔다는 측면에서,[6] 남반구에게 SDGs 시대의 시작은 지속가능발전의 진정성보다는 북반구가 주도하는 글로

---

6   Seligson, Mitchell A. and John T. Passé-Smith (eds.), *Development and Underdevelopment: The Political Economy of Global Inequality* (Boulder: Lynne Rienner Publishers, 2014).

벌 거버넌스 시스템이 MDGs에서 SDGs로 단순 이동했다는 체제변화로 인식될 가능성이 크다. 물론, MDGs 시기 후반부인 2012년부터 국제사회가 본격적으로 포스트-2015 개발의제를 논의할 때 MDGs와 달리 글로벌 남반구의 요청사항을 최대한 포스트-2015 개발의제 논의과정에 반영하기 위하여 다양한 제도적 장치를 동원한 유엔의 노력은 높게 평가되어야 할 것이다.[7] 그럼에도 불구하고, SDGs 체제가 의무적으로 이행의 책무를 유엔 회원국 전체에게 부과하고 있지 않는 점, SDGs 이행 주체에 북반구와 남반구를 동시에 포함시킴으로써 기존 MDGs와 달리 자국의 지속가능발전 문제는 기본적으로 자국이 책임을 져야함과 동시에 북반구 공여국이 남반구 SDGs의 이행을 위해 전적으로 책임을 지지 않아도 된다는 점, 그리고 개도국 간에 협력하는 남남협력을 기존 개발원조 방식의 대안으로 강조하고 있다는 점 등이 글로벌 남반구에 위치한 협력대상국들에게는 SDGs가 진정한 의미에서 개도국을 위한 개발목표라 인정하기 어렵게 만들 것이다.[8] 따라서, 남반구 시각에서는 SDGs가 경제성장에 어려움을 겪고 있는 북반구 선진국 그룹이 지난 과거의 채무에서 도피하기 위한 탈출구로 활용될 수 있다는 의심의 해석이 존재한다.[9]

---

7 Desai, Raj M., Hiroshi Kato, Homi Kharas, and John W. McArthur (eds.), *From Summits to Solutions: Innovations in Implementing the Sustainable Development Goals* (Washington, D. C.: Brookings Institution Press, 2014).

8 Briceño-Ruiz, José, "Venezuela and South-South Cooperation: Solidarity or *Realpolitik?*" in Isaline Bergamaschi, Phoebe Moore and Arlene B. Tickner (eds.), *South-South Cooperation Beyond the Myths: Rising Donors, New Aid Practices?* (London: Palgrave Macmillan, 2017).

9 https://www.youtube.com/watch?v=7CN8eTyghd0 (2022년 12월 2일 검색).

SDGs 시대 남북관계의 핵심은 누가 어떻게 SDGs 이행에 대한 재정적, 정치적 책임을 질 것인가에 대한 상이한 입장을 이해하는 것이다. 다른 입장의 이해를 토대로 각각의 위치에서 다른 입장을 어떻게 정치적으로 활용하면서 자신의 이익을 극대화하고 이를 정당화하는가에 대한 분석도 뒤따라야한다. 여기에 북반구와 남반구의 SDGs 이행에 대한 다른 입장이 어떻게 절충되고 통합되는가에 대한 변증법적인 접근이 추가적으로 필요하다. SDGs의 이행을 위한 통합된 그리고 합의된 로드맵이 존재하는가? 통합된 로드맵이 존재할지라도 진정 그 로드맵에 따라 통일된 방향으로 이행이 가능하고 타당한 것인가? 북반구와 남반구 사이에서 형성되는 SDGs에 관한 접근법의 부조화 문제가 심화될수록 실제로 SDGs 이행의 통합과 절충에 대한 기대는 어려울 것이다. 추상적인 수준에서 SDGs에 대한 북반구의 집단적 전략이 '연역적 정당성'을 위한 기획프로젝트라고 정리할 수 있다면, 남반구에게 있어 SDGs의 집단적 정체성은 '귀납적 상충성'으로 표현할 수 있을 것이다. 연역적 정당성이란 북반구가 거시적인 프레임으로 SDGs를 기획하고 이를 통해 남반구에 개입하고 남반구를 관리할 수 있는 정당성을 찾는다는 의미이다. 남반구의 정체성이라 상정할 수 있는 귀납적 상충성은 북반구가 주도한 새로운 개발 패러다임을 남반구가 수용하는 입장이지만 수용하는 맥락과 조건에 따라 SDGs가 갖는 연역적인 보편성을 귀납적으로 차별화시키고 남반구 개도국의 입장을 적극적으로 반영함에 따라 상호 간에 충돌이 발생하기도 하고 북반구의 이해관계와도 경합을 벌일 가능성이 크다는 것을 의미한다.

　　지구촌의 남반구와 북반구 간의 부조화 문제는 역사적인 외부조건에 따라 SDGs의 이행경로가 치열한 권력경쟁의 이슈로 악화되기도 하고 상대적으로 협력을 유도하는 데 쉬울 수 있는 환경으로 순화되기도 한다. 2020년 중국 우한에서 시작된 코로나19와 같은 감염병 팬데믹 현상, 미중 간의 전략경쟁으로 인한 헤게모니 경합, 그리고 러시아-우크라이나 전쟁 등은 SDGs 이행기제에 내재된 남북 간의 부조화 이슈가 전면으로 부각되면서 SDGs 이행에 속도를 내기가 어렵게 된다. 그러나, 이러한 악화된 외부환경이 국제사회 공동의 문제로 부상할수록 이에 대응하기 위한 글로벌 거버넌스의 협치 노력이 대안적으로 동원된다. 최근 유엔이 개발의 이슈를 각각 분리하여 독립적으로 관리하는 것보다 상호 연관된 이슈영역을 통합적으로 묶어서 동시다발적으로 대응하는 이른바 '통합적 접근(integrated approach)'이 긍정적으로 해석될 수 있는 글로벌 협치의 사례가 될 수 있을 것이다.[10] 부조화로 인한 남반구와 북반구 간의 간극을 메우는 노력은 역사적으로 반복되면서 변증법적으로 진화해 왔으며, 그 결과물은 경로의존적인 성향을 보이기도 하고 때로는 경로가 전환되는 혁명적인 변화를 제시하기도 한다.

II. SDGs의 경로의존성(path-dependency)과 구성주의적 경로이행

역사적으로 특정 제도 또는 거버넌스의 패러다임이 변화하기 위해서

---

10 유엔의 통합적 접근을 보여주는 대표적인 사례는 '인도주의-개발-평화 연계(Humanitarian-Development-Peace Nexus: HDP Nexus)'라 할 수 있다.

는 특정 이벤트(event)가 기존 제도 및 패러다임에게 가하는 충격과 영향의 정도가 압도적으로 커야 한다. 기존 제도와 패러다임을 고수하려는 세력을 완벽하게 제압하지 못하면 기존 세력이 새로운 이벤트의 영향력을 거부하고 다시 기존 상태로 회귀할 수 있다. 경로의존성(path-dependency)은 특정 역사적 중요기점(critical juncture)을 통과하면서 기존의 제도가 큰 변화 없이 정체성과 방향성을 유지하고 오히려 기존 제도적 특성으로 회귀하는 경향이 강해지는 경우 수확체증(increasing returns)이 점차 증가하게 되어 기존의 제도가 더욱 강화될 수 있다.[11] 북반구가 SDGs를 선진국 그룹의 이해관계를 보호하는 보편적 가치이자 목표로 설정하고 SDGs를 위한 정당성과 합법성을 글로벌 규범으로 강조함으로써 연역적 정당성을 확보할 수 있다. 북반구의 보편적 목표를 통한 글로벌 거버넌스 개입은 강력한 영향력을 남반구에 행사하게 되지만, 남반구도 SDGs를 전략적으로 개도국의 이해관계에 맞게 맥락화하고 귀납적으로 현지화를 통한 다원화를 추구한다. 보편적 가치로 일원화하려는 북반구의 연역적 관여는 귀납적으로 다원화하려는 남반구의 도전과 충돌하게 된다. 남반구의 맥락화와 다원화는 SDGs의 현지이행 과정에서 기존 목표보다 확장된 방식의 현지화로 이어질 수 있어서 본래 설정되었던 SDGs의 지향점과 상충되는 결과가 도출될 가능성도 배제할 수 없다. SDGs를 둘러싸고 벌어지는 북반구와 남반구 간의 치열

---

11 Mahoney, James, "Path Dependence in Historical Sociology," *Theory and Society* 29(4), 2000; Mahoney, James and Dietrich Rueschemeyer, "Comparative Historical Analysis: Achievements and Agendas," in James Mahoney and Dietrich Rueschemeyer (eds.), *Comparative Historical Analysis in the Social Sciences* (Cambridge: Cambridge University Press, 2003).

한 경합을 통해 SDGs의 이행경로가 북반구가 원하는 방향으로 수렴될 수도 있지만 남반구가 지향하는 대안적인 세계질서로 전환될 수도 있다.[12]

이러한 SDGs 이행경로의 경로의존성을 분석하기 위해서는 이슈 영역별로 거시적 구조(structure)와 미시적 행위자(actor) 간의 상호작용 및 상호구성을 통해 중범위(middle-ranged) 수준에서 거버넌스의 제도적 장치에 변화 또는 지속에 대한 추적이 필요하다.[13] 즉, 행위자-구조 문제(agent-structure problem)가 제도주의적 시각에서 SDGs의 이행경로를 분석하는 것으로 여기서 구조는 북반구 선진국 그룹이 주도적으로 기획한 지속가능발전의 연역적 규범력을 의미하고 행위자는 남반구 개도국 그룹이 개별적으로 자국이 처한 환경적 조건과 역사적 맥락을 토대로 구조적 통제에 공존을 위한 전략 또는 저항을 하기 위한 전략 등을 기획하는 미시적 선택을 의미한다. SDGs 이행경로와 관련된 행위자-구조 문제를 중범위 이슈영역에서 제도적 궤적의 혁명적 전환 또는 안정적 회귀에 대한 구성주의적 분석을 본 책의 제2부에서 난민, 취약국, 보

---

12 Baumann, Max-Otto, "Reforming the UN Development System: Can North and South Overcome Their Political Differences in Making the UN Fit for Purpose?" *D.I.E. Discussion Paper* 14, 2016.

13 Thelen, Kathleen and Sven Steinmo, "Historical Institutionalism in Comparative Politics," in Sven Steinmo, Kathleen Thelen, and Frank Longstreth (eds.), *Structuring Politics: Historical Institutionalism in Comparative Analysis* (Cambridge: Cambridge University Press, 1992); Giddens, Anthony, *The Constitution of Society: Outline of the Theory of Structuration* (Cambridge: Polity Press, 1984); Wendt, Alexander E., "The Agent-Structure Problem in International Relations Theory," *International Organization* 41(3), 1987; Ingebritsen, Christine, *Scandinavia in World Politics* (Lanham: Rowman & Littlefield Publishers, 2006).

건의료, 젠더, 과학기술 및 디지털 등의 섹터로 세분화하여 시도한다.

〈그림 1〉 남반구-북반구 상호관계성 변천과정

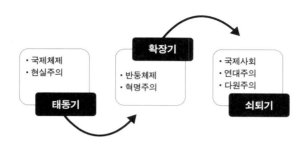

자료: 저자 작성

　　남반구의 귀납적 상충성과 북반구의 연역적 정당성이 변증법적
으로 경합하거나 절충하는 역사적 경로에 관한 연구는 SDGs 이행경로
의 경로의존성 분석으로 대표될 수 있으며, 이는 다시 역사적 시간의 축
을 최대한 확장하여 남반구-북반구 상호구성의 변천과정 추적 연구에
하나의 구성요소로 구현될 수 있다. 〈그림 1〉이 보여주듯이 영국학파
(English School)의 국제사회론(International Society)이 설파하는 글로
벌 국제사회론에 따르면,[14] 남북관계의 구성주의적 변천사는 크게 3단
계로 나누어 글로벌 남반구의 연대 정도에 따라 (1) 태동기, (2) 확장기,
(3) 쇠퇴기로 구분될 수 있다(김태균·이일청, 2018). 태동기의 경우, 제
2차 세계대전이 종료되고 현실주의에 입각한 냉전체제가 구축되면서
국제사회의 거버넌스 기능은 보편적 규범보다는 이데올로기 중심의 자

14　Buzan, Barry and Laust Schouenborg, *Global International Society: A New Framework for Analysis* (Cambridge: Cambridge University Press, 2018).

유진영과 공산진영의 동맹체제 간에 구성된 긴장과 균형을 토대로 작동하였다. 글로벌 남반구는 이 시기에 1955년 인도네시아 반둥에서 '아시아-아프리카회의(Asian-African Conference)'를 개최하여 비동맹주의를 천명하며 제3세계 국가들 간의 연대를 강조하기 시작하였다. 반둥회의의 영향력은 이른바 '반둥체제'로 표현될 정도로 남반구 내에서 확장되면서 1960년대 G-77 출범과 1970년대 신경제질서(New International Economic Order: NIEO) 표방 등 종속이론에 기반한 저항적 연대로 남북관계의 경로의존성을 압박하고 북반구의 구조적 통제를 전환하려는 혁명적 단계에 진입하였다. 그러나 냉전의 붕괴 이후 남북관계를 구성하는 남반구의 연대 변수가 쇠퇴하면서 남반구 내부에서는 개별 국가의 국익을 위해 과거의 연대보다는 자국 중심의 분절적 행위가 일어났고 기존의 연대를 강조하는 연대주의(solidarism)와 새로운 환경에 개별적으로 적응하자는 현실주의적 성향의 다원주의(pluralism)가 공존하게 되었다.[15] 이러한 역사의 장기지속(longue durée) 관점에서 남반구의 분화된 다원주의가 새로운 발전모델로 유엔이 도입한 SDGs라는 연대주의적 규범에 어떻게 반응을 하는지를 남반구의 귀납적 상충성과 북반구의 연역적 정당성 간의 변증법적 상호작용에 초점을 맞춰 추적한다.

---

15 Buzan, Barry, *An Introduction to the English School of International Relations: The Societal Approach* (Cambridge: Polity Press, 2014).

Ⅲ. SDGs를 통한 북반구의 선도적 사회화: 연역적 정당성

먼저 북반구의 선진국 그룹은 궁극적으로 유엔이 주창한 SDGs 이행을 통해 어떤 방식의 발전을 상정하고 이를 보편화하려고 노력하는가에 대한 검토가 필요하다. 대부분 OECD 회원국인 북반구의 선진국 그룹은 시장민주주의를 토대로 개방된 자본주의 발전모델을 상정할 것이다. 서구식 자본주의 발전모델의 지속을 위하여, 북반구의 선진국들은 유엔을 비롯한 다자개발기구에 참여하여 국제사회에서 유통되는 규범적 담론과 실천적 정책을 주도하고, 유엔 등의 국제기구가 대리자 역할로 북반구의 글로벌 규범력을 관리하도록 선도하며, 남반구의 유엔 회원국들이 국제기구의 규범을 준수할 수 있도록 사회화하는 역할을 수행할 것이다.[16]

　　MDGs 이후 2016년부터 지속가능발전 시대가 15년 동안 지속되는데 SDGs의 이행주체는—MDGs가 공여국 정부로 이행주체를 명시한 것과 달리—모든 유엔 회원국과 비정부 행위자가 모두 포함되는 이른바 '다자이해관계자(multi-stakeholder)'라는 범주로 확장되었다. 과거 식민화와 제국주의의 피해를 보상하기 위하여 북반구 선진국이 개도국에 개발원조를 지원해야 된다는 식의 주장이 SDGs 시대에 들어와 쉽게 받아들여지지 않게 되고, 2015년 7월 에티오피아 아디스아바바에서 개최

16　Roberts, Adam and Benedict Kingsbury, "Introduction: The UN's Role in International Society Since 1945," in Adam Roberts and Benedict Kingsbury (eds.), *United Nations: Divided World* (Oxford: Oxford University Press, 1993).

된 제3차 유엔개발재원총회(Third International Conference on Financing for Development)의 결과문서인 '아디스아바바행동계획(Addis Ababa Action Agenda: AAAA)'은 국내외 민간기업 및 민간재원 동원 등 북반구 선진국의 ODA 범주를 벗어나는 새로운 대안적인 개발재원을 강조함으로써 기존 남반구의 탈식민주의적 북반구 책임론에 반론을 제기하고 나섰다.[17] 본래 기후환경레짐에서 남반구 개도국 그룹이 지속적으로 주장해 왔던 '공동의 그러나 차별화된 책임(Common But Differentiated Responsibility)' 모토가 SDGs 시대에 들어와서도 남반구의 주요 핵심 주장으로 표방되었는데, 북반구가 새롭게 주장하는 '공동책임론(Shared Responsibility)'과 대립하면서 AAAA 등 주요 국제기구 문서에서 민간재원을 강조하기 시작하였고 기존 공여국 정부의 책임론은 점차 논쟁의 전선에서 사라지고 있다.

SDGs에 대한 북반구의 시각은 지속가능발전이라는 보편적 가치를 남반구에 대한 북반구의 무한 책무라는 과거의 맥락에서 접근하는 것이 아니라 모든 국가가 공동으로 책임져야 할 인류보편의 목표로 정당화하는 접근이다. 과거의 식민주의에서 발생하는 보상으로 제공하는

---

17 제3차 개발재원총회는 2002년 몬테레이 컨센서스(Monterey Consensus)와 2008년 도하선언(Doha Declaration)의 이행에 대하여 점검하고 SDGs 달성을 위한 개발재원 마련을 위한 회의로, 총회의 결과문서로 채택된 AAAA는 아래와 같이 7개 분야별 행동계획을 제시하는 데 합의하였다: (1) 국내공공자원(domestic public resources); (2) 국내외 민간기업 및 재원(domestic and international private business and finance); (3) 국제개발협력(international development cooperation); (4) 개발 동력으로서의 국제무역(international trade as an engine for development); (5) 부채 및 부채지속가능성(debt and debt sustainability); (6) 시스템이슈대응(addressing systemic issues); (7) 과학, 기술, 혁신 및 역량강화(science, technology, innovation and capacity-building).

ODA가 완전히 북반구 공여국의 개발협력 사업에서 배제될 수는 없지만, 북반구 공여국 그룹은 SDGs의 공동책임론을 강조하면서 자국에 경제위기가 발생할 때마다 ODA의 예산을 축소하거나 동결하여도 국제사회와 남반구의 비난에서 자유로워질 수 있다. 이러한 북반구의 전략적 행보는 기존 개발규범의 조정을 통해 자신의 입장을 반영시키고 보완된 규범을 글로벌 원칙으로 사회화하여 남반구도 궁극적으로 이에 동의할 수 있게 만드는 데 있다. 2015년 파리기후협약 이후 기후변화의 피해와 탄소중립의 중요성을 국제사회가 강조하면서 이에 대한 해결책으로 재생에너지와 녹색성장(green growth) 등을 제안하고 있지만, 이는 선진국들이 개도국들에게 과거 자신들의 경제발전 과정에서 채택했던 정책 및 제도와 거리가 먼 것을 강요하는 위선적인 행위로서 이른바 '사다리 걷어차기'로 비판을 받기도 한다.[18]

이렇게 연역적으로 정당화된 북반구의 글로벌 규범 SDGs는 그 다음 단계인 규범의 사회화(socialization) 과정으로 이어진다(Ikenberry and Kupchan, 1990). 스탠포드학파(Stanford School)로 불리는 미국 사회학계의 '동형이종 제도화(isomorphic institutionalism)' 이론에 따르면, 제도의 유사한 원칙과 외형을 공유하지만 유사한 제도의 구체적인 내부는 주체에 따라 다른 내용으로 채워질 수 있다는 신제도주의의 사회화를 글로벌 현상에 적용한다.[19] 비즈니스 교육, 투명 회계, 국제경영표

---

18 Chang, Ha-Joon, *Kicking Away the Ladder: Development Strategy in Historical Perspective* (London: Anthem Press, 2003).

19 스탠포드학파에 따르면, 동형화(isomorphism) 현상은 강압적(coercive) 동형화, 규범적(normative) 동형화, 그리고 모방적(mimetic) 동형화 등 크게 세 가지 형태로 구분할 수 있다(Meyer and Rowan, 1977). 강압적 동형화는 주변의 타 주체로 인하여 강한 압박

준, 국가인권의 제도화, 기업의 사회적 책임 등 국제적으로 표준화된 규범이 선진국과 개도국의 범주를 넘어서 공통적으로 제도화되고 있지만 실제로 그 제도의 내용은 국가마다 차이가 나타난다.[20] 이는 다른 조직의 제도 간에 유사한 형태가 공유되고 이후 다른 조직도 기존 제도의 원칙과 목표를 공유하는 현상이 발생하는 것으로 원칙과 목표를 공유할 경우 이를 이행하는 방식의 내용은 조직마다 다를 수 있다는 것을 의미한다. SDGs라는 글로벌 규범을 공유하는 이행주체는 이행방식에 있어서는 자율성을 갖게 되지만 SDGs 이행의 책임에서는 자유로울 수 없고 SDGs의 17개 목표와 169개 세부목표라는 거시적 프레임은 언제나 이행주체가 지켜야하는 준거틀로 작동한다. 따라서 SDGs는 누구나 지켜야하는 공통의 글로벌 프레임으로 인식되고 그 이행방식은 이행주체에 따라 조금씩 상이하게 구현될 수 있는 것이다.

을 받아 타 주체가 선도하는 제도적 개혁에 동조하는 동형화를 의미하고, 규범적 동형화는 사회의 규범 또는 글로벌 규범을 스스로 본받아 자신의 조직에 제도적 개혁을 추진하는 방식을 의미하며, 모방적 동형화는 타 주체가 추진하고 있는 제도적 개선을 그대로 복제하여 자신의 제도개혁에 적용하는 방식을 의미한다. (Meyer, John W. and Brian Rowan, "Institutionalized Organizations: Formal Structure as Myth and Ceremony," *American Journal of Sociology* 83(2), 1977; DiMaggio, Paul J. and Walter W. Powell, "The Iron Cage Revisited: Institutional Isomorphism and Collective Rationality in Organizational Fields," *American Sociological Review* 48(2), 1983.)

20 Drori, Gili S., John W. Meyer, and Hogyu Hwang (eds.), *Globalization and Organization: World Society and Organizational Change* (New York: Oxford University Press, 2006); Boli, John and George M. Thomas (eds.), *Constructing World Culture: International Nongovernmental Organizations Since 1875* (Stanford: Stanford University Press, 1999).

Ⅳ. SDGs를 통한 남반구의 능동적 확장성: 귀납적 상충성

위에서 살펴보았듯이, 글로벌 규범을 생산하고 선도하는 주체가 일반적으로 글로벌 북반구 그룹이라고 가정한다. 제도적 동형화에 의한 사회화 과정을 통해 남반구 개도국 그룹이 SDGs라는 글로벌 규범틀에서 벗어나거나 이를 거부하기에 역부족이다. 이는 무엇보다 아직까지 남반구 개도국들의 경제성장과 사회적 교류가 북반구 선진국들의 자본주의적 세계질서에 의해 지배되고 많은 측면에서 종속되어 있기 때문이다. 그러나 글로벌 남반구에 위치한 개도국 그룹이 천편일률적으로 동일한 수준의 경제력과 정치력을 보유하고 있는 것이 아니라 남반구 역내에도 권력의 차이에 따라 파워의 위계질서가 일정 정도 이루어져 있다.[21] 대표적인 사례로 중국과 인도는 글로벌 남반구의 맹주국가 역할을 하며 북반구 주요 선진국과도 경제력으로 어깨를 나란히 할 정도로 세계경제에서 강력한 위치를 점유하고 있다.[22] 2000년대 이후, 남반구 국가들의 정치적, 경제적 부상으로 심지어 남반구의 성장이 북반구의 글로벌 거버넌스 장악력에 도전하는 형국으로 이해하는 분석이 쇄도하고 있다.[23] 이렇게 글로벌 남반구가 북반구에 도전할 정도로 부상한 이

---

21 Helleiner, Eric, "Principles from the Periphery: The Neglected Southern Sources of Global Norms-Introduction," *Global Governance* 20(3), 2014; 김태균·이일청. 2018. "반둥 이후: 제3세계론의 쇠퇴와 남남협력의 정치세력화,"『국제정치논총』제58집 제3호, 한국국제정치학회.

22 http://www.eai.or.kr/new/ko/etc/search_view.asp?intSeq=21069&board=kor_workingpaper (검색일: 2023년 1월 20일).

23 Aynaoui, Karim El and Eckart Woertz, "Introduction," in Eckart Woertz (ed.), *Recon-*

유 가운데 가장 설득력이 있는 변수는 그동안의 중국과 인도 등 남반구 핵심국가들의 경제성장에 있다.[24] 국제통화기금(IMF)에 따르면, 2000년대부터 급속히 성장한 중국의 구매력평가(PPP)에 기초한 국내총생산(GDP) 지수가 2013년 유럽연합(EU)을, 2026년에는 미국을 추월할 것으로 예상하였다.[25] 또한 2026년 중국(20.2%)과 인도(8.1%)의 PPP에 기초한 GDP 지수의 합이 유럽연합(14%)과 미국(15%) 지수의 합과 거의 동일한 수준에 이를 것이라는 전망도 IMF 보고서에서 읽을 수 있다. 또한 브라질, 러시아, 인도, 중국, 남아프리카공화국으로 구성된 브릭스(BRICS)는 글로벌 남반구 전체에서 상위에 포진되어 있어서 남반구 역내의 경제발전과 사회발전을 위한 남남협력을 주도하고 있다.

반면, 저발전국가 또는 취약국으로 분류되는 사하라 사막 남쪽에 위치한 아프리카 국가들, 남아시아 및 동남아시아 국가들은 브릭스, 특히 중국과 인도의 영향력 하에서 또 다른 종속화 현상을 경험해야 하는 이른바 남반구 내의 '경제 불평등' 현상이 심화되고 있다. 대표적인 사례로 중국의 일대일로(Belt and Road Initiative: BRI)는 대규모 인프라 유상원조를 남남협력이라는 이름으로 남반구의 파트너국가에게 공격적으로 제공함으로써 채무불이행까지 발생하는 저개발국가가 점차 늘어

  figuration of the Global South: Africa, Latin America and the 'Asian Century' (Abingdon: Routledge, 2017); Gray, Kevin, and Barry K. Gills, "South-South Cooperation and the Rise of the Global South," *Third World Quarterly* 37(4), 2016.

24 Kim, Taekyoon and Shin-wha Lee, "The Embedded Conundrum of South-South and Triangular Cooperation: A Prologue to Shifting Frontiers from Collaboration to Contention," *Asian Journal of Peacebuilding* 10(1), 2022.

25 https://www.imf.org/en/Publications/WEO/weo-database/2021/October (검색일: 2022년 5월 3일).

나고 있다. 중국식 원조가 수원국 내부 정치에 개입하지 않고, 단기간에 대규모 인프라 기반을 구축해주며, 세계은행이나 서구의 개발원조기관과 달리 고압적인 원조조건을 제시하지 않기 때문에 중국원조를 개도국들은 기존 북반구의 개발원조보다 선호하는 것은 사실이다. 그럼에도 불구하고, 중국식의 공격적 투자와 원조가 결코 수원국인 개도국을 위한 것이 아니라 중국 자신을 위한 행위라는 사실이 중국에 대한 누적된 채무 위기에서 비로소 객관화되었고 이에 대한 비판의 목소리가 아프리카 및 남아시아에서도 나오고 있다.

남남협력의 파트너 국가로부터 불만의 목소리가 확산됨에도 불구하고, 남반구 강대국들은 자국의 남남협력 추진방식과 거대 비전을 SDGs와 맞추어 그 정합성과 정당성을 확보하고 있다. 대표적으로, 중국 정부는 BRI와 SDGs 간의 연결성을 강조하기 위하여 유엔경제사회부(UN Department of Economic and Social Affairs: UNDESA)에 'SDGs를 향한 일대일로 함께 구축하기(Jointly Building Belt and Road towards SDGs)'라는 프로젝트를 신설하여 UNDESA 스스로가 중국의 BRI가 SDGs 달성에 기여하는 것으로 평가하게끔 유도하고 있다.[26] 중국 정부는 글로벌 규범으로 자리 잡은 SDGs를 십분 정치적으로 활용하여 UNDESA 보고서 발간을 통해 자국의 공격적인 해외 경제진출인 BRI를 정당화하고, BRI 달성이 곧 UN의 SDGs 달성에 기여하는 것으로 공식화하고 있는 것이다. 회원국의 자발적 기여로 본부와 산하기관을 운영하는 유엔에게는 중국의 재정적 기여가 절실히 필요한 상황일 가능성

---

26 https://www.brisdgs.org/sites/default/files/inline-files/BRI-SDGs%20-%20synthesis%20report%200828.pdf (검색일: 2023년 1월 20일).

이 높기 때문에 더더욱 중국의 국가정책인 BRI를 지지하는 보고서 작성에 UNDESA가 동원되었을 확률이 높다. 따라서, 이러한 하나의 사례에서도 알 수 있지만 중국과 같은 글로벌 남반구의 강대국들은 적극적으로 SDGs를 자국의 이해관계에 포섭하여 자국의 팽창정책에 중요한 규범적 토대로 활용하고 있다. 글로벌 북반구 주요 국가들이 SDGs를 설정하고 사회화를 통해 남반구 국가들이 SDGs 글로벌 사회에 포용되도록 노력하는 것과 달리 중국은 이미 스스로 SDGs를 적극 활용함을 넘어 SDGs를 통해 자국의 팽창노선을 합리화하고 있다.

한편, 브릭스와 달리 서구 개발원조의 전통적인 수원국인 남반구의 저개발국가들은 서구와 국제기구의 개발원조를 협상할 때, 그리고 그들의 개발원조를 소비할 때 SDGs를 때로는 공통의 기준으로, 때로는 평가의 기준으로 활용한다. 남반구의 패권을 논할 수 없는 저개발국가들은 우선적으로 SDGs에 나오는 다양한 패를 자국의 국내 발전목표와 연결시켜서 공여주체가 SDG 프레임을 통해 수원국의 요청을 판단하고 정당화할 수 있도록 카멜레온처럼 위장을 한다. 캄보디아와 라오스의 경우, SDG 18을 추가적으로 신설하여 자국의 가장 긴박한 당면과제인 지뢰 및 불발탄 제거를 17개 목표로 구성되어 있는 SDGs의 캄보디아·라오스 국내 목표 중 18번째 목표로 공식화하였다.[27] 개도국 스스로 자국이 국내적으로 지속가능발전을 위하여 달성해야 할 새로운 목표를 SDGs의 명단에 올림으로써 외부의 개발원조를 유인함과 동시에 유엔

---

27 캄보디아의 SDG 18은 https://opendevelopmentcambodia.net/topics/sdg-18-cambo-dia-mine-erw-free/ 참조 (검색일: 2023년 1월 25일).
라오스의 SDG 18은 https://laos.opendevelopmentmekong.net/topics/sdg-18-lives-safe-from-uxo 참조 (검색일: 2023년 1월 25일).

을 비롯한 국제사회에 자국의 SDGs 이행을 위한 노력을 홍보하는 효과를 제고하기도 한다. 따라서 글로벌 북반구의 SDGs가 연역적 규범력에 의존한다면, 남반구의 SDGs는 귀납적인 적응력에 그 현실적인 효용성을 찾을 수 있다. 다시 말해, 북반구는 SDGs의 사전적인 정당성을 기대했다면, 남반구는 SDGs의 사후적인 상보성에 더 많은 기대를 가졌다고 평가할 수 있다.

이러한 SDGs의 귀납적 상충성은 글로벌 남반구가 SDGs를 통해 국제개발 영역에서 규범적 기여를 할 수 있도록 지원한다. 남반구 국가들은 글로벌 거버넌스가 요구하는 규범과 원칙의 수용자 역할만 하는 것이 아니라 때로는 국제개발 영역에서 새로운 규범을 주창하는 역할을 선도할 수 있다는 점을 간과해서는 안 된다.[28] 브릭스를 제외한 저개발국가부터 일반 중저소득국 범주까지 통상적인 개발원조 수원국들도 유엔에서 G77과 같은 내부의 소다자주의 그룹을 형성하여 특정 지속가능발전 관련 이슈에 대해 집단적 반대를 하거나 승인을 위해 집단행위를 할 수 있다. 더 나아가 브릭스와 이해관계가 동일하거나 유사한 방향으로 절충이 가능할 때 글로벌 북반구에 대한 저항력은 배가될 수 있고, SDGs를 통해 남반구의 확장성을 능동적으로 제고하여 북반구가 점유해 온 규범적 리더십에 도전할 수 있다. 이와 같은 맥락에서 MDGs에서 SDGs로 이행되는 과정에서 남반구의 목소리가 최대한 반영되었던 연유를 찾을 수 있다. 결국, 남남협력이라는 제도적 기제를 통해 남반구

---

28 Held, David and Charles Rogers, "Introduction: Global Governance at Risk," in David Held and Charles Rogers (eds.), *Global Governance at Risk* (Cambridge: Polity Press, 2013).

개도국 간의 연대를 만들어내고 북반구의 원조공여국과의 갈등과 경합을 SDGs라는 글로벌 개발규범이자 현실정치(*Realpolitik*)에 투영할 수 있게 된다.[29]

V. 변증법적 SDGs 이행경로의 국제정치사회학

SDGs를 둘러싼 글로벌 북반구의 연역적 정당성과 남반구의 귀납적 상충성은 예외 없이 상호 협치를 배제하는 갈등관계만을 설정하는 것은 아니다. 북반구와 남반구가 각각 SDGs의 정치적·경제적 가치를 다르게 인식하고 이를 지속해서 정당화하는 글로벌 규범을 양산하지만 특정 임계점이 넘어가면 상호 통합 또는 절충을 통해 변증법적 컨센선스를 이루어내고 이를 실현하는 도구적 제도를 유엔 등 국제기구를 통해 정당화한다. 이러한 변증법적 통합과 절충은 앞서 언급했듯이 대표적으로 유엔의 HDP Nexus 등 통합적 접근에서 찾아볼 수 있다. 북반구의 원조기관과 유엔이 인도적 지원, 평화구축, 개발협력 프로젝트를 상호 연관성을 위해 체계적으로 지원하는 것보다는 개별적으로 필요에 따라 프로젝트를 시행했던 관례를 깨고 남반구의 요청과 원조의 개발효과성을 제고하기 위하여 평화·개발·인도주의를 절충적으로 통합한 연계방식

29 Briceño-Ruiz, José, "Venezuela and South-South Cooperation: Solidarity or *Realpolitik?*" in Isaline Bergamaschi, Phoebe Moore and Arlene B. Tickner (eds.), *South-South Cooperation Beyond the Myths: Rising Donors, New Aid Practices?* (London: Palgrave Macmillan, 2017).

을 도입하게 된다. 북반구 대 남반구, 또는 공여국 대 수원국이라는 대립구도에서 양분되는 주체는 결국 동일한 구조에서 상호 관계를 설정하는 방식을 택하게 되지 완전히 구조를 바꾸거나 다른 주체를 압도적으로 통제할 수 없다. 다시 말해, 북반구와 남반구가 상호작용을 통해 개발협력 영역에서 만들어내는 사회적 관계에 대한 연구가 앞으로 SDGs 이행에 있어 보다 정확하고 효과적인 변증법적 해법을 찾는 데 도움이 될 것이다. 이는 국제정치를 단순히 힘의 권력관계 또는 정치경제적 관점으로만 이해했던 기존의 국제관계학의 관행에도 이론적으로, 그리고 경험적으로 도전하는 국제정치사회학적 관점을 수용하자는 대안적인 제안이기도 하다.[30]

국제정치사회학적 접근은 국제사회가 작금의 SDGs 이행을 통해 구현하려는 SDG형 정치체제 및 관계성을 일종의 자본주의형 발전국가론으로 상정할 수 있다. 글로벌 남반구가 SDGs 달성을 통해 일정 수준의 시장제도와 민주주의를 구현할 수 있다면 SDGs 이행은 북반구가 지향하는 글로벌 거버넌스 실현에 반드시 필요한 필요조건이 된다. 시장민주주의라는 가치가 빠른 시간 내 남반구에 도입되기 위해서는 다양한 주체에 힘을 나누어 주기보다 국가라는 단일주체가 리더십을 가지고 국가 전반의 개혁을 이끄는 것이 더 효과적일 것이다. 마치, 동아시아의 한국, 대만 등과 같이 자본주의형 발전국가를 달성하기 위해서는 일정

---

30 Bigo, Didier, "International political Sociology: Rethinking the International through Dynamics of Power," in Tugba Basaran, Didier Bigo, Emmanuel-Pierre Guittet and R. B. J. Walker (eds.), *International Political Sociology: Transversal Lines* (Abingdon: Routledge, 2017); 김태균, 2019,『한국 비판국제개발론: 국제開發의 發展的 성찰』서울: 박영사.

정도 개발독재도 허용할 수 있을 정도로 글로벌 북반구 강대국에게는 남반구 국가들과 타협할 수 있는 유연적인 협상 카드가 있을 것이다. 따라서, 유엔이 권고하는 SDGs에 우리가 던져야 할 가장 근본적인 질문은 SDGs가 또 다른 방식의 자본주의 개발논리를 합리화하고 이를 토대로 이루어지는 세계화와 글로벌 거버넌스를 지향하는가에 집중되어야 할 것이다.

SDGs의 변증법적 이행경로는 단지 북반구가 원하는 자본주의 개발중심주의로만 수렴되지는 않는다. SDGs가 자본주의 개발논리에 기초하지 않고 글로벌 남반구 일부라도 SDGs의 방향성이 탈성장(degrowth) 및 생태주의로 조정된다면 성장 만능주의적 기획된 자본주의 개발프로젝트가 종국에는 인간과 자연생태계를 파멸로 이끌 것이라는 부정적인 남반구의 경험을 SDGs 이행경로에 강하게 반영시킬 수 있다(Hickel, 2020). 이른바 '녹색성장(green growth)'이 일종의 환상이라고 비판의 대상이 될 수 있으며 이에 대한 근거는 녹색성장을 주장하는 국가들은 이미 기후환경을 저해하면서 충분히 경제성장을 이룬 북반구이며 환경보호와 경제성장이 동시에 가능하다고 녹색성장을 남반구에 강요하는 것은 불가능한 타협점을 남반구에게 북반구가 제안하는 것과 다를 바 없다. 따라서 녹색성장보다는 북반구와 남반구가 동일하게 탈성장으로 지속가능발전의 미래 지향점을 합의하게 되면 북반구의 탈성장 속도가 남반구의 속도보다 빨라짐에 따라 상호 간의 자본주의적 발전 격차가 좁혀지는 효과를 기대할 수 있게 된다.

결론적으로, SDGs 이행의 변증법적 무게가 북반구와 남반구 사이에서 어느 쪽으로 더 기우는가에 따라 그 이행경로의 성격과 방향성이 달라질 것이다. 또한, SDGs의 변증법적 이행경로는 17개 목표에 따라 그 속도와 방향도 달라질 것이다. SDGs가 특정 국가와 북반구의 소유물이 되지 않고 남반구와 개발 파트너 모두가 자신의 목소리를 내고 발전의 방향성을 공유할 수 있도록 변증법적 해법을 지속적으로 섹터별로 찾아나가는 것이 중요하다.

김태균·이일청. 2018. "반둥 이후: 제3세계론의 쇠퇴와 남남협력의 정치세력화,"『국제정치논총』제58집 제3호, 한국국제정치학회.

우창빈·김태균·김보경. 2020. "지속가능발전목표 이행의 글로벌 경향성 분석: UN 자발적국별리뷰(VNR)를 중심으로,"『국정관리연구』제5권 제2호.

Buzan, Barry and Laust Schouenborg, *Global International Society: A New Framework for Analysis* (Cambridge: Cambridge University Press, 2018).

Wendt, Alexander E., "The Agent-Structure Problem in International Relations Theory," *International Organization* 41(3), 1987.

제

부

제5장 취약국 관점에서의 지속가능발전목표 (SDGs): 북한의 빈곤 목표 수용 동기성 분석*

이지선 | 국가안보전략연구원

I. 들어가며

지속가능발전목표(Sustainable Development Goals: 이하 SDG)는 새천년 개발목표를 포함한 이전의 반빈곤(anti-poverty) 국제 이니셔티브들에 비해서도 확실히 고도화된 발전 목표이다. 무엇보다도, SDG의 빈곤 목표(목표 1번)는 빈곤에 대한 다차원적 이해를 근간 삼고, 빈곤과 기아 현상을 분리하며, 2030년까지 빈곤 감소를 넘어 '완전한 빈곤의 종말'이라

---

* 본 장은 평화통일논총에 출판된 논문("취약국 관점에서의 지속가능발전목표: 빈곤 목표의 이중적 정치성에 대한 소고," 제1권 제1호, 2022년 7월)을 토대로 작성되었음.

는 야심 찬 계획을 설정하였다.[1] SDG는 계획자(planner) 그리고 공여자(financier) 입장에서 발전 성과를 이전보다 더 꼼꼼하게 정밀하게 그리고 포괄적으로 모니터링할 수 있다는 자신감을 불어 넣었다. 하지만, 진일보한 빈곤 목표와 세부 지표들이 개도국의 SDG 내재화와 실질적인 이행 차원에서도 우리가 기대하는 긍정적 효과 내지 유의미성을 가지는 것일까? 특히, 필자는 정부의 취약성 및 개발 재원의 부족으로 빈곤과 기아 현상이 더 첨예하게 발생하는 최빈곤국의 입장에서 SDG라는 국제규범이 가지는 기회와 한계는 무엇인지에 대한 문제의식을 가지게 되었다.

관련 논의들이 아직 주류적으로 다루어지지 않은 점을 착안해 본 논문에서는 빈곤 현상에 대한 개도국의 이해와 접근 상 '진화된 빈곤 목표'가 발생시키는 문제점에 대한 논의를 담고자 하였다. 특히, SDG 빈곤 목표의 내재화 및 실천에 있어 취약국(fragile state)이 가지는 특수한 동기성 및 행동 양태를 '이중적 정치성'이란 개념을 통해 조명하고자 한다. 개도국이 가질 수 있는 모순되는 동기성 그리고 이로 인해 발생하는 정치적 역학들을 고려했을 때, 결국 이들 국가들은 SDG의 실질적 내재화와 실행에 있어서 효율성 내지는 진정성을 확보하기 어렵다는 점을 지적하고자 한다. 연동된 차원에서, SDG가 제시하는 계량화 그리고 일반화된 빈곤 지표들로 인해 빈곤 문제의 지역적 그리고 국가별 특수성(또는 질적 측면)에 대한 고려 및 실질적 대응의 여지가 상대적으로 더 좁아졌다는 점도 주목하고자 한다.

---

1   Caballero, P., "The SDGs: Changing How Development is Understood," *Global Policy*, vol. 10 (2019), p.138.

132   누구를 위한 지속가능발전인가?

해당 논의에서는 이중적 정치성의 사례로써 북한을 선정하였다. 북한 당국의 빈곤 목표에 대한 인식, 대응 전략, 그리고 실제 행동을 '이중적 정치성'이라는 개념을 활용해 설명을 시도하였다. 본격적 논의를 시작하기 앞서, 과연 북한을 취약국으로 볼 수 있는가에 있어서 국내 학계는 일반적인 의미의 취약국으로 분류하기 어렵다는 입장이 주류적인 것으로 보인다.[2] 북한 정권의 강력한 사회 통제력과 국가운영 및 핵무기 개발 등에서 나타난 상당한 역량 수준 등을 미루어 봤을 때, 아프리카를 비롯한 여타 빈곤지역에서 나타나는 취약정부 사례들과는 상당 부분 상이하다고 판단하기도 한다. 국제적으로도 취약국에 대한 단일의 정의를 가지고 있지 않지만, 취약 국가의 중요 특징 중 하나가 바로 국가/정부가 국민에게 최소한의 사회 서비스 및 보호를 제공하지 못한다는 기능적 측면이며, 결국 심각한 인권문제를 비롯해 주민들의 40~60%가 절대 빈곤 상황에 놓여있다는 '결과론적' 차원에서 북한은 여전히 취약국으로 분류 가능하다고 판단하였다.[3]

II. SDG 레짐 아래 빈곤 목표의 진화

제2차 세계대전 이후 국제사회는 빈곤을 개별 정부나 개별 사회에게 국

---

2   손혁상 외, "북한개발협력을 위한 취약국 지원 전략 유용성에 대한 비판적 검토," 『국제정치논총』 제59집 1호(2019), 128-129쪽.

3   CIA, "The World Factbook," https://www.cia.gov/the-world-factbook/countries/korea-north/ (접근일: 2022년 7월 20일)

한된 문제가 아닌 국제적인 현상이면서도 공동의 해결과제로 주목하기 시작했다. 다시 말해, 한 국가 내 관찰되는 빈곤 현상의 원인, 심화, 그리고 영향은 다른 국가들과 상호연관 되어있고 국가 간 부의 격차 또한 국제 문제로써 인식하였다. 냉전시대에도 세계 곳곳에서 발생하는 절대빈곤, 기아 그리고 최악의 경제난 상황들을 타개하기 위해 고소득 국가들과 국제기구들은 저마다의 설정된 규범 및 접근 아래 다양한 노력들을 기울여 왔다.[4]

하지만, 빈곤 현상에 대한 공동의 문제의식과 해결책을 바탕으로 국제사회의 다양한 행위자들이 체계성을 가지고 공동 실천한 역사는 그리 오래되지 않았다. 국제발전의 역사 가운데 국제사회의 관심과 참여를 가장 성공적으로 유치했다고 평가되는 새천년개발목표(Millennium Development Goals: 이하 MDG)가 그 시발점이라 볼 수 있다.[5] MDG는 2000년 유엔 총회에서 191개의 유엔 가입 국가들과 22개의 국제기구가 공동으로 절대빈곤/기아 목표를 포함한 총 8가지의 발전 목표와 21개의 세부 지표(target)에 합의하였다. 사실, MDG라는 초대형 장기 국제 이니셔티브가 제안되었던 배경 중 하나는 아이러니하게도 국제사회의 공여 피로감(donor fatigue)이였다.[6]

MDG가 탄생하기 바로 직전 시기인 1990년대에는 국제사회 원조

---

4 김지영, "국제개발협력 레짐 변천사," 『세계정치』 24권 1호 (2016). 117-119쪽.

5 Feeny, S. "Transitioning from the MDGs to the SDGs: Lessons Learnt?," In Awaworyi Churchill, S. (eds) *Moving from the Millennium to the Sustainable Development Goals* (2020). p. 345.

6 Radelet, S., "Aid Effectiveness and the Millennium Development Goals," *Center for Global Development Working Paper*, No. 39 (2004). pp. 3-4.

134 누구를 위한 지속가능발전인가?

공여의 규모가 눈에 띄게 감소하였다. 1991년 국제사회(개도국)의 평균 GNI 대비 순 ODA 수혜 비율이 0.3대였으나 1999년과 2000년 0.1대로 떨어졌다. 이는 국제발전의 역사 상 최저 수준이다. 2000년대를 지나 비교적 최근인 2010년대는 평균 0.2대 수준으로 유지되고 있다. 1990년대의 원조 감소는 진영 경쟁 논리로 작동된 냉전 시대 원조의 부재로도 일부 설명이 가능하겠지만, 근본적으로 국제사회가 1970~80년대 행해진 대규모 지원사업들에도 불구하고 개도국 내 빈곤감소 및 경제발전의 효과가 뚜렷하게 나타나지 않았다는 점이 강력하게 작동하였다.

대표적으로, 이스털리는 '아프리카 내 원조와 성장' 논의를 통해, 서구사회가 원조 공여 규모를 공격적으로 증대해 왔음에도 불구하고 경제 성장률(여기서는 일인당 GDP 성장률)이 오히려 감소되는 아이러니한 현상에 주목하였다.[7] 해당 논의는 2000년대 이후에 소개되었지만, 이전부터 국제사회에서 원조의 효과성에 대한 의구심이 상당 부분 누적되어 왔다. 이러한 국제적 의구심은 비로소 냉전 종료 이후 공여국 내 전반적인 원조 예산 감소로 표출되었다고 볼 수 있다.

국제사회는 MDG를 통해 다시 한 번 국제발전 상 국제협력과 개발재원의 중요성을 환기시켰다. 재도약의 핵심 아젠다는 '개발재원을 어떻게 효과적으로 활용하며, 그 성과를 어떻게 잘 측정할 것인가'였다. 소위, 원조효과성 담론의 등장과 함께 MDG 목표는 설정 상 일정한 체계성을 가지며, 참여 국가들의 목표 달성 정도에 대해 비교 및 측정이 가

---

[7] 아프리카의 경우, 1960년부터 2005년까지 누적적으로 약 5천억 달러 규모의 ODA가 유입되었고, 해당 지역의 GDP 대비 ODA 비율은 점점 커짐에 비해 일인당 소득 증가율은 1970년대 2% 가깝던 1980년대 중반 이후로 마이너스를 기록함.

능토록 하였다. MDG가 가지는 제반의 철학적 그리고 전략적 배경들 가운데서도, '측정가능성(measurability)'이라는 기술적이면서 과학적인 접근은 기존에 팽배했던 국제적 회의감을 해소하고 성과를 가시화시켜 공여국 재원 활용 상 발생하는 책무성을 충족시키고자 했다.[8]

2015년 설정된 SDG에서도 과학적 엄밀성의 전통이 계승, 심화되었다.[9] MDG의 빈곤 목표에서는 '절대빈곤과 기아의 근절(Eradicate extreme poverty and hunger)'라는 대목표 아래 3가지의 세부 목표(빈곤, 고용, 기아 부문)와 8개의 세부 지표를 제안되었다. SDG는 '모든 지역, 모든 형태의 빈곤 종식(End poverty in all its forms everywhere)'로 바뀌고, 세부 목표가 7개 그리고 지표가 12개로 설정되었다. MDG 빈곤 목표의 세부 목표로써 병합되었던 기아, 고용 이슈가 SDG 체계에서는 독립적인 목표들로 다루어지고 있다는 점에서 빈곤 목표는 더 세분화 되었고, 더 촘촘한 지표로 무장하게 되었다.

8 Fukuda-Parr, *et al.*, "The Power of Numbers: A Critical Review of Millennium Development Goal Targets for Human Development and Human Rights," *Journal of Human Development and Capabilities*, Vol. 15 (2014), p. 117.; Allen, C., *et al.*, "Initial Progress in Implementing the Sustainable Development Goals: A Review of Evidence from Countries," *Sustainability Science*, Vol. 13 Issue. 5 (2020), p. 1453.

9 Sachs, J., "From Millennium Development Goals to Sustainable Development Goals," *The Lancet*, Vol. 379 (2012), p. 2206.

〈표 1〉 SDG의 빈곤 목표

7개의 세부 목표	12개의 세부 지표
1.1 2030년까지 현재 기준으로 하루에 $1.25 미만으로 살아가는 모든 사람을 위하여 모든 곳에서 절대 빈곤인구 근절	1.1.1 국제 빈곤선 미만으로 살고 있는 (도시/농촌) 인구 비율
1.2 2030년까지 국가별 정의에 따라 모든 측면에서 전 연령층의 남녀 및 아동의 빈곤 인구 비율을 최소한 절반으로 감소	1.2.1 국가 빈곤선 미만으로 살고 있는 인구 비율
	1.2.2 국가별 정의에 따른 모든 차원의 빈곤 속에 살고 있는 모든 연령의 남성, 여성 및 아동의 비율
1.3 사회 안전망을 포함하여 모두를 위하여 국가별로 적합한 사회적 보호 체제 및 조치를 이행하고, 2030년까지 빈곤층과 취약계층에 대한 실질적 보상을 달성	1.3.1 사회적 보호 최저선/체계의 적용을 받는 인구비율
1.4 2030년까지 모든 남성과 여성, 특히 빈곤층과 취약계층이 경제적 자원에 대한 동등한 권리와 더불어 기초 공공서비스, 토지 및 기타 유형의 자산·유산·천연자원·적정 신기술, 소액 금융을 포함한 금융서비스에 대한 오너십과 통제권에 대한 접근에 동등한 권리 보장	1.4.1 기초 서비스에 접근 가능한 가구에 살고 있는 인구 비율.
	1.4.2 법적으로 인정되는 문서를 가지고 토지에 대한 확실한 권리를 가지거나 토지에 대한 권리를 확실한 것으로 인지하고 있는 전체 성인의 비율
1.5 2030년까지 빈곤층과 취약계층의 회복력을 구축하고 극한 기후에 관련된 사전이나, 기타 경제·사회·환경적 충격 및 재난에 대한 노출과 취약성 감소	1.5.1 인구 100,000명당 재난으로 사망, 실종, 그리고 피해를 입은 인구 수
	1.5.2 국제 GDP와 비교해서 재난으로 인한 직접적인 경제손실
	1.5.3 국가 그리고 지방수준에서 재난 위험 축소 전략을 갖고 있는 국가의 수
1.5.a. 개도국, 특히 최빈개도국에게 모든 측면에서 빈곤을 종식하기 위한 프로그램과 정책을 이행할 수 있는 적절하고 예측 가능한 수단을 제공하기 위하여 개발 협력 증진들을 통한 다양한 원천으로부터 자원의 상당한 동원 보장	1.5.a.1 정부의 의해 빈곤감소 프로그램에 직접 할당되는 자원의 비율
	1.5.a.2 정부의 총 지출 중 필수 서비스(교육, 의료 및 사회적 보호)에 소요되는 지출 비율
1.5.b 빈곤퇴치활동에 대한 투자 증대가 이루어지도록 빈곤층 친화적이고 성 인지적 개발 전략을 기반으로 국가별, 지역별 국제적 차원에서 견고한 정책프레임워크 형성	1.5.b.1 여성, 빈곤층 그리고 취약계층에게 불균형적으로 혜택을 주는 부문으로 지출되는 정부의 반복적인 자본의 지출 비율

출처: https://www.un.org/sustainabledevelopment/poverty/ (접근일: 2022년 6월 29일).

빈곤 목표의 구체화 및 세분화로써 기존의 소득 중심 빈곤 개념과 더불어 역량과 권리 차원의 빈곤 개념들도 반영되었다. 이는 국가적 차원의 사회보호, 생산성 향상 및 자원 보유 등을 포함한다. 또한, 주목할 지점은 세부 목표 1.A와 1.B에서 정부의 반빈곤 역할에 대한 모니터링 및 평가를 시도했다는 점이다. 중앙 및 지방 정부의 정책적 개입을 통한 빈곤 인구 감소 효과뿐 아니라 반빈곤 정책의 실질적인 집행을 위한 재원 확보, 국가적 투자 등도 언급되었다. 해당 내용들을 미루어 봤을 때, 단순히 빈곤 목표의 세부 목표 및 지표의 가짓수 증대를 넘어서서 서구의 신자유주의(neoliberalism)와 케인스주의(Keynesianism)가 복합적으로 반영된 발전 개념과 반빈곤 대응책을 제시하고 있다.[10]

다시 종합해 보면, SDG의 빈곤 목표가 의미하는 것은 개발 재원 조달과 규범 설정 등의 주요한 역할을 맡아온 선진국(또는 공여국)의 빈곤 개념 그리고 대응 전략이 상당히 고도화 되어왔다는 점이다. 하지만, 다른 한편으로 우려되는 문제는 SDG에 대한 개도국의 입장이다. 이들은 선진국과 더불어 SDG 목표 설정과 실행 상 중요 주체이나, 발전 목표의 실질적인 달성을 위해 필요한 개발 재원과 거버넌스, 특히 개발 통계 데이터 역량이 상대적으로 부족하다. 특히, 최빈곤국의 경우, 이들의 빈곤 현상에 대해 이해, 접근 그리고 실제 정책 대응들과 고도화된 SDG 간의 괴리가 더 크게 발생할 수 있다는 점을 시작으로 SDG 한계점을 논의할 수 있겠다.

---

10 Carant, J., "Unheard Voices: A Critical Discourse Analysis of the Millennium Development Goals' Evolution into the Sustainable Development Goals," *Third World Quarterly*, Vol. 38 Issue. 1 (2017), p. 18.

Ⅲ. '이중적 정치성' 개념과 북한 사례

앞서 언급한 SDG의 빈곤 목표 이행 그리고 모니터링 상 선진국과 개도국 간의 간극이 존재하며, 이러한 간극을 본 논의에서는 개도국의 인센티브 문제가 발생하게 된 중요 배경으로 설정하였다. 본 논의가 제시하는 신제도주의(neo-institutionalism) 관점 내지 해석은 SDG라는 공동의'제도(institution)'를 통해 다수 행위자의 일정한 행동들 내지 결과(여기서는 빈곤 감소)를 유도하고자 하나, 해당 의도 또는 목적이 달성되지 않는 상황을 '인센티브' 또는'동기성'의 문제로 접근, 설명하고자 하고자 한다.[11]

여기서 제시된 '이중적 정치성'이란 개도국 행위자 입장에서 SDG 내재화와 이행 시 두 가지의 상충되는 동기 및 행동이 발현될 수 있음을 의미한다. 먼저는 빈곤국 정부가 체제 정당성을 확보하는 차원에서 (또는 다른 차원에서) 국내 빈곤 현상에 대해 공식적으로 인정하지 않거나 또는 이에 대한 왜곡된 정보를 공유 또는 정보 공유를 거부하는 동기성이 나타날 수 있다.[12] 다른 한편으로는, 빈곤국 정부가 국내에 부족한 개

---

11 Ostrom, *et al.*, "Aid, Incentives and Sustainability: An Analysis of Development Co-operation," Swedish International Development Co-operation Agency (SIDA), Stockholm (2002); Gibson, *et al., The Samaritan's Dilemma: The Political Economy of Development Aid.* OUP Oxford (2005); 특히, 국제개발 및 개발협력 분야에서 나타나는 다양한 문제들을 행위자 간의 이해관계 및 동기성의 차이에서 찾는 연구 시도들이 꾸준히 발생해왔다.

12 SDG와 같은 성과 매트릭스는 기본적으로 상당한 수준 그리고 상당한 규모의 개발 통계를 필요로 하는데, 해당 매트릭스를 채울 수 없는 이유를 단순히 국가의 통계 역량 및 관련 투자 부족 문제, 즉 기술적인 문제로만 볼 것이 아닌 정치적인 현상으로 이해할 필요

발 재원을 외부세계로부터 유인하기 위해 국내 빈곤 상황을 국제사회와 일정 부분 공유하고 국제사회가 설정한 일련의 원칙과 규범들을 포용할 필요성도 존재한다.

SDG 빈곤 목표의 문제점 또는 한계와 관련해 기존의 시각에서는 SDG에서 제시된 빈곤 관련 지표들을 채울 데이터의 부족 및 왜곡 문제를 주로 언급하였다.[13] 해당 논의를 통해 결국 국제사회가 개도국의 통계 역량 증대를 위한 투자가 필요하다는 점이 강조되었다. 하지만 필자가 주목하는 것은 '데이터 부족 문제'라는 기술적인 이슈 그리고 기술적인 해결책도 중요하겠지만, 근본적으로 SDG 한계와 그 효과를 정치적인 딜레마로 재해석해야 한다는 점이다. 다시 말해, 신제도주의 담론에 기반한 해당 개념이 의도하는 바는 SDG라는 다소 기술적인 목표가 빈곤이라는 현상의 정치적 성격을 상당 부문 배제하였고, 이는 직접적으로 이를 포용, 이행하는 개도국 입장에서 딜레마가 더 크게 작동할 수 있음을 말한다. 결국, 개도국의 왜곡되고 모순된 동기성은 진정한 또는 효율적인 의미의 빈곤 감소에 중대한 한계로 작동할 수 있다는 점을 지적하고자 한다.

개도국의 이중적 또는 모순적인 동기성이 잘 드러나는 케이스 중 하나가 바로 북한이다. 북한 내 빈곤 현상은 현대 인류 역사상 가장 극심하고 장기적인 형태로 나타났다. 북한의 폐쇄적인 사회경제 그리고

가 있다는 점에서 해당 논의가 출발하였다.

13 Jerven, M., "Poor Numbers," In *Poor Numbers*. Cornell University Press (2013). Introduction; Blumenstock, J." Fighting Poverty with Data," *Science* Vol. 353 Issue. 6301 (2016), pp. 753-754; MacFeely, S., "The Big (data) Bang: Opportunities and Challenges for Compiling SDG Indicators," *Global Policy* Vol. 10 (2019), p. 122.

공산주의체제 모순으로 발생된 저발전 문제를 극복하지 못해, 결국 국가 전체가 만성적인 빈곤에 시달리고 있다고 종종 설명되기도 한다. 냉전시대가 종료된 이후부터 북한은 초유의 기근사태('고난의 행군'이라고도 불림)에 직면하게 되고 이후 국내 빈곤 상황은 더욱 악화되었다.[14] 1995년 북한 정권은 식량위기 해소를 위해 국제사회로부터의 긴급지원을 공식적으로 요청한 바 있다. 2000년대는 국제사회의 대규모 인도적 지원으로 식량 문제가 일부 완화되었으나 북한 당국은 군사 도발을 개시하고 핵실험을 감행하면서 해외 지원이 급감하였다.[15]

2010년대의 북한 저발전/빈곤 문제는 만성적인 식량부족 현상과 함께 고질적으로 나타나며 여전히 많은 북한주민들은 극심한 빈곤상태에서 생활하는 것으로 알려졌다. 그럼에도 불구하고, 북한은 지속적으로 군사 도발을 감행하면서 국제연합과 미국의 강화된 경제제재를 받게되었다. 최근에는 신종 코로나19 바이러스 확산 위험성을 이유로 2020년 2월부터 북한 당국은 국경을 봉쇄, 국제사회로부터의 자체적인 고립을 선택하였다. 최근 몇 년 동안 북한 국내 빈곤 상황에 대한 데이터 및 통계 뿐 아니라 직간접적인 관측도 매우 어려운 상황이다.

지난 약 10년 간 누적된 양적 그리고 질적 데이터에 의하면 국제빈곤선을 기준으로 북한 내 빈곤인구 비율을 40%에서 60%대로 폭넓게 추정한다.[16] 전 세계적으로 국가당 평균 빈곤 인구 비율이 22.8%이며, 사

---

14 이석, "1994~2000년 북한기근: 발생, 충격 그리고 특징," 통일연구원 (2004). 3-7쪽.

15 Manyin, "Foreign Assistance to North Korea." Library of Congress Washington D.C, Congressional Research Service (2005), pp. 2-5.

16 Cuaresma, *et al.*, "What Do We Know about Poverty in North Korea?" *Palgrave Communications*, Vol. 6 Issue. 1 (2020), pp. 1-8.

하라이남아프리카 지역은 47.5%임을 감안했을 때 북한의 빈곤상황은 국제비교 상 상당히 심각한 수준임을 알 수 있다. 빈곤 통계 및 추정치로 미루어 짐작하건데, 북한은 최빈국으로도 분류할 수 있다.

그렇다면, 북한은 취약국으로도 분류 가능한가? 우선, 북한 정부가 자국민에 대한 일정한 수준의 보호 및 공공 서비스를 제공하고 있는가라는 기능적인 측면에서 평화기금(The Fund for Peace)이 발행하는 취약국가지표(Fragile State Index: FSI)를 참조할 수 있겠다.[17] 해당 지표는 화합, 경제, 정치, 사회적 부문 상 정부의 기대 역할 및 실질적 기능 수행 시 나타나는 국가 취약성의 수준을 모니터링한다. 더 구체적으로, 치안, 경제적 활동 및 기회 보호, 국가정당성을 포함한 인권 및 사회/공공 서비스 접근성, 그리고 사회집단에 대한 차별 및 외부적 개입에 대한 양적 지표화를 시도하였다. 2020년 FSI에 따르면, 북한은 178개국 중 30위 (90.2/120: 점수가 크거나 국가 순위가 높을수록 국가취약성이 높음)를 차지하였다. 국제적인 수준에서도 북한은 국가취약성이 강하게 나타나는 국가이며, 북한과 유사한 수준의 국가취약성을 보이는 국가들은 라이베리아, 케냐, 베네수엘라, 모잠비크, 콩고 등 이다.

Ⅳ. 북한의 빈곤 데이터 부족 문제

SDG 빈곤 목표가 발생시키는 개도국 차원의 인센티브 문제를 본격적

---

17 FSI, "Measuring Fragility," https://fragilestatesindex.org/ (접근일: 2022년 6월 20일)

으로 논의하기 앞서 역량 또는 기술적 이슈로써의 데이터 부족 문제를 우선 언급할 필요가 있다. SDG 빈곤 목표 및 모니터링을 이행하는 입장에서 이를 충족시킬 수 있는 국가별 그리고 부문별 통계가 얼마나 그리고 어느 정도로 존재하는지도 중요하다. 빈곤 데이터의 질(quality), 또는 접근성(accessibility) 그리고 신뢰성(reliability)에 따라 SDG의 실질적 유효성뿐 아니라 개도국의 동기성 왜곡 정도를 일차적으로 판단할 수 있기 때문이다.

북한은 일반적인 개도국 사례들에 비해 데이터 문제가 도드라지며 이는 북한 당국의 통계 역량 상 취약성을 보이는 사례로도 해석할 수 있다. 그러나, 개발 통계의 부족 내지 비공개 현상을 북한 당국의 통계 역량뿐만 아니라 북한의 체제적 특수성에서 비롯된 정치적 의도라는 측면에서도 살펴볼 필요성이 있다. 북한 당국은 국내의 빈곤 인구 비율에 대한 공식적인 데이터를 발표한 바 없고, 더 나아가 국제 또는 국내적으로 '빈곤' 개념을 정립하거나, 이를 실질적으로 수용했다는 근거를 찾기 어렵고, 이에 기반한 개발 통계를 생성, 공유한 바도 거의 없다.

이전부터, 북한이 대기근 사태를 겪고 국제사회에 대한 지원을 공식적으로 요청한 1995년 이후에도 북한의 빈곤 상황을 짐작할 수 있는 통계 및 실증적 자료이 부재하였고, 추정치를 중심으로 제한된 수준의 논의가 이루어져왔다. 북한 당국은 간헐적으로 국제기구와의 협업을 통해 영유아를 비롯한 특정 취약계층의 영양상태 그리고 수자원 접근성과 같은 빈곤의 일부분에 해당하는 통계를 생성, 발행한 바는 있으나 이 또한 북한 내 빈곤 상황을 전반적으로 파악하기에 무리가 있다.[18]

---

18 Elvidge, *et al.*, "A Global Poverty Map Derived from Satellite Data," *Computers &*

SDG의 빈곤 지표를 비롯해 다른 부문의 지표들과 관련해 북한의 데이터 접근성은 전반적으로 매우 낮은 편이다. 2021년 발간된 지속가능발전보고서에 의하면, 165개국을 대상으로 실시하는 공식적인 SDG 모니터링 프로세스에는 데이터 부족의 이유로 북한은 포함되지 않았고, SDG 1을 비롯해 SDG 10, SDG 17 관련된 공식 데이터가 전무하기 때문에 SDG 상 실질적인 모니터링이 불가한 국가로 보고 있다.[19] 다른 연구에서는 SDG의 232개 세부지표들 중 북한의 경우, 모니터링 가능한 지표들은 약 47개이며 이는 SDG의 전체 세부지표 중 약 20% 정도만을 충족하는 수준이다.[20]

본 논의를 다시 SDG 빈곤 목표에 집중한다면, 12개의 빈곤 지표 중 정부 통계를 포함한 각종 추정치를 통해 그나마 구현 가능한 데이터는 3개(국제빈곤선 기준 빈곤 인구 비율, 기초 서비스 접근 가능 인구 비율 그리고 재난 피해 인구 규모) 정도에 불과하다.[21] 데이터가 존재하는 경우에도, 시계열 상 드문드문 존재하는 한계를 가지고 있다. 그럼에도 불구하고, 세부지표 1.1, 1.2, 1.3 그리고 1.5의 경우, 앞으로 북한 당국이

Geoscience, vol. 35(2009), pp. 1652-1660; 김석진 외, "국제 비교를 통해 본 북한의 생활수준," (서울: 통일연구원, 2019); 북한 당국이 공식적으로 발표한 통계 외에도 국제 학계나 정책연구를 통해 북한의 절대적 빈곤 인구 추정치가 발표되었다. 북한 당국이 발표한 다중지표군집조사나 위성사진을 기반으로 북한 빈곤 인구를 추정한 연구도 있다.

19 Sachs, *et al., Sustainable Development Report 2021*. Cambridge University Press (2021), p. 69.

20 박지연 외, "UN지속가능개발목표 담론의 북한 적용을 위한 이행지표 고찰," 『담론201』 19권 4호 (2016), 124-126쪽.

21 문경연, "제3장 북한의 빈곤 종식(SDG 1) 지표 분석." 『북한의 복지 분야 지속가능발전 목표 달성을 위한 남북한 교류협력 방안 연구』(세종: 한국보건사회연구원, 2020), 72-29쪽.

국제기구 또는 타국기관과의 협력을 통해 데이터 수집이 상대적으로 가능할 분야로 꼽히기도 했다.

V. SDG/빈곤 데이터에 대한 '거부/비협조'의 동기성

앞서 언급한 바와 같이 취약국의 빈곤 데이터 확보 및 공유의 문제를 역량 및 기술적인 차원에서만 볼 것이 아니다. 북한이 가지고 있는 사회주의의 특수한 역사와 정치문화 상 국내 빈곤 상황을 국제사회와 온전히 공유하지 못하는 동기가 강력하게 나타나는 사례이기도 하다. 단적으로 말하자면, 북한이 고수해온 사회주의체제 안에서 굶주림을 포함한 빈곤은 이념적으로 발생할 수 없는 현상이기 때문이다.[22]

북한은 1995년 이후 국제사회의 인도적 지원을 받아왔으나, 인도적 지원 전달 과정상 요청되는 데이터 공개, 주민에 대한 접근성 확보, 그리고 모니터링에 대한 상당한 거부감을 드러낸 바 있다.[23] 국제사회의 대규모 인도적 지원이 실시된 지 10년에 이르자 2005년 북한 당국은 더이상 인도적 지원을 받지 않고, 국제사회로부터 개발지원만을 받겠다는 공식 발표를 하였다. 이에 대해 전문가들은 북한 당국과 국제구호

22 Yi, Jisun, "Famine and Regime Response in Post-Cold War Communist States: Political Commitment, Food Distribution, and International Aid in Cuba and North Korea," *Asian Perspective*, Vol. 46 Issue. 2 (2022), p. 226.

23 Haggard, S. *et al.*, *Famine in North Korea: markets, aid, and reform*. Columbia University Press (2007). pp. 11-15.

기구 간 지원 전달 상 투명성 및 접근성 문제로 인해 상당한 마찰을 빚어왔고 이에 대한 강력한 항의의 표시로 북한이 국제지원에 대한 거부를 천명했다고 해석하기도 한다.[24]

특히, 북한은 전통적으로 체제 정당성 차원에서 대외 원조에 대한 반감을 가지고 있고 이에 대한 정보를 거의 공개하지 않았다.[25] 아이러니하게도 한국전 이후 전후복구 그리고 경제발전을 위해 냉전시기 동안 중국과 러시아로부터 상당한 지원을 받았음에도 북한의 조선노동당 기관지인 노동신문에서는 한국이 미국으로부터 수혜 한 원조에 대한 강력한 비판 하는 태도를 취해왔다.[26] 또한, 1990년대 북한에서 발생한 대기근 사태의 경우에도 발생 당시에는 국제사회가 인도적 사태의 심각성을 가늠할 수 있는 정보가 거의 북한 외부로 유출되지 않았다는 점을 미루어 봤을 때도 국가 위기/붕괴 위험 상황에서 북한 당국은 강력한 정보 제어 능력을 가지고 있음을 알 수 있다.[27]

북한이 원조 수혜를 비롯해 국내 빈곤 상황에 대한 정보를 국제사회와 공유하기 꺼리는 태도와 더불어, 북한이 이해하는 '빈곤' 개념에 대해 살펴볼 필요가 있다. 이를 가늠할 수 있는 자료 중 하나가 북한이 최

24 Manyin, "US Assistance to North Korea: Fact Sheet," Library of Congress Washington D.C, Congressional Research Service (2007), pp. 1-5.

25 Lankov, A., *The Real North Korea: Life and Politics in the Failed Stalinist Utopia*. Oxford University Press (2015).

26 김지영, "대외 원조에 대한 북한의 인식 연구: 로동신문 기사분석을 중심으로," 『국제개발협력연구』 제11호 제3호(2022), 17-38쪽.

27 김양희, "북한 식량정치의 주민 순응화 전략 연구," 『북한학연구』 제9권 1호 (2013), 65-70쪽.

근 발표한 다중지표군집조사(2018)이다.[28] 해당 통계는 2013년도 시행된 인구조사결과를 바탕으로 2017년 업데이트된 것으로 총 8천5백 명의 인구를 대상으로 조사되었다.[29] 성별, 나이, 그리고 지역별로 구분하는 등 현대적인 형태의 인구조사를 실시하였다.

여기서 주목할 지점은 해당 문서에서 '빈곤(poverty)'이라는 개념 내지 용어 자체를 사용하지 않았다는 점이다. 이와 함께 국내의 빈곤상을 직접적으로 반영할 사회경제적 데이터도 거의 포함시키지 않았다. 이는 SDG의 내재화 및 이행 과정 상 북한은 국제적으로 비교 가능하고 절대적 개념의 빈곤에 대한 실제적인 수용이 이루어 졌다고 판단하기 어렵다.

다중지표군집조사에서는 '빈곤'이라는 개념 대신에 주민의 보유자산 내역과 규모를 바탕으로 재산지표(wealth index)를 생성해 측정 시도하였다. 빈곤인구에 가깝다고 판단 가능한 보유자산순위 상 하위 20% 인구집단을 통해 이들의 삶의 질을 간접적으로 이해할 수 있다. 북한 당국은 빈곤 현상에 대한 인정 대신에 간접적이거나 우회적인 개념을 활용해 관련 통계를 생성하려는 접근을 취하는 것으로 보인다. 다시 말해, '빈곤'이라는 용어를 기피하는 북한 정부의 태도는 정권의 정당성을 확보하기 위한 전략적 행태로도 해석 가능하며, 북한 정부의 소극적, 우회적 자세는 앞으로 지속될 가능성이 없지 않다.

북한 사례에서 나타난 다른 동기적 특이점은 SDG가 설정한 빈곤

---

28 UNICEF, "2017 DPR Korea MICS Survey," https://www.unicef.org/dprk/reports/2017-dpr-korea-mics-survey (접근일: 2022년 6월 20일)

29 홍제환, "UNICEF 조사 결과로 본 북한 민생 실태." 통일연구원(2018), 2쪽.

목표 대비 데이터에 비해 기아, 영양 그리고 아동과 관련한 데이터의 접근성이 상대적으로 높다는 점이다. 만성적인 식량 부족 사태에 대비해 북한 정부가 국제사회의 식량 지원을 유도하기 위한 전략적 차원으로 국제기구와의 협력을 통해 관련 데이터를 생산하고 이를 공개하는 등의 북한 정부의 적극성이 일정 부분 반영되었다 볼 수 있다.

과거, 고난의 행군 시기 발생한 북한의 식량난은 북한 체제의 정당성을 심각히 훼손하고 이로 인해 북한이 붕괴될 것이라는 예측도 난무하였다. 이러한 국가적 경험을 바탕으로 북한 정권은 식량과 정치를 긴밀하게 연결시켜 체제유지 및 안정화를 위해 국가전략 상 식량문제해결을 위한 정권 차원의 적극성을 보여 왔다.[30] 2017년 국제연합과 북한 정부가 공동으로 수립한 유엔 전략프레임워크(UN Strategic Framework 2017-2021)에서도 4가지 전략적 우선순위들 중 식량과 영양안보를 일순위로 설정한 점도 이와 관련이 있다.[31]

VI. SDG/빈곤 데이터에 대한 '포용/협력'의 동기성

전통적으로 북한은 국제협력 및 규범에 있어 다소 비협조적이고 통제적인 태도를 보여 왔으나, 2015년 이후 북한 행동 변화들은 매우 주목

---

30 Ibld., 70-81쪽.

31 United Nations DPR Korea, "The UN Strategic Framework 2017~2021," https://dprkorea.un.org/en/10156-un-strategic-framework-2017-2021 (접근일: 2022년 6월 20일)

할 만 하다. 북한은 국제사회가 발효한 경제제재로 인해 상당한 위기에 봉착했음에도 불구하고 SDG 달성을 위한 자구적 의지를 밝힌 바 있다. 2015년 9월 개최된 'Post-2015 개발 아젠다 채택을 위한 유엔 회담'에서 북한은 이례적으로 MDG와 SDG의 중요성에 대해 언급하였다. 한 발 나아가, 2017년 유엔과 북한 정부는 유엔전략프레임워크를 공동으로 수립하였고, 이는 SDG 달성을 위해 북한 당국과 유엔 산하기관들 간의 강력하고 효율적인 협력을 도모하기 위함이다.

북한 정부와 북한 내 상주하는 다양한 국제개발기구들은 4가지 전략적 우선순위(식량과 영양안보, 사회개발서비스, 회복 및 지속성, 데이터와 개발운영)를 설정하였다. 해당 이슈들은 SDG 빈곤 목표와 긴밀한 관련성을 가지고 있으며, 특히 '데이터와 개발운영'이라는 북한이 다소 부담감을 느꼈을 분야까지 포괄했다는 점에서 상당한 변화를 의미한다. 이와 함께, 개발재원 확보 및 정책 수단 간구를 위한 노력도 보여왔다.

2019년 유엔 인권최고대표사무소와 북한 당국이 발표한 국가별인권상황정기검토(Universal Periodic Review)에 의하면, SDG의 맥락에서 262개의 권고사항이 만들어졌고 이중 132개 사항들이 수용되었다고 발표하였다. 다만, SDG 16에 대한 가장 많은 권고사항이 제시된 것에 비해 SDG 빈곤 목표는 상대적으로 관련한 권고사항 및 관련 정보가 매우 적다. SDG 빈곤 목표와 관련해 북한 정부로부터 긍정적으로 수용된 권고사항은 여성, 아동, 장애우, 그리고 노령인구의 복지와 인권 향상 그리고 북한 주민들에게 최소한의 식량, 보건, 교육, 주거공간을 보장함을 포함한다. 이외에도 도시지역과 농촌지역 간의 격차를 줄이기 위한 혁신적인 방법들을 간구하며, 북한 전 지역에 균등하고 제한 없는 인도적 지원 접근성을 보장하고, 특히, 취약계층에 대한 지원 전달 과정에 있어 유엔과 국제 인도주의 기구들에게 보다 확장된 접근성을 보장하도록 하는 내용들을 담고 있다.

마지막으로, 북한이 발표한 자발적 국가 검토 보고서(Voluntary National Review: 이하 VNR, 2021)의 내용을 보더라도, 북한 당국은 이전에 비해 국제사회와의 협력 동기성이 더 강하게 가지고 있다는 점을 알 수 있다. 최근 출판된 NVR의 경우는 이전의 협력 관련 합의와는 차별화된다고 보는 점은 북한 정부가 적극적으로 SDG를 자국의 국가발전계획에 통합을 시켰으며, 북한의 현실을 반영한 국내 이행을 위한 당국의 우선순위를 제시하였다는 점에서 이전보다 상당히 적극적이고 실질적인 현지화가 이루어 졌다고 보는 견해도 있다.[32]

이와 함께 북한은 부총리 겸 국가계획위원장이 주관하는 태스크포스팀을 발족하고 6개의 기술위원회를 수립하는 등의 SDG의 이행체계를 공고히 했다는 평가도 있다. 하지만, 북한의 SDG의 해석 내지 내재화가 근본적으로 사회주의 체제 및 북한 정권의 공고화 및 강화를 중심으로 재편성되었다는 점에서 국제사회와 북한이 바라보는 '발전(더 나아가, 평화, 정의)'에 대한 근본적인 이해와 접근이 매우 상이하게 나났다. 해당 부분들과 관련해 북한정부의 제도적 그리고 정책적 변화에 대한 정보들이 북한 정부가 제출한 보고서에 국한되어 있어 이에 대한 객관적인 모니터링 및 분석이 제한적이나, 북한 정부의 SDG에 대한 앞으로의 수용 정도 및 의지에 대해 지속적으로 살펴볼 일이다.

---

[32] 최규빈·홍제환, "북한의 SDGs 이행 동향: '자발적 국별 리뷰(VNR)'보고서 내용을 중심으로," (서울: 통일연구원, 2021), 2-3쪽.

Ⅶ. 나가며

기본적으로 빈곤/발전 현상은 개도국이던 고소득 국가이던 국내적으로 지극히 '정치적'인 이슈이다. 그럼에도 불구하고, SDG 빈곤 목표는 빈곤 또는 발전 문제의 정치성을 최대한 배제하고 기술적인 측면에서의 진화를 시도했다. 아마도, SDG 설계자들은 빈곤 감소의 정치적 중립성을 부각시켜 가시화된 성과를 유도하고자 의도한 것으로 보인다.

하지만, 국제 빈곤 목표를 수용하고 집행하는 개별 국가들 입장에서, 특히 정부 역량 그리고 개발 투자가 부족한 국가일수록 이에 따른 긍정적 또는 의도한 효과가 유도되기 어려운 측면도 크다. 우선적으로 개발 통계의 역량이 취약한 국가일수록 빈곤 목표와 지표들을 충족시킬 국가 수준의 통계도 부재하다. 북한 사례에도 보듯이 '빈곤' 현상에 대한 정치적 민감성으로 인해 이에 대한 데이터 및 정보를 국제사회와 공유하지 않을 동기성도 매우 강하게 나타날 수 있다. 하지만 반면에 북한 당국은 비협조적이었던 기존의 행태에서 벗어나 SDG라는 국제규범을 일부분 수용하려는 움직임을 보이고 있다는 점에서 협력의 동기성도 관찰되고 있다.

다시 말해, 북한은 국내 (저)발전 현상을 반영하는 데이터가 상대적으로 부족한데 이를 북한 정부의 통계 역량 부족으로만 설명하기 어렵고, 정부의 폐쇄적 성향도 일부 작동한 것으로 볼 수 있다. 반면 SDG의 등장을 계기로 북한 당국은, 가정하건데, 개발 재원을 획득하기 위해 해당 국제규범에 대한 일부 수용적, 협조적 성격을 띠고 있다는 점에서 최근에는 거부/비협조의 동기성 보다는 협조의 모양새에 가까운 형태를 보인다는 점이 주목할 만하다.

SDG가 설정한 완전한 빈곤 타파라는 목표는 과학적인 모델링을 통해 예측하건데 상당히 무리수를 둔 것으로 평가된다. 2030년까지 4.5~6% 빈곤율 그리고 3.7~5억 빈곤 인구가 여전히 존재할 것이며, 특히, 사하라이남아프리카 지역에 3억명의 빈곤 인구가 집중될 것이라는 예측도 있다.[33] 해당 논의는 SDG에 대한 비관론 입장을 넘어서서 SDG 빈곤 목표와 세부 지표들이 최빈곤국에 던지는 정치적 그리고 실질적 메세지에 대해 고민하고자 했다.

해당 동기성 연구를 통해 이끌어 낼 수 있는 함의 중 하나는 SDG라는 고정된 틀을 가지고 취약국의 빈곤 문제 또는 이들의 접근 방식을 평가했을 때 발생할 수 있는 문제점을 인식해야 한다는 점이다. 북한 내 빈곤 문제는 단순히 정부의 역량 부재 또는 정책적 선택으로 발생한 기술적 문제가 아니라는 점을 다시 상기 시킬 필요가 있다. SDG의 '측정 가능성'이라는 강력한 논리가 작동하는 반면, 취약국 내 존재하는 빈곤 관련 동기 및 정치적 특수성을 놓칠 수 있는 구조적 환경에서 우리는 SDG라는 틀에서 속박되지 않고, 진정한 또는 실질적 의미의 빈곤 감소를 위한 논의와 노력들(예를 들면, SDG를 대체할 수 있는 취약국 우호적 접근들)이 필요하다. 무엇보다, 북한이 생각하는 발전/빈곤 문제에 대한 자체적인 이해와 접근에도 관심을 가져야 할 것이다.

---

33 Cuaresma, *et al.*, "Will the Sustainable Development Goals be Fulfilled? Assessing Present and Future Global Poverty," *Palgrave Communications*, Vol. 4 Issue. 1 (2018), pp. 2-8.

더 읽을거리

Carant, J., "Unheard Voices: A Critical Discourse Analysis of the Millennium Development Goals' Evolution into the Sustainable Development Goals," *Third World Quarterly*, Vol. 38 Issue. 1 (2017).

Cuaresma, *et al.*, "What Do We Know about Poverty in North Korea?" *Palgrave Communications*, Vol. 6 Issue. 1 (2020).

Gibson, *et al.*, *The Samaritan's Dilemma: The Political Economy of Development Aid*. OUP Oxford (2005).

Jerven, M., "Poor Numbers," In *Poor Numbers*. Cornell University Press (2013).

Yi, Jisun, "Famine and Regime Response in Post-Cold War Communist States: Political Commitment, Food Distribution, and International Aid in Cuba and North Korea," *Asian Perspective* Vol. 46 Issue. 2 (2022).

제6장 어디에나 있지만 어디에도 없는 난민: 지속가능발전목표(SDGs)와 난민글로벌컴팩트(GCR)의 분절현상과 비호-개발 연계의 모색 *

최원근 | 한국외국어대학교

I. 서론

한나 아렌트는 1943년 발표한 "We Refugees"에서 난민으로 겪는 가장 큰 절망을 "내가 누구인지 여기 있는 누구도 모른다([N]obody here knows who I am!)"는 한 부유했던 유대인 사업가의 절규를 빌려 표현하였다.[1] 아렌트는 한 인간이 자신의 생명과 권리를 지키기 위해 "난민(refugee)"

---

* 이 글은 저자의 2022년 10월 출간된 논문 "국제개발협력과 난민보호의 분절현상에 대한 소고: SDGs 속 난민소외와 비호-개발 연계의 모색," 『오토피아(Oughtopia)』 제37권 2호, pp. 69-105를 수정 및 재구성하였다.

1 Hannah Arendt, "We Refugees," *The Menorah Journal* (January 1943).

이 된 순간 자기 의사와 상관없이 그가 가진 모든 사회적·경제적·시민적 지위와 존재는 사라지고 난민으로 인정받기 위해 또는 난민이기 때문에 타자가 부여한 존재와 삶의 방식만이 강요되는 모순을 지적하는 것이다. 이런 의미에서 난민보호(refugee protection)란 난민에게 주어진 모든 권리, 즉 국제난민법이 규정하는 특정한 권리들은 물론 인간으로서 누려야 할 인권의 완전한 보장을 의미한다.[2] 즉 난민보호는 단순히 생존에 필요한 최소한의 인도적 지원을 제공하는 것을 넘어 난민이 인간으로서의 완전한 삶을 영위하고 한 사회의 구성원의 역할을 수행할 수 있도록 보장하는 것을 의미한다. 따라서, 난민보호는 당장 급박한 생존의 문제를 해결하는 인도주의의 문제를 넘어 난민의 인권을 보장하고, 개발을 통해 한 사회에서 정치·경제·사회적 주체로 자립할 수 있는 환경을 조성하는 것을 포함한다. 즉, 인도주의-인권-개발의 총체적 접근을 통해 난민을 전인격적 존재로 회생시키는 것이라 할 수 있다.

이런 난민보호의 핵심적 가치는 1948년 채택된 세계인권선언(Universal Declaration of Human Rights) 제14조를 통해 다시 한번 확인된다. 이 선언은 모든 인간이 비호를 구할 권리(right to seek asylum)뿐만 아니라 비호를 누릴 권리(right to enjoy asylum)를 동시에 가지고 있다고 규정한다. 즉, 난민보호는 단순히 개인의 법률적 지위와 최소한의 생존을 보장하는 것을 넘어서서, 인간이 누려야 할 모든 인격과 권리를 보장하는 것이라는 점을 확인시켜 준다. 또한 1951년 난민의 지위에 관한 협약

---

2   Guy Goodwin-Gill, "The International Law of Refugee Protection," in Elena Fiddian-Qasmiyeh, Gil Loescher, Katy Long, and Nanado Sigona (eds.), *The Oxford Handbook of Refugee & Forced Migration Studies* (New York: Oxford University Press, 2014), pp. 36-47.

(이하 난민협약) 역시 난민에게 주어진 시민적·정치적 권리와 경제적·사회적 권리를 명시하고 있다. 또한 유엔난민기구(United Nations High Commissioner for Refugees: 이하 UNHCR)가 채택한 난민의 영구적 해결방안(durable solutions)들은 난민의 지위를 규정하는 것을 넘어 난민들이 본국 또는 제3국에서 안전하고 지속가능하며 인격적인 생활을 영위할 수 있는 물질적·환경적 여건을 제공하는 것을 전제하고 있다. 즉, 난민보호에 있어서 국제개발협력은 필수 불가결의 요소로 동반되고 있다.

한편, 1990년대 탈냉전의 시공간에서 르완다와 소말리아를 비롯한 아프리카 대륙, 구(舊)유고슬라비아연방의 발칸반도, 미얀마, 중국 및 북한을 비롯한 아시아 국가들로부터 다양한 원인과 형태로 표출되었던 난민위기는 기아, 환경 등과 더불어 21세기 새천년개발목표(Millennium Development Goals: MDGs)의 강력한 동기로 작동하였다. 또한 21세기 이후 발생한 이라크와 아프가니스탄 난민 위기, 미얀마의 로힝야 사태에 이어 2013년부터 본격화된 시리아 난민 위기 역시 2015년부터 시작된 지속가능발전목표(Sustainable Development Goals: SDGs)의 필요성을 다시 한번 확인시키며 강력한 추진력을 부여한 사건들이었다. 이렇게 전지구적 난민 위기들은 역사의 변곡점으로 현행 SDGs 체제의 수립과 발전에 중요한 동기로 작동했던 것이다. 21세기에 들어서며 다양한 글로벌 거버넌스의 의제들에 대응하고자 채택했던 MDGs와 그 뒤를 이어 보다 포괄적인 발전을 추구하는 SDGs는 모든 인류가 결핍과 공포로부터 자유로운 세계를 추구하고자 하는 유엔의 이상이 집약된 결과물이었다. 결국 "단 한 사람도 소외되지 않는다(Leave no one behind)"라는 SDGs의 이상은 국제개발협력 레짐이 모든 인류가 자신의 권리를 누리는 것을 추구하며, 여기에서 난민도 예외가 아니다.

그러나 현실 세계의 난민보호는 다소 실망스럽다. 먼저 현행 국제 난민레짐은 비호를 구할 권리에 경도되어 있으며, 비호를 누릴 권리는 지나치게 간과되고 있다는 비판을 받고 있다.[3] 국제개발협력레짐은 국제난민레짐의 한계를 보완하며 난민보호를 완성하는 중요한 기제로 작동할 수 있는 가능성을 내재하고 있다. 그러나 정작 국제개발협력의 집약이라 할 수 있는 SDGs에는 난민보호와 관련된 목표들이 발견되지 않는다. 이 연구는 난민과 개발협력이 깊은 내적·외적 연관성에도 불구하고 어떻게 서로 분절되었는지 그 현상을 분석하고 있다. 과연 난민보호에 있어서 개발협력은 어떤 의미일까? 반대로 개발협력은 난민보호를 어떻게 수용하고 있을까? 두 레짐의 분절은 어떻게 나타나고 있으며, 이러한 분절을 극복하는 방안은 무엇일까? 이 글은 SDGs의 체제 내에서 광범위하게 난민 의제가 배제되는 난민소외(refugee gap)가 나타나고 있음을 확인하며, 그럼에도 불구하고 SDGs의 누구도 소외시키지 않는다는 목표가 난민 글로벌컴팩트(Global Compact on Refugees: GCR)가 추구하는 전 사회적 접근(Whole-of-society approach)이라는 목표와 상충하지 않을 뿐 아니라 상호보완적 관계이며, GCR 체제가 SDGs에 내재되어 있는 난민보호를 위한 핵심적 기제들과의 연계를 추구하고 있다고 주장한다. 또한 GCR의 지표체계를 SDGs에 조응하기 위한 대안 지표 개발을 위한 제언을 담고 있다.

이글은 먼저 최근 나타나고 있는 난민위기의 현황과 변화를 통해

---

3   Alice Edward, "Human Rights, Refugees, and the Right 'To Enjoy' Asylum," *International Journal of Refugee Law* 17-2 (2005), pp. 293-330.

난민보호와 개발협력의 연계가 강조되는 배경을 설명할 것이다. 이어서 난민보호와 개발협력의 연계에 초점을 둔 기존 연구를 검토할 것이다. 이어 네 번째 장에서는 SDGs 속의 난민소외(refugee gap) 현상을 설명하고, 이에 대한 국제난민레짐의 대안적 접근을 설명할 것이다. 마지막 장은 결론을 대신하여, 난민보호에 있어 SDGs의 내재적 연계를 다시 한번 강조하고, 본 연구의 의의와 한계를 돌아보고자 한다.

II. 21세기 난민현상의 변화와 대응

1. 난민위기의 양적 악화와 인도주의적 접근의 한계

UNHCR의 통계에 따르면 2021년 말 기준으로 전 세계에는 9,000만 명에 이르는 강제이주자들이 존재한다. 여기에는 2,100만 명의 난민, 5,100만 명의 국내실향민(IDPs), 430만 명의 무국적자 등이 포함된다. 난민을 포함한 강제이주의 피해자들은 21세기 들어 꾸준히 증가하고 있는 가운데, 2022년에는 1억 명을 넘어설 것으로 예측되고 있다.[4] 21세기 초반 2,000만 명에 못 미치던 난민 등 강제이주 피해자들은 지난 20여 년간 5배 가까이 급증한 것이다. 여기에는 통계 기술의 발전 등으로 기존에 집계되지 않았던 국내실향민(Internally Displaced Persons: IDPs)

---

4 UNHCR, *Global Trends: Forced Displacement in 2021* (Geneva: UNHCR, 2022), p. 7.

이나 무국적자(Stateless)들이 새롭게 포함된 것을 고려해야 한다, 그러나 전통적 의미의 난민으로만 한정 짓더라도 2001년 기준 1,200만 명에서 2021년 2,100만 명으로 늘어난 것 만으로도 21세기 들어 나날이 심각해지는 난민위기의 현상을 인식하기에는 부족함이 없다. 한편 난민을 포함한 강제이주민의 양적인 증가뿐 아니라 난민 수용의 전지구적 불균형 또한 난민위기를 악화시키는 요인이다. 특히 이런 불균형의 핵심은 난민 수용의 남북 간 불균형에 있다. UNHCR의 통계에 의하면 2021년 말 기준 강제이주 피해자들 가운데 83%가 개발도상국에 수용되어 있으며, 특히 27%는 최빈국들이 보호의 부담을 책임지고 있다.[5] 난민 등을 가장 많이 수용한 10개 국가 가운데 5위에 머무는 독일(125만 명)을 제외한 9개 국가는 터키(375만 명), 콜롬비아(184만 명), 우간다(152만 명), 파키스탄(149만 명), 수단(110만 명) 등 개발도상국에 해당한다. 이렇게 난민보호의 남북격차는 인도적 위기와 인권침해에 대한 난민의 취약성(vulnerability)을 증대시킬 뿐 아니라 국제난민레짐의 기본적 원칙인 책임분담(burden-sharing)을 책임전가(burden-shifting)로 왜곡시킨다는 비판의 근거가 된다.[6]

1960년대 탈식민주의는 제3세계의 민족주의 확산과 독립을 가져왔지만, 또 한편으로는 식민 지배의 여파로 누적된 수많은 정치, 경제, 종교 및 사회적 갈등과 분쟁의 심화를 가져왔다. 그리고 그 결과 1960년대는 제3세계, 특히 아프리카를 중심으로 대규모 난민위기가 폭발적으

---

5   Ibid., p. 19.
6   Alexander Betts and Paul Collier. *Refuge: Rethinking Refugee Policy in a Changing World* (New York: Oxford University Press, 2017).

로 증가하였다. 그러나 제2차 세계대전 종전의 맥락 속에 유럽의 난민문제를 해결하기 위해 구축된 그 당시의 국제난민레짐은 비유럽 지역의 난민위기에 대응하는 데 명백한 한계를 나타냈다.[7] 먼저 법률적 제약의 측면에서, 국제난민법의 근간이 되는 1951년 난민협약은 난민을 "1951년 1월 1일 이전에 발생한 사건의 결과"로 국적국을 떠난 사람으로 제한하고 있을 뿐 아니라 난민협약의 체약국은 유럽 내의 난민으로 그 적용범위를 제한할 수 있는 선택권을 가지고 있었다. 1967년 난민의정서를 통해 이런 제약이 없어질 때까지 UNHCR은 제3세계의 난민위기에 적극적으로 대응할 수 없는 한계가 발생하였다. 이에 대응하여 UNHCR은 국제법적 근거가 필요한 법률적 보호를 우회하여 인도적 지원으로 자신에게 주어진 임무(mandate)의 범위를 확장하는 방편을 통해 대규모 난민위기의 피해를 최소화하는 데 집중하게 되었다.[8] 두 번째로 정치적 측면에서, 냉전이 격화되던 이 시기 난민위기의 근본적 원인을 해소하기보다는 양자 간 또는 지역 수준의 문제로 통제하고자 했던 강대국들의 이해관계도 난민에 대한 인도주의적 대응을 촉진하였다. 따라서 1960년대 이후 대규모로 발생한 난민을 인접국가의 난민캠프에 수용하고, 정치적 이해관계 등에 따라 일부의 난민만을 선진국으로 재정착 시키는 비호-인도주의 연계(asylum-humanitarian nexus) 현상이 보편화되었다. 그러나 이런 행태, 즉 난민을 대규모 난민캠프에 장기간 수용하는 것은 난민문제의 근본적 해결은 방치한 채 사실상 난민위기를 방

---

7   Alexander Betts et al., *The United Nations High Commissioner for Refugees (UNHCR): The Politics and Practice of Refugee Protection* (New York: Routledge, 2012).

8   Ibid.

치하거나 현상유지 하는 수준으로 관리하는 것일 뿐이라는 비판을 받아 왔다. 또한 난민을 외부에서 제공되는 식량, 주거, 위생, 의료, 교육 등 최소한의 생존 수단에 의존하도록 강요함으로써 구조적으로 난민의 기본적인 인권을 심각하게 침해한다는 면에서 비인간적인 도매창고형 정책(warehousing policy) 또는 인도주의 저장고 모델(humanitarian silo model)이라는 비난을 불러왔다.[9]

2. 난민현상의 변화

21세기 이후 난민위기는 앞서 설명한 양적 증가뿐만 아니라 질적인 면에서도 근본적인 변화를 겪고 있다. 이러한 변화들 가운데 특히 주목해야 할 것은 난민위기의 장기화, 도심화, 그리고 혼합화이다. 우선 난민위기의 장기화는 난민의 발생으로부터 영구적 해결방안(durable solutions)의 적용을 통한 난민위기의 해소에까지 이전보다 더 많은 시간이 소요된다는 것을 의미한다. 1990년대 후반 이후 장기화된 난민상황(protracted refugee situation)으로 널리 알려졌으며, 보통 2만 5천 명 이상의 난민이 발생한 상태가 5년 이상 지속되는 것을 의미한다.[10] 예를

---

9 Betts and Collier (2017); Barbara Harrell-Bond, "Can Humanitarian Work with Refugees be Humane," Human Rights Quarterly 24-1 (2002), pp. 51-85; 이병하, "글로벌 난민 레짐의 변화: 난민 글로벌 컴팩트의 의미와 한계," 『담론201』 제23집 (3)호 (2020). pp.73-111; 최원근, "비호-개발 연계(Asylum-Development Nexus)의 기원과 포괄적 파트너십: UNRRA로부터 난민 글로벌 컴팩트까지," 『담론201』 제24집 (3)호 (2021). pp. 45-81.

10 UNHCR. "Protracted Refugee Situations." Executive Committee of the High Com-

들어, 1993년 기준으로 난민의 발생부터 영구적 해결방안의 적용을 통한 해결까지 평균적으로 9년이 걸리던 것에 비해, 2003년에는 그 기간이 17년으로 늘어났으며, 2012년에는 20년 이상으로 증가했다.[11] 이렇게 장기화된 난민상황이 증가하는 것은 크게 두 가지 원인을 들 수 있다. 하나는 국제난민레짐의 가장 기본적인 해결책인 영구적 해결방안(durable solutions)의 한계이다. 난민에 대한 영구적 해결방안은 난민 보호의 책임을 진 각국 정부의 저조한 참여로 인해 제대로 작동하지 못하고 있다. 2021년 기준으로 전 세계 2,100만 명의 난민 가운데 2%를 조금 넘는 48만 명만이 영구적 해결방안의 대상이 되었다는 점은 이러한 비효율성을 잘 보여준다.[12] 두 번째는 탈냉전 이후 국제사회에서 분쟁의 원인과 양상의 변화로 인해 각종 분쟁의 평화적 해결이 점차 요원해졌기 때문이다.[13] 이 두 원인을 종합하면, 장기화된 난민현상은 난민보호에 있어 책임분담(burden sharing)이라는 원칙에 대한 정치적 무대응(inaction)과 난민문제를 안보화하는 정치적 대응(action)의 복합적 작용으로 발생한다.[14] 한편 난민위기의 장기화는 난민보호와 개발협력 간 연계 필요성의 직접적인 원인으로 작동한다.[15] 장기화된 난민상황의 가

---

missioner's Programme, Standing Committee, 30th Meeting, *UN Doc. EC/54/SC/ CRP.14* (10 June 2004), p. 2.

11 Ibid.

12 UNHCR (2022), p. 3.

13 UNHCR. *The State of The World's Refugees 2006: Human Displacement in the New Millennium* (New York: Oxford University Press, 2006).

14 Ibid.

15 송영훈, "장기화된 난민위기와 국제개발협력,"『담론201』제20집 (3)호(2017), pp. 7-36.

장 대표적인 양상은 비호-인도주의 연계, 즉 난민을 장기간에 걸쳐 난민
캠프에 수용하는 형태로 나타나며, 이런 난민수용은 궁극적으로 난민
의 자립성에 치명적인 제약을 가져온다.[16] 난민의 자립성 상실은 외부
의 환경적 요인으로 인해 국제사회의 지원이 축소되는 등의 상황에서
한정된 자원의 분배를 놓고 수용국 정부 또는 지역사회와의 갈등의 원
인으로 작용할 수 있다.[17] 따라서 21세기 들어 나타나고 있는 난민보호
의 대안적 접근들은 비호-개발 연계(asylum-development nexus)에 주목
하는 것이다.

두 번째로 변화는 도심난민의 증가이다. 21세기 이후 도심난민은
꾸준히 증가하여, 2018년 전 세계 난민의 61%가 도심지에 거주하고 있
다.[18] 이는 과거 대규모 난민캠프를 전제로 이뤄지던 비호-인도주의 연
계 모델이 더 이상 실효성이 없다는 것을 보여준다. 난민을 대규모 캠프
에 수용하면 의식주, 위생, 의료, 교육 등 생활에 필요한 최소한의 조건
을 일괄적이고 효율적으로 제공할 수 있었다. 그러나 이런 공급자 중심
의 접근방식은 난민 개개인의 자기 결정권과 기본권을 심각하게 제약
하는 문제를 드러낸다. 반대로 난민들이 도심지에 분산되어 거주하게
되면서 난민에 대한 보호는 공급자 중심의 인도적 지원에서 소비자 중
심의 권리옹호 및 개발의 영역으로 변화하게 된다. 즉, 난민들은 더 이
상 외부의 지원에 의존하는 대신 주로 노동시장에 대한 접근을 통해 개
인 또는 공동체의 자립(self-reliance)을 추구하게 된다. 이는 의식주 등에

---

16 Harrell-Bond (2002); 송영훈 (2017).

17 송영훈 (2017).

18 UNHCR. *Global Trends: Forced Displacement in 2018* (Geneve: UNHCR, 2019).

있어 자기결정권이 보장된다는 장점과 주거·교육·위생·의료 등의 영역에서 불안정성이 증대된다는 단점에 동시에 노출된다는 것을 의미한다.[19] 특히 도심난민의 증가는 난민과 이주노동자 등 다른 이주민들이 혼재되는 복합적 이주(complex migration) 현상과 결합하여 난민의 지위와 권리를 보장하는 문제로부터 노동시장이나 물이나 연료 등 한정된 자원을 둘러싸고 발생할 수 있는 지역사회와의 갈등, 수용국 사회와의 정치·문화적 갈등 등 더 복잡하고 다양한 갈등에 직면할 수 있음을 의미한다. 따라서 난민보호의 의미가 단순히 난민의 지위를 판단하고 최소한의 생활을 보장하는 전통적 형태를 넘어 난민의 권리에 기반한 접근(rights-based approach)과 난민을 수용한 지역의 경제 및 사회적 수용력을 강화하는 개발협력과의 연계로 변화하게 되는 것이다.

마지막으로 난민현상의 혼합화(complexity)는 난민의 발생 원인, 이동경로 그리고 대응에 있어 다른 이주자 집단과 중첩 또는 혼재되는 상황을 의미한다.[20] 먼저 발생 원인 측면에서, 난민은 전통적 의미의 박해뿐만 아니라 새로운 형태의 도전들, 특히 경제적 불평등과 착취, 테러리즘 등에 복합적 원인의 작용으로 발생하고 있다. 두 번째로 이동 과정의 측면에서 다른 이주 집단과 혼재되고 있다. 예를 들어, 중동과 북아프리카의 난민이 이동하는 과정에서 지중해를 건너기 위해 자발적 또는 비자발적으로 인신매매 등 초국가적 범죄집단의 밀입국 경로를 활용하거나, 난민신청을 하기 위해 이주노동자로 신분을 위장하는 등의 현

---

19 최원근 (2021).

20 Alexander Betts, "Regime Complexity and International Organizations: UNHCR as a Challenged Institution," *Global Governance* 19-1 (2013).

상이 발생하고 있다. 또한 앞선 도심난민의 증가와 결합하여, 난민이 이
주민들과 혼재되며 전통적 의미의 난민과 여타 이주민 집단의 구분이
모호하게 되고, 강제이주민(forced migrants) 또는 실향민(displaced per-
sons) 등의 더 광범위한 용어가 사용되는 경향이 강화되고 있다. 이런 난
민현상의 혼합화는 난민의 발생원인을 해소하고, 난민의 안전하고 존
엄한 이동을 보장하고, 난민의 권리를 옹호하기 위해 인권, 초국가적 범
죄 대응, 환경, 안보, 이주 등의 인접한 글로벌 거버넌스의 의제들과의
연계가 필수적이며, 특히 개발협력과의 연계가 난민보호의 지속가능성
을 보장하는 가장 중요한 문제임을 다시 한번 환기해준다.[21]

III. 난민보호 관점의 개발협력

1. 비호-개발 연계 프레임

난민보호와 개발협력 간의 연계는 국제난민레짐의 오랜 관심의 대상
이었다. 본격적인 의미의 현대적인 국제난민레짐이 창설되기 이전인
1940년대 전후 국제질서 재편의 목적으로 미국과 영국이 중심이 되어
1943년 창설되었던 유엔구호재건기구(United Nations Relief and Reha-
bilitation Administration: UNRRA)는 난민보호와 인도적 지원, 개발협

---

21 Ibid.

력을 포괄하는 최초의 국제기구로 주목받는다.[22] 그러나 UNRRA는 국제연합의 창설 이후 그 기능이 UNHCR, 유엔아동기금(United Nations International Children's Emergency Fund: UNICEF), 유엔개발프로그램(United Nations Development Programme: UNDP) 등으로 분리되었으며, 이로 인해 난민보호, 인도적 지원 및 국제개발협력의 기능 역시 분리되었다는 평가를 받는다. 이런 측면에서 UNRRA의 사례가 보여주는 것은 난민에 대한 총체적 보호에 있어서 개발협력과의 연계, 즉 비호-개발 연계는 필연적이라는 점이다. 앞서 설명한 것처럼 21세기 들어 난민의 양적 증가와 난민위기의 양상이 변화하는 흐름 속에서 비호와 개발 연계(asylum-development nexus)는 난민의 발생을 예방하고, 난민이 발생한 이후에는 그에 따른 결과에 대한 국제사회의 효과적 대응을 촉진하며, 마지막으로 난민 개인의 권리를 보장하기 위해서 반드시 필요하다.

먼저 비호-개발 연계는 난민의 발생하는 원인을 예방하는 데 효과적이다. 1951년 난민협약은 "인종, 종교, 국적, 특정사회집단의 구성원, 정치적 의견"으로 인한 박해를 난민의 직접적 원인으로 규정하고 있지만, 이런 박해가 발생하는 근본적인 원인을 거슬러 올라가면 정치·경제·사회적 갈등을 효과적으로 다룰 수 없는 국가의 취약성이라는 문제로 수렴하게 된다. 즉, 국가의 실패가 가져오는 결과로써 난민이 발생하게 되는 것이다. 따라서 이러한 갈등을 해소할 수 있는 국가와 사회의 역량을 증진시키는 것, 즉 국가의 실패를 예방하는 것이 난민의 근본적

---

22 Evan. E. Easton-Calabria, "From Bottom-Up to Top-Down: The 'Pre-History' of Refugee Livelihoods Assistance from 1919 to 1979," *Journal of Refugee Studies* 28-3 (2015), pp. 412-436; 최원근 (2021).

발생 원인을 방지하는 가장 효과적인 수단이다. 예를 들어, SDGs의 관점에서 바라볼 때, 권력의 분배를 둘러싼 정의로운 정치제도의 수립(목표 16 평화롭고, 정의롭고, 포용적인 제도 구축), 경제적 자원의 충분한 생산과 균등한 분배(목표 1 빈곤퇴치, 2 기아종식, 8 양질의 일과 경제성장), 그리고 평화와 관용을 추구하는 사회의 역량 강화 (목표 5 성평등, 10 불평등 완화) 등이 난민 발생을 근본적으로 해소하는 방안이라 할 수 있는 것이다.

두 번째는 난민위기에 대한 대응을 촉진하기 위해 비호-개발 연계의 강화가 요구된다. 특히 국제사회가 난민위기에 대응하여 채택한 영구적 해결방안(durable solutions)의 이행을 위한 정치적 동기와 경제적 여건을 제공하는 것과 깊은 연관이 있기 때문이다. 앞서 설명한 것과 같이 현행 국제난민레짐의 영구적 해결방안은 관련국들의 무관심으로 제대로 작동하지 못하고 있다. 난민을 수용하는 데 필요한 정치·경제·사회적 비용이 부담으로 작용하기 때문이다. 따라서 난민수용과 연계된 공적개발원조(Official Development Assistance: ODA)를 통해 난민의 수용을 촉진하는 중요한 수단이 될 수 있다. 비단 이런 시도는 여러 차례 시도된 바 있다. 예를 들어, 2002년 유엔 총회는 난민의 이동에 대한 안보화에 대한 우려와 1차 수용국의 부담을 경감시키는 국제사회의 책임 분담, 선진국에 의한 영구적 해결방안의 활성화, 여성과 아동 등 취약한 난민에 관한 관심 등을 주요 목표로 난민보호 의제(Agenda for Protection)를 채택하고, 이에 바탕을 두고 UNHCR은 2003년 영구적 해결방안 프레임워크 (Framework for Durable Solutions)를 채택하였다.[23] 이는 난민보호에 있어 UNDP나 세계은행 같은 개발 영역의 행위자들과의 연계를 강화하려는 시도로, 현지정착을 통한 개발(Development through

Local Integration: DLI), 난민을 위한 개발원조(Development Assistance for Refugees: DAR), 그리고 본국 귀환을 위한 4Rs, 즉 송환(Repatriation), 재통합(Reintegration), 재정착(Rehabilitation), 재건(Reconstruction)이 포함되어 있다. UNHCR은 이 프레임워크를 통해 개발협력을 영구적 해결방안을 촉진하는 기제로 활용하고자 하였으며, 2003년부터 2005년까지 국제기구 간의 협력을 바탕으로 공여국과 수원국을 포함하는 컨벤션 플러스(Convention Plus)를 도입하였다.[24] 컨벤션 플러스는 남반구 개발도상국들이 물리적으로 난민을 수용하면 북반구의 선진국들이 특정된 개발원조(targeted development assistance)를 제공하는 형식을 기본으로 삼고 있다. 그러나 이런 시도는 두 가지 측면에서 실패로 귀결되고 말았다. 첫째 도덕적 측면에서 난민을 보호하는 책임분담의 원칙을 경제적 지원으로 대신하려 한다는 비판 속에 별다른 반향을 가져오지 못했다.[25] 더 근본적으로는 난민보호에서 나타나는 남북 간 인식 차이를 보여주었다. 즉 남반구의 개발도상국들은 선진국들이 책임을 전가하는 가운데 재정 지원이 부족하다고 비판하는 가운데, 북반구의 선진국들은 남반구 난민 수용국들이 난민들의 현지정착이나 자립 강화를 위한 제안들은 거절한 채 선진국으로의 재정착을 요구하는 것과 개발원조로 제공된 비

---

23 Mark Matner, "Development Actors and Protracted Refugee Situations: Progress, challenges, opportunities," in Gil Loescher, James Milner, Edward Newman, and Gary Troeller (eds.), *Protracted Refugee Situations: Political, Human Rights and Security Implications* (New York: United Nations Universtiy Press, 2008), pp.108-122; Alexander Betts et al., *Refugee Economies: Forced Displacement and Development,* (New York: Oxford University Press, 2017).

24 Betts et al. (2017).

25 Betts et al. (2012).

용의 투명성 등을 지적하며 실패로 끝나고 말았다.[26]

　세 번째로 비호-개발 연계는 난민 개인의 권리를 보장하기 위해 필수적이다. 특히 난민보호는 빈곤, 기아, 보건, 위생, 에너지 등 최소한의 인간다운 생활환경으로부터 교육, 젠더, 직업과 경제활동, 공동체와 시민사회, 문화 활동 등 보편적인 인권의 보장을 포괄한다. 또한 난민의 유입은 이들을 수용하는 지역 공동체에 긍정적 효과와 부정적 효과를 모두 가져온다는 점에서 개발협력에 기반한 접근은 더욱 간과할 수 없다. 일반적으로 난민의 대규모 유입은 식량, 물, 연료나 사회안전망 등 지역사회의 제한된 자원을 둘러싼 갈등을 심화시킨다고 알려져 왔다. 그러나 최근에는 난민의 이동에 따라 새로운 지식, 경험, 인적자원, 노동력, 문화 등의 유입을 통한 경제 및 사회적 성장을 가져올 수 있다는 연구들이 주목받고 있다. 예를 들어, 아프리카 지역의 난민캠프들은 단순히 자원을 소비하는 것이 아니라 난민을 수용한 지역에서 물류, 기술혁신, 정보화 등을 통해 경제활동의 새로운 축으로 작동하고 있는 현실이 주목받고 있다.[27] 따라서 난민의 현지정착, 본국귀환 그리고 재정착으로 이루어진 영구적 해결방안의 추진 과정에서 난민을 새롭게 수용하거나 귀환하는 난민을 다시 받아들이는 지역사회가 충분한 포용력과 회복력을 유지할 수 있도록 경제적, 사회적, 제도적 환경을 제공하고 난민

26　Ibid.

27　Betts et al. (2017); Mai Wardeh, Rui Cunha Marques, "Sustainability in Refugee Camps: A Comparison of the Two Largest Refugee Camps in the World," *Journal of Refugee Studies* 34-3 (2021), pp. 2740-2774; Youngwan Kim, Heeyul Jeong, and Sangmi Sung, "The Common Market Makes Us Richer and Brings Us Closer Together: An Impact Assessment of the Common Market Project at Nyarugusu Refugee Camp," *Journal of Refugee Studies* 34-4 (2021), pp. 4336-4360.

개인들도 자신들이 가진 사회적 자원들을 활용할 수 있는 충분한 여건을 마련하도록 지원하는 개발협력 차원의 접근이 중요해지고 있다.

2. 21세기 난민 글로벌 컴팩트 체제

21세기 초반 컨벤션 플러스(Convention Plus)의 실패에도 불구하고 국제사회의 난민 수용을 촉진하기 위한 개발협력과의 연계는 여전히 유효하다. 특히 2013년 시리아 내전으로부터 촉발된 중동-북아프리카 지역의 난민위기는 인도적 지원과 난민캠프를 통한 북반구의 책임회피가 더이상 유효하지 않다는 것을 입증하였다. 이에 따라 북반구 선진국들과 남반구 개도국들 공히 난민위기의 근본적 원인을 해결해야 할 필요성을 강하게 인식하게 되었다. 이런 공통된 인식 하에 국제사회는 일련의 연성법적 접근을 통해 구호-개발 연계를 국제규범으로 발전시켜 나가고 있다.

　　2016년 4월 발간된 유엔 사무총장의 난민과 이주민의 안전하고 존엄한 이동(In Safety and Dignity: Addressing Large Movements of Refugees and Migrants) 보고서는 난민보호와 강제이주 분야에서 개발 의제의 주요 행위자들의 참여가 시급하게 요구됨을 강조하였고, 이런 필요성을 SDGs의 "단 한 사람도 소외되지 않는다(Leave no one behind)"라는 모토와 연계시키며 본격적으로 난민보호와 개발의 연계 필요성을 공론화시켰다.[28] 이 보고서가 공개된 이후 유엔 사무국과 총회를 중심으로 난민보호를 개발과 연계시키는 데 필요한 협상이 구체화되었고, 그 결과 법률적 강제성을 띠지 않는 난민과 이주민을 위한 뉴욕선언(New York

Declaration for Refugees and Migrants, 이하 뉴욕선언)이 2016년 9월 유엔 총회에서 채택되었다. 이후 뉴욕선언은 2018년 GCR로 구체화되었다. GCR은 2019년부터 4년마다 글로벌 난민포럼(Global Refugee Forum: GRF)을 개최하도록 결정하였다. 이 GRF는 "전 사회적 접근(whole-of-society approach)"이라는 모토 아래 각국 정부와 국제기구뿐만 아니라 NGO, 기업, 교육 및 종교기관과 자발적인 난민 공동체 등이 난민보호에 참여하는 공약(pledge)을 발표하도록 하고 있다. 이는 난민보호의 책임분담 강화를 제도화한 것으로 평가된다.[29] 즉, 그동안 각국 정부와 국제기구의 전유물로 다뤄지던 난민보호의 책임을 민간영역으로 확산시킴으로서, 기존의 선진국과 개도국 간 갈등 구조를 극복하고 난민보호를 부담(burden)이 아닌 책임(responsibility)으로 전환시켰다고 평가할 수 있는 것이다.

1990년대부터 난민보호와 국제개발협력을 연계하려는 시도들이 꾸준히 있었으나 선진 공여국과 개발도상국인 수원국 사이의 간극으로 인해 성공적인 결과로 이어지지는 못한 바 있다. 그러나 현행 GCR 체제는 SDGs라는 강력한 규범적 근거를 통해 기존의 일회적인 성격에 그쳤던 시도들과 뚜렷한 구분을 시도하고 있다. 우선 뉴욕선언은 제16조에서 2030 의제(2030 Agenda)에 대한 지지를 확인하며, SDGs와 GCR 체제의 목적과 동일하다는 것을 강조한다. 또한 2019년 GRF에서 유

---

28 James Milner, "Refugees and International Development Policy and Practice," in Paul A. Haslam, Jessica Schafer, and Pierre Beaudet (eds.), *Introduction to International Development: Approaches, Actors, Issues, and Practice* (New York: Oxford University Press, 2021), pp. 408-427.

29 이병하 (2020).

엔은 사무총장 명의의 공약을 제출하며 GCR에 SDGs를 통합하는 것을 강조하였다. 이 공약에서 유엔은 난민과 난민이었다가 본국으로 귀환한 인원들을 각 지역 및 국가 단위의 개발 계획에 포함할 뿐 아니라 SDGs의 이행과정에도 포함하도록 지원할 것을 명시하였다.[30] 즉, 기존의 비호-개발 연계 시도는 UNHCR이 중심이 되어 공여국과 수원국 양자간 협상을 통해 난민 수용과 ODA를 교환하는 수준에 머물러 있었다. 그러나 GCR 체제의 비호-개발 연계는 국가 외에 다양한 비국가 단위체를 당사자로 포함하며 다자(multilateral)를 넘어 다층적(multi-level) 차원을 추구하고, 국제개발협력 레짐의 가장 핵심적 국제규범인 SDGs와의 총체적 접근을 지향하고 있는 것이다. 이렇게 현행 GCR 체제에서 비호-개발 연계의 시도가 기존의 국제난민레짐의 한계를 극복하기 위한 대안으로 매우 중요한 의미를 내포하고 있음을 확인할 수 있다. 그렇다면 문제는 과연 SDGs 체제는 난민 문제에 대한 인식과 국제사회의 대응 방안을 어떻게 반영하고 있는가라고 할 수 있다.

---

[30] UNHCR, "The Sustainable Development Goals and the Global Compact on Refugees: Working together to ensure that refugees and host communities are not left behind," https://www.unhcr.org/5efcb5004.pdf (검색일: 2022. 6. 9).

Ⅳ. 개발협력 관점의 난민보호

1. 국제개발협력과 난민

21세기의 개발협력 분야에서 난민은 항상 중요한 화두였다. 1990년대 전 지구적으로 확산된 아프리카(르완다, 소말리아, 콩고민주공화국, 수단 등), 발칸반도 및 아시아(미얀마, 중국, 북한) 국가들의 난민위기는 MDGs를 채택하는 강력한 동기로 작동하였다. 또한 21세기 이라크, 아프가니스탄, 미얀마(로힝야), 및 시리아 난민위기들은 SDGs의 필요성을 재차 강조한 중요한 계기였다. 그러나 이렇게 개발협력 규범의 확산과 실천에 큰 영향을 미친 난민 문제는 사실 MDGs와 SDGs로 이어지는 일련의 과정에 제대로 반영되지 못하는 한계를 보여왔다. 즉, 개발협력의 관점에서 바라본 난민은 난민보호의 본질과는 다소 어긋나는 형태를 보인다는 것이다.

    21세기의 시작을 열며 UN 총회에서 채택된 새천년 선언(UN Millennium Declaration)은 난민보호를 중요한 목표로 언급하고 있다. 동 선언 제Ⅵ장은 취약계층에 대한 보호를 다루며 인도주의 위기 및 아동의 권리와 더불어 난민에 대한 보호의 중요성을 환기하게 시킨다. 즉, 난민보호의 책임분담, 인도적 지원의 제공 및 자발적 본국귀환을 강조하고 있다.[31] 그러나 이 선언은 난민보호의 시급성을 인도적 지원과의 연계

---

[31] UNGA, "United Nations Millennium Declaration," *Resolution Adopted by the General Assembly 55/2*. (18 September 2000).

로 제한하고 있을 뿐 아니라 영구적 해결방안 가운데 자발적 본국귀환만을 언급하고 있다는 점에서 한계를 보인다. 앞서 언급한 바와 같이 21세기 난민보호의 책임분담은 남반구 저개발 국가들이 난민 대부분을 수용하고 있는 가운데, 북반구 선진국들은 인도적 지원이나 ODA 등을 통한 간접적 지원에 집중하고 있는 남북 간 격차로부터 기인한다. 이런 남북 간 격차를 극복하기 위해서는 북반구 선진국들이 난민을 적극적으로 수용하는 재정착(resettlement)이 강조되어야 함에도 새천년 선언에서는 남북격차를 심화시키는 인도적 지원과 난민이 발생한 분쟁 등 근본적 원인이 해결되어야 하기에 요원하기만 한 자발적 본국귀환이 강조되는 점은 이 선언의 실질적 실효성에 의문을 품을 수밖에 없다는 것이다. 또한 새천년 선언의 결과로 채택된 MDGs는 기아와 빈곤, 교육, 젠더, 아동, 보건, 환경 등을 다루고 있지만 정작 난민이나 이주의 문제가 포함되지 않았다는 면에서 비판받는다.[32]

　　MDGs의 기한인 2015년이 다가옴에 따라 유엔을 중심으로 후속조치에 대한 논의가 이루어졌고, 결국 2015년 유엔은 2030 의제(2030 Agenda)를 채택하였다. SDGs는 기존의 MDGs에 비해 더욱더 포괄적이고 심층적인 17개의 목표와 이에 따른 169개의 세부 목표들로 구성되어 있으며, 기존의 기아와 빈곤, 교육, 젠더, 아동, 보건, 환경 외에도 위생, 에너지, 경제성장, 산업구조, 평화와 정의 등에 초점을 두고 있다. 그러나 SDGs의 17개 목표에도 난민이나 강제이주 문제가 직접적으로 반영되지는 않았다. 일부에서는 SDGs의 목표와 세부 목표들이 "모두를

32 Nicholas R. Micinski, *UN Global Compacts: Governing Migrants and Refugees*, (New York: Routledge, 2021).

위한(for all)"이라는 표현을 통해 이주민이나 난민 등 직접적으로 언급되지 않는 집단에 대한 적용을 포함하고 있다거나 이주와 난민 문제가 가지는 교차성(intersectional nature)으로 인해 169개의 세부목표와 그 하위의 지표들을 통해 일부 의제들이 포함되어 있다는 면에서 진일보한 것이라는 평가가 존재한다.[33] 그러나 선진국을 중심으로 비호-개발협력 연계에 본격적인 관심을 갖게 한 시리아를 비롯한 중동 지역의 난민 위기가 2013년부터 본격적으로 시작되어 2015년에 정점을 이루었는데, 동시기에 본격화된 2030 의제(2030 Agenda)에서 난민과 강제이주 문제가 반영되지 않은 것은 다소 의아한 결과로 평가된다.

2. SDGs의 난민소외(refugee gap)

SDGs의 난민소외(refugee gap)는 SDGs의 달성에 있어서 난민 문제의 중요성에도 불구하고 난민에 대한 실증적 데이터가 부재하고 SDGs의 측정지표 체계 및 국가별 보고 체계에서 난민 관련 지표가 반영되지 못하고 있으며, 중장기 개발 계획에서 난민 관련 계획이 포함되지 않는 현실을 의미한다.[34] 즉, SDGs의 어디에나 난민문제가 존재하지만, 난민에

---

33 Elaine McGregor, "Migration, the MDGs, and SDGs: Context and Complexity," in Tanja Bastia and Ronald Skeldon (eds.), *Routledge Handbook of Migration and Development,* (New York: Routledge, 2020); Micinski (2021).

34 International Rescue Committee. Missing Persons: Refugees Left Out and Left Behind in the Sustainable Development Goals (New York: International Rescure Committee, 2019).

대한 구체적 지표는 어디에도 존재하지 않는 현상을 의미하는 것이다. SDGs의 17개 목표(goals) 가운데 난민과 직접 연관된 목표는 존재하지 않는 현실이 이 난민소외 현상을 상징적으로 보여준다. 따라서 SDGs는 난민 문제가 SDGs 목표의 달성에 가져오는 부정적 영향에 대한 인식이 결여되어 있다는 평가를 받는 것이다.[35]

SDGs 가운데 난민과 직접적 연관성을 가지는 목표는 불평등 해소 (목표 10)이다. 목표 10의 세부목표(target)인 10.7은 "안전하고, 정기적이고, 책임 있는(orderly, safe, and responsible) 인구의 이주 및 이동이 가능하도록 잘 관리된 이민정책 수립 및 이행"으로 난민과 강제이주 문제를 포함하고 있다. 이 가운데 지표(indicator) 10.7.4는 한 국가의 전체 인구 중 난민이 된 비율을 측정하도록 하여 국가별로 난민위기의 심각성을 확인할 수 있다. 그러나 지표 10.7.4의 존재에도 불구하고 SDGs는 오랜 기간 난민을 소외시키고 있다는 비판을 받아 왔다.

가장 큰 문제는 2015년 처음 SDGs가 도입되었을 당시에는 난민에 관한 내용이 구체적인 지표에 전혀 반영되지 않았었기 때문이다.[36] 2019년 글로벌 지속가능발전 보고서(Global Sustainable Development Report)에서 SDGs에 난민이 포함되어 있지 못하다는 문제를 지적하기까지 SDGs의 이행을 위한 구체적 지표 속에 난민과 관련된 내용이 전혀 포함되지 않고 있었다. 비판이 이어짐에 따라 아래 <표 4>에서 확인할 수 있는 바와 같이 IAEG-SDGs는 뒤늦게 2020년 11월에서야 지표

---

35 Patricia Hynes, *Introducing Forced Migration* (New York: Routledge, 2021); Micinski (2021).

36 International Rescue Committee (2019).

10.7.4를 새롭게 추가하였다.[37]

〈표 4〉 SDG 세부목표 10.7과 지표들

목표 (Goal)	세부목표(Target)	지표 (Indicators)	지표 변경 시기
10. 불평등 해소	10.7 안전하고, 정기적이고, 책임 있는 인구의 이주 및 이동이 가능하도록 잘 관리된 이민 정책 수립 및 이행	10.7.1 이주국가에서의 월소득 대비 이주 근로자가 부담하는 취업비용 비율	2018년 11월 Tier 2 상향
		10.7.2 질서 있고 안전하고 정기적이고 책임 있는 이주와 이동성을 촉진하는 이주 정책을 갖춘 국가의 수	2018년 11월 Tier 2 상향
		10.7.3 국제이주 과정에서 사망하거나 실종된 사람의 수	2020년 11월 Tier 1로 도입
		10.7.4 난민 인구 비율(출신국별)	2020년 11월 Tier 1로 도입

출처: IAEG-SDGs Tier Classification for Global SDG Indicators https://unstats. un.org/sdgs/iaeg-sdgs/tier-classification/ (접속일: 2022년 5월 28일).

두 번째는 뒤늦게나마 추가된 지표 10.7.4가 과연 초국가적 난민위기 대응에 필요한 국제사회의 노력을 효과적으로 측정할 수 있는지 의문이라는 점이다. 이 지표는 난민의 출신국별로 외국에서 난민 등으로 보호를 받는 인원을 파악함으로써 난민위기의 심각성을 잘 보여줄 수 있다.[38] 예를 들어, 2021년 말 기준으로 인구 10만 명당 난민이 된 비율은 시리아(27,300명), 남수단(17,200명), 베네수엘라(13,800명), 중앙아프리카공화국(13,000명), 에리트레아(12,400명)로 난민의 출신국별 위

37 Chiara Denaro and Mariagiulia Giuffre. "UN Sustainable Development Goals and the "Refugee Gap": Leaving Refugees Behind?" *Refugee Survey Quarterly* 41-1 (2021), pp. 79-107.

38 UNHCR (2022), p. 18.

기의 심각성을 잘 보여주고 있다. 그러나 이 지표만으로 SDGs가 인류가 직면한 난민위기의 원인, 결과 그리고 대응을 증진시키는 데에는 한계를 가진다는 평가가 지배적이다. 즉, 2020년부터 SDG 10.7.4를 통해 각국의 인구 대비 난민 비율을 측정하고 있지만, SDGs가 여전히 난민소외(refugee gap)라는 비판을 받는 것은 난민의 삶의 질(well-being)에 대한 가용한 정보가 부재하고, 난민문제를 국가의 이주 정책의 일환으로 제한함으로써 난민이 이동 과정에서 겪는 취약성에 대한 인식이 반영되어 있지 못하기 때문이라는 비판이 제기되는 것이다.[39]

보다 구체적으로 지표 10.7.4만으로는 국제사회 난민보호의 근본적 원리인 책임분담(burden-sharing)을 제대로 반영하지 못하고 있다. 이 지표는 난민의 출신국별 심각성을 보여줄 뿐, 그렇게 발생한 난민들이 어디에, 어떻게 수용되어 있는지는 보여주지 못한다. 즉 난민의 "발생"이라는 측면만 조망하고 있을 뿐, "이동"과 "수용" 과정의 취약성을 간과하고 있다. 난민은 이동 과정에서 물리적 한계와 접근성의 문제로 인해 발생 국가의 주변국에 대부분 수용되는 특성을 보인다. 예를 들어 2021년 기준으로 전체 난민의 73%가 주변국에 의해 수용되고 있으며, 이에 따라, 주요 난민 수용국을 대상으로 인구 1,000명 당 난민 비율을 따져보면 레바논(125명), 나우루 (87명), 요르단(69명), 투르키예(44명), 차드(33명), 우간다(32명) 등을 기록하고 있다.[40] 이들의 높은 난민 수용률은 난민보호에 적극적이거나 고도의 정치적·정책적 수용성을 보여주기보다는 지리적 인접성으로 인해 나타나는 과도한 부담감을 보여준

---

39 Denaro and Giuffre (2021).

40 UNHCR (2022).

다. 또한 난민 발생 비율이나 수용 비율이 높은 국가들이 대부분 저개발국 또는 개발도상국이라는 것은 난민보호에서 나타나는 남북 간 격차, 나아가서 난민의 물리적 수용에 소극적이면서 ODA 등 재정적 지원으로 책임을 무마하는 북반구 선진국들의 책임전가(burden-shifting)를 보여준다. 따라서 지표 10.7.4가 SDG 목표의 근본적 취지를 제대로 반영하는가에 대한 근본적 의문이 제기되는 것이다.

두 번째로 SDGs에는 난민위기와 국제사회 대응의 총체성이 반영되지 못하고 있다는 것이다. 난민보호는 단순히 한 국가의 이민 정책을 넘어서서 다양한 행위자들에 의해 다층적 차원에서 여러 의제가 연관되어 있다. 예를 들어, 베츠(Alexander Betts)는 국제난민레짐이 난민의 발생, 이동, 수용의 과정에서 여러 국제레짐들과 중첩되며, 그 스펙트럼이 국제 안보, 인도주의, 인권, 이주, 초국가적 범죄와 국제개발 등을 망라한다는 점을 강조한다.[41] 또한 앞서 언급한 GCR의 전 사회적 접근(whole-of-society)이 의미하는 것과 같이 난민보호는 개별 국가나 특정한 국제기구의 책임을 넘어 국제사회로부터 지역 공동체 단위에 이르기까지 국제기구, 국가, 지방자치단체, 시민사회, 기업, 학교와 난민들의 자립적 공동체까지 참여를 요구하는 문제이다. 이런 측면에서 현재의 SDGs 지표체계에는 이러한 난민보호의 총체적 성격을 제대로 반영하지 못하고 있다.

---

41 Alexander Betts (2013).

V. 난민보호를 위한 SDGs의 가능성

그렇다면 현행 SDGs의 지표체계 속에 난민보호에 필수적인 지표들을 반영하기 위해서는 어떻게 해야 할까? 이 장에서는 SDG 내의 난민소외 현상 또는 국제난민레짐과 국제개발협력 레짐 간의 분절현상을 극복하기 위해 방안을 분석할 것이다. 특히 이 장에서는 최근 제안되고 있는 기존의 SDGs 지표체계의 변화 가능성과 GCR의 지표체계 도입을 통해 두 체계의 통합적 이해를 모색해볼 것이다.

1. SDGs 지표체계의 개선 방향성

앞서 설명한 것과 같이 UNHCR은 2019년 GRF 당시 UN 사무총장의 공약사항을 반영하여 GCR 체제와 SDGs의 통합을 위한 다양한 방안을 제안하고 있다. UNHCR은 2020년 12월 데이터의 접근성과 난민의 취약성을 보완할 수 있는 우선순위를 고려하여 난민보호를 반영해야 할 SDGs 지표들을 선정하였다 (아래 〈표 5〉참조). 이 지표들은 크게 난민의 1) 기본적인 필요와 생존 여건, 2) 생계와 경제적 자립, 그리고 3) 시민적·정치적·법률적 권리 측면으로 나뉘어 있으며, 총 12개로 구성되어 있다.[42]

---

[42] UNHCR, *Data Disaggregation of SDG Indicators by Forced Displacement* (Geneva: UNHCR, 2020).

〈표 5〉 난민보호를 반영해야 할 SDGs 지표

목표 (goal)	세부목표 (target)	지표 (indicators)

정책영역 1. 기본적인 필요와 생존 여건

목표 (goal)	세부목표 (target)	지표 (indicators)
2. 기아종식	2.2. 5세 미만의 발육부진 및 쇠약에 관한 국제 목표 달성, 영양부족의 종식 및 여성 청소년, 임산부, 수유여성 및 노년층의 영양상태 개선	2.2.1. 국가빈곤선 미만에 살고 있는 비율(성 및 연령별)
3. 건강과 웰빙	3.1. 산모사방 비율을 출생아 10만 명당 70명 미만으로 감소	3.1.2. 숙련된 의료인력이 참여한 출산 비율
6. 물과 위생	6.1. 모두를 위한 안전하고 적당한 가격의 식수에 대한 보편적 접근 달성	6.1.1. 안전하게 관리되는 식수서비스를 이용하는 인구 비율
11. 지속가능한 도시	11.1 충분하고 안전 및 저렴한 주택 및 기본서비스 제공 그리고 빈민가 개선	11.1.1 빈민가, 임시거처 또는 비적정 거처에 거주하는 도시 인구 비율

정책영역 2. 생계와 경제적 자립

목표 (goal)	세부목표 (target)	지표 (indicators)
1. 빈곤퇴치	1.2 각 국가빈곤 정의에 따라 빈곤 속에 사는 모든 연령층의 남성, 여성 그리고 아동 비율을 최소 절반으로 감소	1.2.1. 국가빈곤선 미만에서 살고 있는 인구 비율 (성 및 연령별)
4. 양질의 교육	4.1 공평하고 양질의 무상 초등교육과 중등교육 이수 보장	4.1.1. (a) 초등학교에서 2학년 혹은 3학년 시점, (b) 초등학교 말 (c) 중학교 말에 (i)읽기와 (ii) 수학 분야 최소숙달수준에 도달한 아동 및 청소년 비율(성별)
7. 모두를 위한 깨끗한 에너지	7.1 적절한 가격과 지속가능하며 현대화된 에너지서비스의 보편적 접근 보장	7.1.1. 전기 접근성이 있는 인구 비율
8. 양질의 일자리와 경제성장	8.3 생산적 활동, 일자리 창출, 기업가 활동, 창의성 및 혁신을 지원하는 개발지향형 정책 촉진; 중소기업 육성	8.3.1 총 고용 중 비공식 고용 비율(부문 및 성별)
	8.5 장애가 있는 젊은 사람을 포함, 모든 남녀의 완전 고용 달성; 동등한 가치의 업무에 대해 동등한 보수 보장	8.5.2 실업률(성, 연령 및 장애별)

정책영역 3. 시민적·정치적·법률적 권리

1. 빈곤퇴치	1.4. 모든 남성과 여성, 특히 빈곤층과 취약계층이 경제적 자원과 기본서비스, 토지와 기타 형태의 재산에 대한 소유와 통제, 상속, 천연자원, 적정 신기술 및 소액금융을 포함한 금융서비스에 공평하게 접근할 수 있는 권리 보장	1.4.2. (a)법적으로 인정되는 문서를 가지며 (b) 토지권이 보장된다고 인식하는, 안정된 토지권을 갖는 성인 인구 비율(성 및 보유형태별)
16. 정의, 평화, 효과적이고 포용적인 제도	16.1 모든 지역에서 일어나는 모든 형태의 폭력과 관련 사망률 상당 수준으로 감소	16.1.4 살고 있는 동네를 홀로 걸을 때 안전하다고 느끼는 인구 비율
16. 정의, 평화, 효과적이고 포용적인 제도	16.9 출생등록을 포함해 모두에게 법적 신원 제공	16.9.1 5세 미만 중 행정당국에 출생등록된 자의 비율(연령별)

출처: UNHCR, "Data Disaggregation of SDG Indicators by Forced Displacement," (2020), Geneva: UNHCR. https://www.unhcr.org/5fd237b84.pdf (검색일: 2022년 6월 16일).

첫 번째로 SDG 목표들 가운데 난민들의 생존을 가장 직접적으로 위협하는 인도적 위기 상황을 극복하기 위한 구체적 지표들이 필요하다. 즉, 난민들의 이동 과정과 임시로 수용되는 난민캠프의 상황을 고려하여 빈곤퇴치, 기아종식, 건강 및 보건, 물과 위생 분야가 이에 포함된다. 구체적으로는 기아에 대해서는 지표 2.2.1을 통해 식량불안을 경험한 난민을 파악하여 영양상태 개선을 반영할 수 있어야 하며, 지표 3.1.2의 전문 의료인력에 의한 참여를 통해 모자보건을 향상하고, 6.1.1을 통해 기본적으로 안전한 식수에 대한 접근성 문제 속에서 난민캠프 등에서 생존에 필수적인 환경을 추구할 수 있는 지표가 필요하다는 것을 지적한다. 한 가지 특이한 점은 이 목표가 도심난민의 증가를 반영하여 목표 11(포용적이고 안전하며 회복력 있고 지속가능한 도시)의 지표인 11.1.1을 포함하며, 도심난민의 주거 안정성을 반영하는 지표를 제안하고 있다는 것이다.

두 번째는 장기적인 관점에서 난민의 생계와 경제적 자립을 촉진하기 위한 지표들이다. 먼저 UNHCR은 목표1 (빈곤퇴치)의 지표 1.2.1을 통해 국가빈곤선 미만의 난민의 경제적 자립을 촉진하는 것을 제안하고 있다. 지표 4.1.1을 통해 난민캠프에서 초중등 교육과정이 체계적으로 제공되지 못하는 현실이나 도심난민들이 법률적 제약 등으로 인해 공교육 체계에 진입하지 못하는 등의 문제를 반영할 필요가 있다. 또한 지속가능한 에너지 역시 난민의 생계에 필수적인 요소로, 지표 7.1.1을 통해 전기 등 필수적 에너지 사용을 보장해야 한다는 점을 강조한다. 이 항목의 가장 큰 특징은 지표 8.3.1과 8.5.2를 통해 고용과 실업 문제에 두 개의 지표를 할애하고 있다는 것이다. 최근의 연구 및 현장의 경험은 난민들이 더 이상 경제적으로 의존적인 존재가 아니라 수용국 및 지역사회의 경제활동의 주체가 된다는 것을 반영한 것으로 해석된다.

마지막으로, 난민보호에 있어 시민적·정치적 및 법률적 권리의 보장이다. 난민보호의 근본적 취지가 1948년 세계인권선언과 1951년 난민협약을 통해 난민에게 보장된 모든 권리를 보장하는 것이라는 측면에서 난민의 시민적·정치적 및 법률적 권리 옹호는 필수적이다. 이를 위해 지표 1.4.2를 통해 난민의 토지소유권에 관한 내용을 반영할 것을 제안하고 있으며, 지표 16.1.4는 난민의 안전에 관련된 지표가 필요하다는 것을 보여주고 있다. 특이한 점은 지표 16.9.1의 보편적 출생등록을 통해 난민 아동의 출생등록을 촉진해야 할 필요성을 제기하고 있다. 이는 특히 난민캠프는 물론이고 도심 난민들의 경우에도 출생등록의 어려움으로 법률적 권리가 제대로 보장되지 않는 경우를 고려한 것이다.

이렇게 기존의 SDGs 지표체계에 난민보호를 반영해야 할 필요성을 제기했음에도 불구하고, 이 제안의 문제는 기존의 SDG 지표들을 수정할 필요성만을 제안했을 뿐, 새롭게 신설되어야 할 대안지표들을 제안하지 못하고 있다는 점이다. 다만, 2019년 UNHCR이 채택한 GCR 지표체계(Indicators for the GCR)를 통해 이러한 대안지표를 모색해볼 수 있다.

2. GCR 지표를 통한 대안지표 개발

UNHCR은 GCR이 추구하는 4가지 목표(objectives)인 난민 수용국에 대한 부담 경감, 난민의 자립성 증진, 난민의 제3국 정착 기회 확대, 난민의 안전하고 자발적인 귀환 지원에 대해 각각 2개씩, 총 8개의 기대효과(outcomes)를 설정하고, 이에 대해 총 15개의 지표를 설정하였다.[43] 이런 지표체계는 GCR의 4가지 목표가 단순히 구호나 추상적 개념에 그치는 것이 아니라 구체적이고 실천적 목표를 장기간에 걸쳐 달성하기 위해 수립되었음을 보여준다. 이런 지표체계는 2015년부터 시행되고 있는 SDGs의 사례를 참조한 것이지만 반대로 SDGs 체제 내에 난민보호를 통합할 수 있는 대안지표가 될 가능성도 존재한다.

---

43 UNHCR, *Global Compact on Refugees: Indicator Framework* (Geneve: UNHCR, 2019), https://www.unhcr.org/5cf907854.pdf (검색일: 2022년 6월 29일).

<표 6> UNHCR의 GCR 지표체계

목표 (objective)	기대효과 (outcome)	지표 (indicators)
1. 난민 수용국에 대한 부담 경감	1.1 기부자 증가를 통해 난민과 난민을 수용한 지역사회를 위한 추가적인 제도와 프로그램 가용 자원 확보	1.1.1 난민수용국에 대해 난민과 난민을 수용한 지역사회에 대한 ODA의 총량 (Tier 2)
		1.1.2 난민수용국에 대해 난민과 난민을 수용한 지역사회에 대한 ODA 공여국 수(Tier 2)
	1.2 국가 단위의 난민 정책 및 조율된 대응에 대한 지원	1.2.1 난민수용국의 국가기관을 통해 난민과 난민을 수용한 지역사회에 전달된 ODA 비율(Tier 2)
		1.2.2 난민수용국의 국가정책을 지원하는 파트너 기관의 수(Tier 2)
2. 난민의 자립성 증진	2.1 난민이 수용국의 사회 및 경제활동에 적극적으로 참여	2.1.1 양질의 일자리에 접근 가능한 난민의 비율(Tier 1)
		2.1.2 수용국 내에서 자유롭게 이동 가능한 난민의 비율(Tier 1)
	2.2 난민과 난민을 수용한 지역사회의 자립성 강화	2.2.1 수용국의 초등 및 중등교육 체계에 등록된 난민아동의 비율(Tier 2)
		2.2.2 난민수용국의 빈곤선 이하에서 생활하고 있는 난민과 난민을 수용한 지역사회 인구 비율(Tier 2)
3. 난민의 제3국 정착 기회 확대	3.1 난민들이 접근 가능한 재정착 국가 수의 증가	3.1.1 난민수용국에서 출국한 재정착 난민의 수(Tier 1)
		3.1.2 UNHCR를 통해 난민수용국의 재정착 신청을 받는 국가의 수(Tier 1)
	3.2 제3국에 대한 보충적 난민 수용에 대한 난민의 접근성	3.2.1 난민수용국에서 보충적 난민 수용을 받은 난민의 수(Tier 2)
4. 난민의 안전하고 자발적인 본국 귀환 지원	4.1 기부자 증가를 통해 귀환한 난민에 대한 지속가능한 재통합에 필요한 자원 확보	4.1.1 난민발생국으로 귀환한 난민을 대상으로 한 ODA의 총량(Tier 2)
		4.1.2 난민발생국으로 귀환한 난민을 대상으로 한 ODA 공여국 수(Tier 2)
	4.2 난민의 귀환 및 사회 및 경제적 재통합 가능성	4.2.1 난민발생국으로 귀환한 난민의 수 (Tier 1)
		4.2.2 난민발생국으로 귀환한 난민 중 법적으로 인정된 문서 및 자격증명을 갖춘 비율(Tier 2)

출처: UNHCR, "Global Compact on Refugees: Indicator Framework," (2019), https://www.unhcr.org/5cf907854.pdf (검색일: 2022년 6월 29일).

UNHCR이 수립한 GCR 지표체계는 다음과 같이 SDGs와 조응하고 있다. 첫째, 난민 수용국에 대한 부담을 경감시키기 위해 난민수용국에 제공된 ODA의 총액(1.1.1)과 그런 ODA를 제공한 국가의 수(1.1.2)를 의미한다. 이 가운데 1.1.1은 난민 수용의 불평등성 완화를 위한 것으로 기존의 SDG 10(불평등 완화)의 세부목표 10.7을 통한 난민 수용의 불평등성 완화를 측정하는 지표로 활용할 수 있다. 또한 1.1.2는 난민보호의 책임분담을 보여주는 것으로 SDG 17(파트너십)의 지표로 활용될 수 있을 것으로 평가된다. 이어지는 1.2(국가 단위 난민 정책)의 경우 지역사회에 전달된 ODA 비율(1.2.1)과 국내의 파트너 기관 수(1.2.2)로 구성되어 있다. 이 가운데 1.2.1은 국가 단위로 제공된 난민 관련 ODA가 지역사회에 얼마나 전달되는지를 측정하는 것으로 결국 지역사회의 지속가능성과 연결된다는 측면에서 SDG 11(지속가능한 도시 및 공동체)의 지표로 활용될 수 있다. 1.2.2의 경우 앞의 1.1.2와 동일하게 SDG 17(파트너십)에 해당될 것이다.

GCR 지표의 두 번째 분야는 난민 개인의 자립성과 관련된 내용들이다. 이 가운데 양질의 일자리 접근성(2.1.1)과 이동의 자유(2.1.2)는 경제활동을 위한 기본적 제도적 환경을 측정하는 지표이다. 이 두 지표는 SDG 8(양질의 일자리와 경제성장)에 반영될 수 있다. 난민의 자립성을 측정하기 위한 교육 접근성(2.2.1)과 빈곤(2.2.2)은 각각 SDG 4(교육)과 1(빈곤종식)에 난민과 관련된 지표로 반영될 수 있다.

세 번째 분야는 난민의 재정착 등 제3국 수용 촉진에 대한 지표들이다. 이는 전통적 방식의 국가 단위의 재정착(resettlement)과 민간영역을 통한 보충적 수용(complementary pathways)으로 나뉘어 있다. 전자인 재정착 난민의 수(3.1.1)와 재정착 수용국 수(3.1.2)는 모두 난민 수용의 책임분담이라는 점을 고려하여 SDG 10.7의 일환으로 활용될 수 있다. 한편 보충적 수용(3.2.1)은 민간후원, 교육, 노동, 가족결합 등 다양한 형태로 민간영역에서 난민을 수용하는 것으로 SDG 17(파트너십)에 해당한다.

마지막으로 난민의 안전하고 자발적인 본국귀환과 관련된 지표들이 있다. 이는 난민문제의 궁극적 해결을 의미하지만, 장기간 본국을 떠났던 난민들의 귀환과 재통합에 필요한 경제적 비용(4.1)은 물론이고 정치·사회적 환경조성이라는 구조적 문제(4.2)를 포함한다. 이 가운데 귀환한 난민을 대상으로 한 ODA (4.1.1)은 앞선 1.1.1과 같이 SDG 10.7의 일환으로 활용할 수 있으며, 그런 ODA를 제공하는 공여국 수(4.1.2)는 1.1.2와 같이 SDG 17(파트너십)에 반영할 수 있다. 한편 본국으로 귀환한 난민의 수(4.2.1) 역시 SDG 10(불평등 완화)의 세부목표 10.7에 해당한다. 마지막인 귀환한 난민의 법률적 신분 보장(4.2.2)은 단순히 신분을 증명하는 차원이 아니라 정치·사회적 갈등 구조의 근본적 해소를 전제한다는 측면에서 SDG 16(평화롭고 정의로운 제도)의 일환으로 다루어져야 할 것이다.

VI. 결론

전 지구적 난민위기들은 SDGs의 채택 과정에서 가장 중요한 동기를 제공하는 의제 중 하나로 작동했다. 그뿐만 아니라 21세기 들어 난민위기의 양적·질적 변화에 따라 국제난민레짐은 난민보호와 개발협력을 연계하는 방향으로 대응하고 있다. 그런데도 누구도 소외시키지 않는 (Leave no one behind) SDGs에서 정작 난민소외(refugee gap)가 나타나는 것은 아이러니이다. 1990년대 이후 글로벌 거버넌스의 주요 의제로 부상한 전지구적 난민위기가 MDGs에 이어 SDGs에도 직접적으로 반영되지 못한 것은 변명의 여지가 없다. 과연 SDGs가 인종·종교·국적·정치적 의견 및 사회적 집단의 소속에 의한 박해뿐만 아니라 분쟁과 환경파괴로 인해 발생하는 강제이주의 피해자들, 즉 전지구적으로 가장 소외된 사람들을 위한 목표인지 아니면 이들을 도구화하는 또 다른 억압인지 의심의 대상이 되는 원인이다. 게다가 2020년 뒤늦게 난민보호를 위해 채택된 지표(10.7.4)마저도 난민 수용의 책임분담 원칙과 총체적 접근의 필요성을 간과하고 있다는 점은 더욱 큰 실망을 가져오는 것으로 평가할 수 있다. 그러나 이러한 난민보호와 개발협력의 분절 현상이 난민보호에 있어 SDGs의 중요성을 간과하게 만들 수는 없다. SDGs 목표들은 궁극적으로 난민 발생의 원인, 결과 그리고 국제사회의 대응을 위한 가장 중요한 정치·경제·사회적 환경을 조성하는 데 필수적이기 때문이다. SDGs의 17개 목표에는 난민과 강제이주가 표면적으로 언급되어 있지는 않다. 그러나 SDGs 목표들에는 난민보호를 위한 필수적 요소들이 내재되어 있다. SDGs의 달성은 난민위기의 근본적 원인을 예방하기 위한 정치·경제·사회적 여건을 마련하는 데 필수적일 뿐 아니라 난민이 가장 취약한 인도적 위기의 해소와 난민의 전인격적 권리를 보장하는 난민보호의 실질적 달성을 위해서도 반드시 필요하다.

2030년까지 불과 8년이 안 되는 시한을 남겨 놓은 SDGs가 국제사회의 난민보호에 직접적으로 어떤 변화를 가져올 수 있는지는 불확실하다. 다만, 난민소외(refugee gap)로 대변되는 국제난민레짐과 국제개발협력레짐 사이의 분절현상을 극복할 수 있는지에 대한 고민으로부터 난민보호와 개발의 상호작용이 시작될 수 있을 것이다. 앞서 설명한 바와 같이 국제난민레짐의 새로운 패러다임으로 부상하고 있는 GCR 체제는 SDGs와 상호 간에 깊은 내적·외적 연관성을 지니고 있다. 다만, 그런 연관성들이 구체적인 지표체계를 통해 반영되지 못하고 있다는 점이 두 레짐 간 분절을 발생시키는 것이다. 이런 분절현상이 단지 표면적 현실이라는 점에서 국제사회의 노력에 따라 충분히 극복할 수 있어 보인다. 특히 GCR이 SDGs의 지표체계를 도입한 것은 두 국제규범 사이의 연속성과 향후 통합을 지향하는 것으로 볼 수 있으며, UNHCR이 다양한 방식으로 SDGs 지표체계 내에서 난민보호의 증진을 위해 활용할 수 있는 지표들을 제안하는 것 또한 SDGs의 난민소외 현상을 극복할 수 있는 중요한 시도로 평가할 수 있다.

송영훈. "장기화된 난민위기와 국제개발협력." 『담론201』 제20집 3호 (2017).

Betts, Alexander, Louise Bloom, Josiah Kaplan, and Naohiko Omata. *Refugee Economies: Forced Displacement and Development.* New York: Oxford University Press, 2017.

Betts, Alexander and Paul Collier. *Refuge: Rethinking Refugee Policy in a Changing World.* New York: Oxford University Press, 2017.

Denaro, Chiara and Mariagiulia Giuffre. "UN Sustainable Development Goals and the "Refugee Gap": Leaving Refugees Behind?" *Refugee Survey Quarterly* 41-1 (2021).

Micinski, Nicholas R. *UN Global Compacts: Governing Migrants and Refugees.* New York: Routledge, 2021.

제7장 지속가능발전목표(SDGs) 내 성평등 목표 이행현황과 도전

장은하 | 한국여성정책연구원

I. 서론

"성평등은 2030 아젠다(지속가능발전목표, SDGs)를 달성하기 위한 기반
이다. 여성이 가정에서, 직장에서, 지역사회에서 경제적으로나 사회적
으로 힘을 가지지 못하면, 포용적 발전과 빈곤퇴치는 요원해진다…(중
략) 성평등은 그 자체로도 달성해야 할 목표이지만, '그 누구도 소외되지
않는'이라는 2030 아젠다의 기본 약속을 유지하기 위한 강력한 원동력
이다."[1]

---

[1]   UN Women, "Turning promises into action: Gender equality in the 2030 Agenda for

위의 글은 안토니오 구테헤스 유엔 사무총장이 2018년 출간된 유엔여성(UN Women) 보고서의 서문에서 여성과 지속가능발전목표 간의 연관성을 강조하며 언급한 내용이다. 개발협력을 논함에 있어서 성평등과 여성권한강화에 대한 중요성은 새천년개발목표(Millenium Development Goals: MDGs)에 여성 아젠다가 독자목표로 포함되면서 국제사회에서 그 중요성이 부각되었다. 지속가능발전목표에서도 5번 독자목표와 이외의 16개의 목표에 성평등이 범분야(cross-cutting) 이슈로 주류화됨으로써, 국제개발협력 종사자라면 이제는 여성, 젠더, 성평등의 이슈는 정책과 사업 수행에 있어서 당연히 포함해야 할 요소가 되었다. 지속가능발전목표의 기본 철학이 "그 누구도 소외되지 않는"임을 고려할 때, 그리고 이행 주체의 절반이 여성임을 고려할 때, 여성과 성평등 이슈를 포함하는 것은 지속가능발전목표 달성을 위한 근본적인 추진력으로 작용할 수 있다.

　그렇다면, 지속가능발전목표(Sustainable Development Goals, SDGs) 달성 기한의 절반이 경과된 시점에서 성평등 목표의 이행을 위한 우리의 노력은 과연 어디쯤 와 있을까? 성평등이 완전히 실현된 사회를 최종 목표로 할 때, 우리는 지금 어디에 있을까? 세부목표의 각 항목에서는 진전을 보이고 있을까? 구체적으로 어떠한 진전을 이루어 냈을까? 5번 이외의 다른 16개의 목표에서는 성평등이 효과적으로 주류화되고 있을까?

　Sustainable Development," (June, 2018), p. 2, https://caribbean.unwomen.org/en/materials/publications/2018/2/gender-equality-in-the-2030-agenda-for-sustainable-development-2018 (검색일: 2023. 01.05).

2015년 지속가능발전목표(SDGs) 목표를 채택한 이후 국제사회, 지역기구, 개별 정부, 시민사회 등의 다양한 주체들은 이 목표의 달성을 위해 분주히 노력해 왔다. 유엔은 목표를 수립하고 이행을 점검하는 총괄 기관으로서 지표 수립과 개정을 담당하고, 모니터링을 위한 통계를 수집하여 매년 글로벌 차원의 이행점검 보고서를 발간하고 있다. 유엔 아시아 태평양 경제사회위원회(UN ESCAP)와 같은 기구들은 지역 차원의 이행을 점검하였고, 유엔여성(UN Women)과 같은 세부목표의 주제에 해당하는 섹터 기구들은 해당 주제에 대한 이행을 점검하여 관련 보고서를 발간하고, 지표를 위한 통계 기술을 지원해 왔다. 개별 국가의 경우 글로벌 차원의 지속가능발전목표와는 별도로, 해당 국가에 특화된 국가 차원의 지속가능발전목표를 수립하여 이행하는 국가도 있고, 기존의 국가발전목표에 글로벌 지속가능발전목표를 반영하여 이행하는 국가도 있다.[2]

　　이러한 배경하에 본고는 달성 기한을 절반밖에 남겨 놓지 않은 지속가능발전목표 내 성평등 목표의 글로벌 이행현황을 살펴보고, 그동안의 성과와 도전을 분석하는 것을 그 목적으로 한다. 이를 위해 먼저 글로벌 성평등 규범의 발전 속에서의 지속가능발전목표의 의의를 파악하고, 5번 성평등 목표와 세부목표가 무엇을 의미하는지 설명한다. 이후 유엔의 보고서를 통해 지속가능발전목표 내 5번 독자 목표로서의 성평등 목표의 이행현황과 나머지 16개 목표에 크로스커팅되어 이행되고 있는 현

---

[2] 한국의 경우 2017년 국가지속가능발전목표인 "K-SDGs"를 수립하였고, 글로벌 목표를 반영하되, 우리나라의 상황에 맞게 수정하여 세부목표와 지표를 수립하여 매년 이행점검을 하고 있다. 보다 자세한 사항은 http://ncsd.go.kr/ksdgs 참고. (검색일; 2022. 12. 05).

황을 검토한 후, 비판적 시각에서 그 성과와 도전을 분석할 것이다.

II. 유엔 내 여성 의제의 발전과 지속가능발전목표

1. 글로벌 여성 현황과 주요 이슈

본격적인 논의에 들어가기에 앞서 여성의 교육, 노동, 리더십(대표성), 여성에 대한 폭력 분야에서 현재 글로벌 차원에서의 현황과 이것이 무엇을 의미하는지에 대해 분야별로 통계와 함께 간략히 검토하여 보고자 한다.

　　먼저 여성과 교육은 지난 수십 년 동안 여성과 관련된 다양한 이슈 중 가장 발전을 보인 영역이다. [3] 전 세계적으로 여성과 여아들의 교육 수준은 상승하였으며, 특히 초등교육의 경우, 전 세계의 거의 모든 지역에서 여아와 남아는 동등한 비율로 학교 교육을 이수하여 남녀 형평성(parity)을 달성하였다. 아울러 여학생들은 일단 학교에 진학하면 남학생들보다 학업 성적이 우수하며, 고등교육에서도 여학생의 비율이 꾸준히 증가하고 있다. 그러나 상급 교육에 있어서는 여학생들이 여전히 뒤처지고 있다. 전 세계의 거의 모든 여학생이 초등학교를 졸업하지만, 중등 교육 진학에서부터 남녀격차가 심해지며, 여학생들은 중학교에

3　UN DESA, "The World's Women 2020: Trends and Statistics," https://worlds-women-2020-data-undesa.hub.arcgis.com/pages/education (검색일: 2023. 01. 05).

입학하더라도 중퇴율이 높다.[4] 아울러 디지털 기술을 보유하는 것은 고임금을 보장하지만, 전 세계 여성의 절반 이하, 즉 48%의 여성만이 인터넷을 사용하고 있으며(남성은 55%),[5] 이공계(Sciente, Technology, Engineering, Mathmatics, STEM) 분야로 진출하는 여학생의 비율 또한 35%에 불과하며 이공계 연구자 비율에도 여성은 1/3 이하를 차지한다.[6] 여성이 중등교육 이상의 혜택을 누릴 수 있는 것, 그리고 과학기술 분야로 진출하는 것이 중요한 이유는 여학생들이 당연히 누려야 할 교육권을 확보하는 것 이외에도, 여아들이 고등교육을 이수하는 것은 장래에 이들의 소득과 직결되기 때문이다. 특히 과학기술분야의 경우, 향후 우리 사회가 디지털화될수록 고소득 창출이 가능한 분야이기 때문에 더 많은 여성이 이 분야에 진출하는 것은 중요하다.

여성의 정치참여와 대표성 영역도 개선된 분야이다. 북경행동강령이 채택된 1995년 이후 의회로 진출한 여성들이 배로 늘어났다. 그러나 여성들은 전 세계적으로 의회의 25%만을 차지하고 있으며, 2021년 현재 여성이 수장을 맡은 국가는 24개국에 불과하다. 또한 전 세계의 장관 중 1/5만이 여성이다.[7] 2019년 현재 여성은 관리직의 28%만을 차지하며, 이는 1995년에 비해 별 차이가 없는 수치다. 아울러 여성이 기업의

---

4 UNICEF, "Global Development Commons," https://gdc.unicef.org/resource/school-enrolment-adolescent-girls (검색일; 2023. 12. 10).

5 UN Women, "Strategic Plan 2022-2025," (July 12, 2021) p. 4. https://www.unwomen.org/en/digital-library/publications/2021/09/un-women-strategic-plan-2022-2025 (검색일: 2023. 01. 05).

6 UN DESA, "Education," https://worlds-women-2020-data-undesa.hub.arcgis.com/pages/education (검색일: 2023. 01. 05).

7 UN Women, "Strategic Plan 2022-2025"(2021), p. 4.

대표로 있는 비율은 18%에 불과하다.[8] 아직도 다수의 법, 정책, 사회구조가 남성 중심으로 짜여져 있기 때문에 여성이 정치에 참여하여 기존의 법과 정책에 여성의 관점과 목소리를 대변하는 것은 매우 중요하다.

다음으로 여성과 노동 분야를 살펴보면, 전 세계 25세에서 54세의 여성 중 1/3 이하만이 노동시장에 참여하고 있는데, 이는 같은 연령대의 남성의 비율인 90%와 비교할 때 매우 낮은 수치이다.[9] 무보수 돌봄과 가사노동(unpaid care and domestic work)[10]은 여전히 여성의 몫으로 여겨지며, 여성들의 경제활동을 제약하는 주원인이다. 여성은 매일 돌봄과 가사노동에 남성보다 평균 3배 이상의 시간을 소비하며, 이로 인해 경제활동 참여가 어렵고, 자신의 건강을 돌보기가 어려워진다. 특히 코로나19 상황에서 학교 폐쇄와 거리두기 정책으로 인해 여성의 경우 하루 평균 4.2시간, 남성의 경우 1.7시간을 돌봄과 가사노동에 사용하였다.[11] 이 이슈가 중요한 이유는, 여성이 가정의 의무에서 해방되면, 소득을 창출할 기회가 많아지고, 빈곤에 처할 확률이 줄어 들기 때문이다.[12]

젠더기반폭력 분야도 상황은 나아지지 않았다. 국가들은 여성에 대한 폭력을 근절하고자 다양한 법과 정책을 수립하였지만, 실행력과

---

8 UN DESA, "The World's Women 2020: Trends and Statistics," https://www.un.org/en/desa/world%E2%80%99s-women-2020 (검색일: 2023. 01. 05).

9 UN Women, "Strategic Plan 2022-2025" p. 3.

10 "무보수 돌봄과 가사노동(unpaid care and domestic work)"이란 아이와 노인 등을 돌보는 일들과 청소, 요리, 빨래 등을 포함하는 집안일 등의 보수가 주어지지 않는 돌봄과 가사에 투입되는 노동을 의미하며, 이는 지속가능발전목표의 세부목표 5.4로 명시되어 있다.

11 UN DESA, "The World's Women 2020: Trends and Statistics."

12 UN Women, "Strategic Plan 2022-2025"(2021), pp 3-4.

처벌이 약하고 차별적인 사회 규범 때문에 상황은 개선되지 않고 있다. 성폭력과 가정폭력 이외에도 유해한 관습(harmful practices)과 공적 장소에서의 성희롱이 지속되고 있으며, 최근에는 온라인상의 성희롱과 스토킹 그리고 괴롭힘이 새로운 문제로 대두되고 있다.[13] 몇몇 국가에서는 점점 감소 추세를 보이고 있으나 현재 전 세계의 2억 명의 여성과 여아가 여성할례를 경험한 것으로 집계되었으며, 특히 아프리카와 중동 지역에서 이러한 관습이 흔하게 행해지고 있다.[14]

2. 유엔 내 여성의제의 발전[15]

지속가능발전목표 5번 "성평등과 여성의 권한강화(gender equality and women's empowerment)"는 글로벌 여성 관련 규범 혹은 합의에서 완전히 새로운 의제는 아니다. 여성에 대한 차별을 철폐하고 여성의 인권을 보장하기 위한 논의는 1970년대 유엔에서 본격적으로 시작된 이후 꾸준히 지속되었으며, 목표 5번은 이러한 노력의 결과물이자 향후 이어질 논의의 연속선상에 있다. 1975년 제1차 유엔 세계여성대회 개최(멕시코 시티), 1979년 여성차별철폐협약(Convention on the Elimination of All Forms of Discrimination against Women, CEDAW) 채택, 1980년 제2

---

13 UN Women, "Strategic Plan 2022-2025"(2021), p. 4.

14 UN DESA, "The World's Women 2020: Trends and Statistics."

15 보다 자세한 내용은 장은하 외, "글로벌 여성의제 국내이행 점검," 한국여성정책연구원 (2019) 참고. https://www.kwdi.re.kr/publications/reportView.do?p=7&idx=125242 (검색일: 2023. 01. 05).

차(코펜하겐), 1985년 제3차(나이로비), 1995년 제4차(북경) 유엔 세계여성대회 개최. 2000년 새천년개발목표(MDGs) 채택, 2015년 지속가능발전목표(SDGs) 채택, 그리고 2021년 세대평등포럼(Generation Equality Forum) 개최등은 그 중요 분기점이라고 할 수 있다. 이러한 발전 과정은 지속가능발전목표 내 성평등 목표 이해의 기초가 되므로, 본고의 논의를 본격적으로 시작하기 전에 유엔 내 여성 의제의 역사를 간략하게 살펴보고자 한다.

1) 유엔 여성지위위원회(CSW)

유엔은 창설과 더불어 1946년 유엔 경제사회이사회(UN ECOSOC) 내에 여성지위위원회(Commission on the Status of Women, CSW)를 설립하였다. 당시 여성지위위원회는 유엔 경제사회이사회 내의 사무국 중하나로서 세계 여성의 현황을 조사하고 이를 사무총장에게 보고하는 역할을 하였다. 이후 1970년대부터는 동 위원회를 중심으로 유엔에서 여성의 이슈를 보다 심도 있게 다루기 시작하였다. 유엔은 부상하는 여성이슈들의 중요성과 위원회의 노력을 인정하여, 1975년을 "세계여성의해"로 선포하였고, 1975년 멕시코시티에서 제1차 유엔세계여성대회를 개최하였다.

2) 제1차-제3차 세계여성대회와 여성차별철폐협약(1979년)

1975년 멕시코시티에서는 133개국 정부 대표와 6,000여 명의 시민단체회원들이 참석한 가운데 평등, 발전, 평화를 주제로 제1차 유엔 세계여성대회가 개최되었다. 이 대회는 "완전한 성평등과 성차별 철폐", "발전에서의 여성의 완전한 참여", "세계평화를 위한 여성의 기여 증대"를 목표로 하였다. 대회의 결과로 "멕시코 선언(Mexico Declaration)"과 "세계 여성의 해의 목표를 이행하기 위한 세계행동계획"이 채택되었다. 유엔은 1975년부터 1985년까지를 "유엔여성 10년"으로 지정함으로써 유엔 내에서 여성 의제가 본격적으로 논의되기 시작하였다.

첫 번째 세계여성대회가 개최된 후 여성인권을 개선하기 위한 또 하나의 중요한 전기가 마련되었는데 바로 1979년 유엔총회에서 여성차별철폐협약이 채택된 것이다. 이 협약은 1967년 유엔총회의 결의로 여성차별철폐선언이 채택된 이후 이 선언을 바탕으로 여성의 인권을 보장하고 차별을 종식하기 위한 별도의 국제 인권조약이 필요하다는 인식하에 만들어 졌다. 현재까지 전 세계 189개 국가가 이 협약에 비준하였고 협약 당사국들은 4년마다 국가 이행보고서를 제출하고 심의받고 있다. 동 협약에서는 차별의 정의, 남녀 고정 성역할, 매춘 및 성매매, 여성의 정치 및 공적 활동, 여성의 국제 활동, 여성과 국적, 여성의 교육, 여성의 고용, 여성과 보건, 여성의 경제사회적 활동, 농촌 여성 차별 철폐, 법앞의 평등, 혼인과 가족 관계에서의 여성 차별 철폐 등 여성에게 가해지는 모든 분야에서 차별을 철폐할 것을 명시하였다.

1980년에는 덴마크의 코펜하겐에서 총 145개국 정부가 참석한 가운데 제2차 유엔 세계여성대회가 개최되었다. 2차 대회에서는 1차 대회의 주제인 평등, 발전, 평화에 대한 이행을 점검함과 동시에 보건, 교육, 고용 분야에서의 여성의 이슈를 주제로 논의가 진행되었다. 제3차 대회는 1985년 케냐의 나이로비에서 개최되었다. 157 개국 정부와 12,000여명의 시민사회 회원들이 참석하여 "여성의 지위 향상을 위한 나이로비 미래 전략"을 채택하였다. 이 전략에서는 국가 차원에서의 성평등 달성을 위한 방법과 평화와 발전에 있어서 여성의 참여를 촉진하는 방안들에 대해 제시하였다. 이렇게 1차부터 3차까지의 유엔 세계여성대회 개최를 통해 여성이 겪고 있는 차별과 불평등의 이슈와 해법들이 글로벌 차원에서 논의되었고 알려졌으며 합의된 결과는 문서화되었다.

3) 제4차 세계여성대회: 북경행동강령의 채택 (1995년)

1995년에는 제4차 유엔 세계여성대회가 중국 북경에서 개최되었다. 이 대회에는 189개국의 정부 대표와 7,000명 이상의 시민단체 회원이 참석하여 "북경행동강령(Beijing Plan of Action)"을 채택하였다. 북경행동강령은 여성 인권과 관련된 12개의 분야에서 여성이 처한 차별적인 현실의 해결하기 위해 각국 정부, 국제기구, 비정부 기구 등이 취해야 할 행동에 대해 매우 구체적으로 제시하고 있는 행동 중심의 문서이다. 이 강령에서 선정한 12개 우선분야로는 여성과 빈곤, 여성과 교육, 여성과 건강, 여성에 대한 폭력, 여성과 분쟁, 여성과 경제, 여성과 의사결정(대표성), 여성과 제도, 여성과 인권, 여성과 미디어, 여성과 환경, 그리고 여아가 선정되었다. 북경행동강령은 제1차에서 제3차까지 유엔 세계여성대회에서 다루었던 이슈들과 1979년 여성차별철폐협약(CEDAW)에서 다룬 여성인권의 문제들을 총망라한 글로벌 차원의 여성 권리 증진을 위한 합의문이며, 189개국 정부와 시민단체가 합의하고 목표를 제시한 최초의 글로벌 차원의 약속이라는 점에서 그 의의가 크다. 아울러 현재 여성 정책이나 개발협력에서 흔히 언급되는 성주류화(gender main-streaming) 전략이 본격적으로 채택되고 전파되기 시작한 곳이 바로 이 북경대회이다.

북경대회와 북경행동강령은 여성운동이 자신의 아젠다를 정부와 국가행위자들에게 전달하고 조직화하여 성평등에 대해 광범위하고도 대중적인 지지를 끌어냈고, 글로벌 남반구 여성들도 자신들의 우려 사항을 글로벌 차원의 아젠다에 포함하는 데에 있어서 매우 중요한 역할을 하였기 때문에 글로벌 여성운동의 커다란 성과로 여겨지고 있다 (Dhar 2018, 49)[16]. 아울러 북경행동강령은 단순한 선언 차원이 아닌 이행을 위한 구체적인 행동강령이기 때문에 1995년 채택된 이후 5년마다 유엔여성(UN Women)과 유엔여성지위위원회(UN CSW)를 중심으로 이행 성과를 점검하고 보고서를 발표하고 있다.

4) 새천년개발목표 채택(2000년)과 성평등 목표

북경행동강령이 1995년도에 채택되어 이행되는 가운데 2000년에 개최된 제55차 유엔총회에서는 빈곤, 질병, 환경파괴 등과 같은 개발을 저해하는 문제의 해결을 위해서 유엔을 중심으로 최초의 합의된 목표를 도출하였다. 새천년개발목표(MDGs)로 명명된 이 목표에서는 3번 독자목표로 "양성평등과 여성권한강화"가 채택되었고, 이를 달성하기 위한 기준(지표)으로는 "2005년까지 초등교육과 중등 교육에서의 성별 불균형을 없애고, 2015년까지 모든 수준의 교육에서 성별 균형에 도달한다"가 채택되었다. 아울러 3번 목표 뿐 아니라 다른 목표에서도 여성과 여아 관련 요소들이 포함되었는데, 보편적 초등교육, 아동사망률 감소, 모성보건 증진, 에이즈 퇴치 등의 목표에서도 여성과 관련된 요소들이 범분야로 주류화 되었다.

그러나 새천년개발목표 내 성평등 목표는 여러 한계를 보였고, 다

---

16 Suneeta Dhar, "Gender and sustainable development goals (SDGs)," Indian Journal of Gender Studies 25-1(2018), p. 49.

양한 비판에 직면하였다.[17] 첫째, 가장 중요하게 지적된 점은 여성에 대한 폭력과 해로운 관습들을 근절한 방안들을 포함하지 않았다는 점이다. 즉 새천년개발목표는 사회구조와 규범에 깊이 뿌리를 내리고 있는 문제인 가정폭력, 성폭력, 전쟁의 무기로서의 강간, 여성할례, 명예살인, 강제혼, 조혼, 조기 임신 등 여성의 인권을 짓밟는 다양한 형태의 폭력 문제들을 다루고 있지 않다는 점이다. 둘째, 성과 재생산 문제를 권리 측면에서 접근하지 않는 점이 지적되었다. 모성사망과 아동사망율 감소라는 협소한 목표는 여성의 임신과 출산에만 집중하였고, 더욱 근본적인 피임, 가족 계획, 성병 예방, 안전한 낙태 등의 재생산 이슈에 대해 여성이 스스로 결정할 수 있는 권리를 보장하는 일련의 활동들은 포함하지 않았다. 아직도 많은 개도국의 여성들은 자신이 몇 명의 자녀를 출산할지, 자녀의 터울은 몇 년으로 할지, 피임할지, 성병 치료를 받을지 등의 매우 기본적인 사항들도 스스로 결정할 권리가 없으며 남편이나 집안 남성의 허락을 받아야 하는 형편이다. 셋째, 성평등 관련 목표가 다른 목표들과 연결되어 있지 않다는 점이다. 즉, 새천년개발목표에서는 양성평등 목표 3번 이외의 목표에서 성평등 요소들이 명확히 드러나지 않기 때문에 시너지 효과를 창출하기 어려웠다. 넷째, 성 불평등과 차별을 지속적으로 유발하는 구조적인 측면이 간과되었다는 점이다. 여기에는 앞서 언급한 여성에 대한 폭력 철폐와 더불어 빈곤퇴치 및 경제적 역량 확보, 여성의 재산 소유권 인정, 여성의 리더쉽 및 의사결정 등 여성에게 불리하게 작용하는 차별적 구조들을 제거하는 활동을 포함

---

17 김양희, "젠더 측면에서 본 MDGs의 한계와 Post-MDGs 논의 동향," 『국제개발협력』 2014년 제3호 (2014), pp. 154-157.

한다.

5) 지속가능발전목표 채택(2015년)과 성평등 목표

2015년 채택된 지속가능발전목표에서는 새천년개발목표의 부족한 점을 적극적으로 보완하는 노력과 함께 각국 정부, 시민사회, 현지 여성 단체 등의 다양한 주체들의 논의를 거쳐 "양성평등과 여성권한강화"를 독자목표 5번으로 선정하였다. 목표 5번에서는 새천년개발목표에서 포함되지 않았던 구조적인 이슈들을 전적으로 다루었는데, 여성에 대한 폭력 및 유해한 관습 포함, 경제자원 접근에서의 권리 측면 강조, 재생산 건강권 보장 등 이전의 비판을 대대적으로 수용하여 보완하였다. 아울러 지속가능발전목표에서는 독자목표 5번 이외에도 10개의 목표, 세부목표, 지표 차원에도 성평등 요소가 포함되었다. 예를 들면, 2번 기아 목표에서는 청소년 여아의 건강, 임신·수유부 여성들의 영양 개선이, 3번 보건 목표에서는 임산부와 모성보건 관련 사항들이 포함되었다. 4번 교육목표에서는 남녀 영유아 교육, 초등 및 중등 교육 직업 교육에서의 여성을 고려 하는 지표들이 포함되었다. 또한 11번 도시 목표에서는 여성과 노약자들의 특별한 필요를 고려할 것을 명시하였다.

그러나 지속가능발전목표에 대한 비판도 여전히 존재한다.[18] Dhar(2018)의 지적에 의하면 첫째, 구조적 문제가 여전히 충분히 다루어지지 않고 있다는 점이다. 즉, 지속가능발전목표가 여성에 대한 차별과 불평등에 있어서 심층적인 구조적 원인을 간과하였다는 견해인데 지속가능발전목표가 북경에서 합의된 사항들을 간과하고 있다고 주장한

---

18 Dhar (2018), pp. 55-56.

다. 예를 들면, 여성 노동자의 임금 불평등을 없애기 위해 협상할 수 있는 권리 등을 명시하지 않았고, 조세정책 및 부채탕감 등의 거시경제 정책을 분석하고 조정하는 것에 대한 국가의 약속이 더 필요하다고 주장하였다. 둘째, 평화와 안보에 관한 이슈가 다루어지지 않은 점이다. 분쟁 상황에서 여성이 겪게 되는 어려움은 이미 1995년 채택된 북경행동강령의 12개 우선분야 중의 하나로 명시된 바 있으며 2000년도 채택된 유엔 안전보장이사회 결의안 1325에서도 그 중요성이 제기되었다. 또한 국가들이 지속가능발전목표에서 제시된 약속들을 지키기 위해 공공재원을 효과적으로 지원하고 있지 않은 것에 대해서도 우려를 표명하였다.

6) 세대평등포럼(Generation Equality Forum, 2021년)

지속가능발전목표가 채택되고 이행됨과는 별도로, 유엔은 북경행동강령의 이행과 성과를 꾸준히 점검해 왔다. 북경행동강령이 채택된 지 25년이 지났음에도 불구하고, 아직 그 목적 달성이 요원한 점이 지적되었고, 시간이 경과함에 따라 북경행동강령이나 지속가능발전목표에서 충분히 포함하고 있지 않은 미래의 성평등 이슈가 보완될 필요성이 대두되었다. 이러한 배경을 바탕으로 2021년 6월에 프랑스 파리에서 세대평등포럼(Generation Equality Forum)이 개최되었다. 이 포럼은 북경의 정신을 되새기고 청년들이 주최하여 미래를 선도할 새로운 성평등 이슈를 발굴하는 목적으로 멕시코와 프랑스 정부가 주도하였으며, 유엔여성(UN Women)이 주관하였다. 세대평등포럼에서는 북경행동강령의 12개 분야와 지속가능발전목표에서 언급되었던 분야들을 보다 포괄적으로 6개의 영역으로 분류하였다: 1) 젠더기반폭력 2) 경제정의 및 권리

3) 자기몸 결정권 및 성·재생산 건강 및 권리 4)기후정의를 위한 여성주의활동 5)성평등을 위한 기술과 혁신 그리고 6)여성주의운동과 여성 리더십이다. 특히 현재 젊은 세대들이 직면한 디지털 전환 등의 변화하는 환경 속에서 성평등을 실현하고 여성에 대한 차별을 철폐하기 위한 논의들을 대거 포함하였다. 아울러 전 지구적 재난과 분쟁의 증가로 인해 그 중요성이 날로 강조되고 있는 여성평화안보(Women, Peace, Security, WPS) 의제를 반영한 여성평화안보와 인도적지원에 관한 협약(Women, Peace & Security and Humanitarian Action (WPS-HA) Compact)을 채택함으로써 이 의제 또한 향후의 글로벌 여성 아젠다 안에서 활발히 논의될 수 있도록 하였다.[19]

7) 소결

1970년대 이후 유엔에서는 다양한 분야의 여성 의제들이 논의되고 합의되어 왔다. 이 모든 과정은 이전의 합의에 바탕을 두고 연속선상에서 수립되고 발전했으며 특히 지속가능발전목표의 성평등 목표에서는 새천년개발목표의 한계를 인정하고 북경행동강령의 정신으로 회귀할 것을 강조하였다. 새천년개발목표가 여성 의제에 개발의제를 합치시킨 것이라면 지속가능발전목표 내 성평등 목표는 여성의제, 개발의제, 그리고 환경 의제까지 합치시킨 것이라고 할 수 있다. 아울러 세대평등포럼은 여기에 평화와 안보 의제까지 포함하게 되었다.

---

[19] 2021년 개최된 세대평등포럼에 대해서는 다음 문헌 참조. 장은하 외, "2021 세대평등포럼(Generation Equality Forum)의 개최와 의의," 『KWDI Brief』 제68호 (2021년 10월 31일), https://www.kwdi.re.kr/publications/kwdiBriefView.do?p=2&idx=129206 (검색일: 2023. 01. 05)

한 가지 주목할 점은 글로벌 차원의 합의된 목표로서 북경행동강령이 가지는 의미이다. 첫째, 북경행동강령의 개발협력 목표로서의 선도성이다. 여성 분야에서는 새천년개발목표 이전인 1995년에 이미 북경행동강령이라는 공동의 합의가 도출되었고, 이행 성과를 5년마다 점검하여 보고서를 발간했다. 북경행동강령의 목표 달성을 위한 과정에 대한 교훈은 지속가능발전목표의 이행과 달성에 있어서도 모종의 시사점을 제공할 수 있을 것이다. 둘째, 개발협력목표로서의 포용성(inclusiveness)이다. 북경행동강령은 여성들이 처한 문제를 해결하기 위해 단지 국제기구나 선진국 정부뿐이 아닌 개도국의 정부, 시민사회, 당사자 모두의 목소리가 반영된 산물이다. 앞서 설명한 1975년 제1차 유엔세계여성대회부터 시민사회는 주요 당사자로 참여하였으며, 적극적으로 의견을 반영하여 북경행동강령을 탄생시켰다. 요약하면 국제무대에서 여성 이슈는 개발협력에 있어서의 최초의 글로벌 합의인 새천년개발목표나 지속가능발전목표보다 훨씬 앞선 시점부터 글로벌 차원의 합의를 이루었고, 특히 시민사회의 주도로 이러한 과정이 진행되었다는 점은 지속가능발전목표의 이행 달성에도 시사점을 줄 수 있을 것이다.

III. 지속가능발전목표 내 성평등 목표의 이행현황

1. 지속가능발전목표 내 성평등 목표의 이해

1) 5번 성평등 독자 목표의 이해

지속가능발전목표 내 성평등 목표의 이행에 관해 논하기 이전에 5번 "성평등과 여성권한강화"목표 내 세부목표와 지표는 무엇이며, 이들이 무엇을 의미하는지 정확히 이해해야 할 필요가 있다. 이 세부목표들은 북경행동강령 이후부터 국제 여성계에서 지속해서 성찰해 온 이슈를 망라한 것이며, 이를 이해하는 것만으로도 현재 국제사회가 당면하고 합의한 성평등 관련 주요 쟁점들을 파악할 수 있기 때문이다.

세부목표 5-1은 "모든 곳에서 모든 여성과 소녀에 대한 모든 형태의 차별을 종식한다"이다. 이것은 지속가능발전목표 5번의 모든 세부 목표를 포괄하는 총괄적인 목표라고 할 수 있는데, 앞서 설명한 여성차별철폐협약(CEDAW)의 가장 주된 목적인 여성에 대한 차별 종식을 5번 목표의 가장 근본적인 가치로서 제시하고 있다. 이 목표에 대한 지표로는 다른 여타 세부목표와는 달리 한 국가가 성차별을 종식하고 양성평등을 추진하고 모니터링하기 위한 법을 보유하는지에 대한 여부가 설정되었다.

세부목표 5-2와 5-3은 젠더기반폭력(gender-based violence, GBV)과 관련된 목표이다. 세부목표 5-2는 "여성에 대한 모든 형태의 공적·사적 영역에서의 폭력을 철폐"하는 것을 목표로 한다. 여기에는 두 지표가 있는데 5-2-1 지표는 가정폭력을, 5-2-2는 성폭력을 측정한다. 5-3은 여성을 대상으로 하는 모든 유해한 관습을 근절하는 것이 목표인데, 여기서는 조혼, 강제혼, 여성 성기절제(혹은 여성할례) 등 특정 성(gender)이기 때문에 겪게 되는 각종 유해한 행위를 근절하는 것을 그 목표로 삼고 있다. 5-3-1에서는 조혼 비율, 그리고 5-3-2에서는 성기절제를 경험한 여성의 비율을 측정한다. 앞서 설명한 세부목표 5-1이 지속가능발전목표 5번 내, 9개의 세부목표를 아우르는 목표라면 이어서 바로 다음에 젠더기반폭력 목표인 5-2와 5-3을 연이어 배치함으로써 젠더 기반폭력의 심각성과 중요성을 명시하고 있다. 젠더기반폭력은 기존 새천년개발 목표에서는 포함되지 않았던 것으로서, 여성에 대한 구조적인 차별을 타파하기 위한 시도이다.

세부목표 5-4는 무보수 돌봄과 가사노동을 "인정(recognize)"하고 여기에 "가치를 부여(value)"하자는 목표이다. 여기서 주목할 점은 여성이 가정 내에서 수행하는 돌봄과 가사노동에 대한 금전적인 대가를 지급하라는 것이 아닌 (근본적으로는 그래야 하지만), 이를 "인정"하고 "가치를 부여"하자는 선에서 타협한 목표라고 할 수 있다. 현실적으로 여성의 돌봄과 가사노동에 대해 적절한 대가를 지급하는 것은 한계가 있기 때문에 (누가 그리고 어떻게 지급할 것인가?) 일단은 노동의 수고를 인정하고 그 가치를 인정해주는 선에서 이 목표가 합의되었다. 이 목표의 지표로는 무보수 가사노동과 돌봄 노동에 할애 하는 시간을 성별과 연령 그리고 장소별로 계산하고 측정하는 것이다.

세부목표 5-5에서는 여성의 대표성과 여성의 의사결정 기회를 보장하는 것을 명시하였다. 지표 5-5-1에서는 의회와 지방정부에서의 여성 의석 비율, 그리고 지표 5-5-2에서는 여성 관리직 비율을 측정하는데 이 지표들은 비교적 수치화하기 용이한 지표들이며, 국가 대부분이 이 지표에 대한 통계는 정기적으로 생산하고 있다.

《표 1》 SDG 5번 양성평등 및 여성권한강화 세부목표 및 지표

목표	세부목표		지 표	
목표 5. 양성 평등 달성 및 모든 여성과 소녀의 권한 강화	5.1	모든 곳에서의 모든 여성과 소녀에 대한 모든 형태의 차별 종식	5.1.1	지표 양성평등과 비차별을 증진하고 집행하며 모니터링 할 수 있는 법적 체계 존재 여부
	5.2	인신매매, 성적 착취 및 기타 형태의 착취를 포함하여, 모든 여성과 여아에 대한 공적·사적 영역에서의 모든 형태의 폭력 철폐	5.2.1	지난 12개월 동안 파트너가 있었던 여성 및 15세 이상 소녀 중 현재 또는 이전의 성적 파트너로부터 육체적, 성적, 심리적 폭력을 경험한 사람의 비율
			5.2.2	지난 12개월 동안 파트너가 있었던 여성 및 15세 이상 소녀 중 성적 파트너 이외의 다른 사람으로부터 육체적, 성적, 심리적 폭력을 경험한 사람의 비율
	5.3	아동 결혼, 조혼 및 강제 결혼과 여성성기절제와 같은 모든 유해한 관습(harmful practices)의 근절	5.3.1	20-24세 여성 중 15세 이전과 18세 이전에 결혼(married) 또는 동거(in a union)를 했던 여성의 비율
			5.3.2	15-49세 소녀 및 여성 중 여성성기절제(FGM/C)를 경험한 연령별 비율
	5.4	국가별로 적절한 공공서비스, 사회기반시설, 사회적 보호의 제공과 가구·가족 내 책임분담의 증진을 통한 무보수 돌봄과 가사노동에 대한 인정 및 가치부여	5.4.1	무보수 가사노동 및 돌봄노동에 할애하는 시간의 성별, 연령별, 장소별 비율
	5.5	정치·경제·공직 생활의 모든 의사결정 수준에서 여성의 완전하고 효과적인 참여 및 리더십을 위한 평등한 기회를 보장	5.5.1	의회와 지방정부의 여성 의석 비율
			5.5.2	여성관리직 비율
	5.6	국제인구개발회의 행동계획과 북경행동강령 및 이에 대한 검토 회의의 결과문서에 따라 합의된 대로 성·재생산 보건과 재생산권리에 대한 보편적 접근 보장	5.6.1	충분한 정보를 바탕으로 성적 관계, 피임도구 사용, 재생산 건강관리 등에 대한 의사결정을 내리는 15~49세의 여성 비율
			5.6.2	성·재생산에 관한 건강, 정보, 교육에 대한 15세 이상의 여성 및 남성의 접근성을 보장할 수 있는 법률 및 규정을 마련하고 있는 국가의 수

5.a	국내법에 따라 여성에게 경제적 자원에 대한 평등한 권리 및 토지와 기타 형태의 자산 소유와 통제, 금융서비스, 유산(遺産) 및 천연자원에 대한 접근을 부여하기 위한 개혁을 단행	5.a.1	(a)농지에 대한 소유 및 소유권을 보장받는 전체 농업인구 비율(성별분리); (b) 총 농지소유자 중 여성 토지소유자(토지권 종류별)
		5.a.2	(관습법을 포함한) 법적근거를 통해 여성의 토지소유 또는 통제에 대한 평등한 권리를 보장하는 국가 수
5.b	여성의 권한 강화를 위하여 증진을 위하여 핵심기술, 특히 정보통신기술의 이용 증진	5.b.1	성별 휴대폰 보유율
5.c	모든 수준에서 양성평등 및 모든 여성과 소녀의 권한 강화를 위한 견실한(sound) 정책과 집행 가능한 법을 채택하고 강화	5.c.1	양성평등 및 여성의 역량강화를 위한 공공자원 배분 및 추적시스템을 갖춘 국가의 비율

자료: 장은하 외 (2017) pp. 173-178 재구성

세부목표 5-6은 여성의 성·재생산 건강 및 재생산권리에 대한 보편적 접근을 보장하는 목표이다. 이 세부목표에서 주목할 점은 새천년개발목표에서 간과되었던 권리적인 접근이 강력하게 반영되었다는 점이다. 기존 새천년개발목표에서는 모성건강을 독자목표로 선정하여 재생산 건강 측면만 다루었으나, 지속가능발전목표에서는 성과 재생산 건강(sexual and reproductive health)뿐 아니라, 재생산권리(reproductive rights)까지도 포함하여 여성이 자신의 몸에 대한 결정권을 행사하고, 임신과 출산을 (남편이나 가족 내 다른 남성이 아닌) 자신이 결정할 수 있도록 보장하였다. 재생산권리에는 성적 자기결정권리, 출산과 피임을 결정할 권리, 자녀의 수와 터울을 결정할 수 있는 권리, 임신을 유지하거나 중단할 수 있는 권리 등이 모두 포함된다. 이러한 권리 측면을 고려한 목표를 달성하기 위해서는 먼저 여성 자신이 재생산과 관련된 지식과 정보를 보유하고 있어야 하며, 자신의 임신과 출산을 결정할 수 있어야 한다. 이러한 이유에서 이 세부목표의 지표로는 재생산관련 의사결

정을 내리는 여성의 비율과 성·재생산 교육을 설정하였다.

세부목표 5.a부터 5.c는 5.1부터 5.6까지의 세부목표의 이행을 위해 선행되어야 할 수단 혹은 방법이다. 5.a는 여성에게도 남성과 같이 자원에 접근하고 이를 소유할 수 있는 권리를 부여하는 목표이다. 아직도 많은 개도국에서는 여성의 토지 소유가 법적으로 허락되지 않고 있으며, 토지뿐 아니라 은행 계좌 개설 및 운용 등을 포함하는 경제적 자원에 접근할 수 없는 기회가 없는 경우도 많다.

세부목표 5.b는 여성들이 정보통신기술에 접근하고 이 기술을 이용하는 것을 증진할 것을 명시하고 있다. 이는 향후 중요도가 높아질 것으로 예상되는 목표인데, 현재 전 세계적으로 이동전화를 이용한 인터넷 사용률의 성별격차는 줄어들고 있지만, 여성은 남성보다 약 16% 정도 이동전화를 통한 인터넷 사용률이 낮은 것으로 조사되었다. 개도국에서는 여성들은 남성들보다 이동전화 보유율이 약 7% 낮은 것으로 파악되었고, 특정 국가의 여성들의 경우 스마트폰을 보유하고 있으면서도 인터넷 기능을 사용하지 않고 있는 것으로 조사되었다.[20]

마지막으로 세부목표 5.c는 상기한 모든 목표를 이행하기 위한 법과 정책을 채택하고 강화하자는 목표이다. 여기에는 적절한 예산 배정과 모니터링 시스템이 포함된다. 이 세부 목표의 지표로는 성평등 및 여성의 권한강화를 위해 공공 자원을 배분하고 추적하는 시스템을 갖춘 국가의 수를 선정하였는데, 이는 한 국가가 성인지예산 시스템을 보유

---

20 GSMA, "The Mobile Gender Gap Report 2022," (2022). pp. 7-8, https://www.gsma.com/r/wp-content/uploads/2022/06/The-Mobile-Gender-Gap-Report-2022.pdf?utm_source=website&utm_medium=download-button&utm_campaign=gender-gap-2022

하고 예산의 지출을 공개하고 추적할 수 있는 체계를 갖추고 있는가를 확인하는 지표이다.

2) 성평등 범분야(크로스커팅) 목표의 이해

아울러 성평등 관련 목표는 5번 목표를 제외하고도 지속가능발전목표의 17개의 목표 중 10개에 크로스커팅되어 있다. 어떤 경우는 세부목표 차원에서 어떤 경우는 지표 차원에서 여성 혹은 여성관련 요소가 명시되어 있다. 예를 들면 교육목표인 4번 내 세부목표 4.2, 4.3, 4.4 등의 경우 "모든 여아와 남아"를 대상으로 함을 명시하고 있으며, 특히 세부목표 4.5에서는 교육에서의 성 불평등을 종식할 것을 명확히 표현하고 있다. 8번 고용 목표의 경우 지표 차원에서 여성이 크로스커팅되어 있는데, 예를 들면 8.3.1 지표에서는 비공식 고용의 비율을 분야와 성별로 분리하여 제시할 것을 요구한다.

그러나 이렇게 세부목표와 지표 내에서 여성을 명시적으로 크로스커팅하지 않고 있다 하더라도 모든 지속가능발전목표에서 여성을 고려할 때 이행의 시너지가 높아질 수 있다. 예를 들면 물과 위생 목표인 6번의 경우, 목표를 달성하는 데에 있어서 여성을 고려하는 것을 통해 여성의 삶이 획기적으로 개선될 수 있다. 즉 설거지, 빨래, 청소, 돌봄 등 대부분의 가사노동은 물과 직접적으로 관련이 있으며, 여성의 물에 대한 접근성을 높임으로써 여성의 무보수 노동의 시간과 강도를 감소시킬 수 있다. 이렇게 해서 확보한 시간을 통해 여성은 교육을 받거나 경제활동을 하는 등 가사노동 이외의 다양한 선택을 할 수 있게 되고 이를 통해 궁극적으로는 여성의 권한이 강화될 수 있다.

2. 지속가능발전목표 내 성평등 목표의 이행현황

본 소절에서는 지속가능발전목표 내 성평등 목표의 글로벌 이행현황을 5번 성평등 및 여성권한강화 독자목표와 크로스커팅 목표의 두 차원에서 분석하고자 한다. 독자목표 5번의 글로벌 이행현황의 검토를 위해서는 유엔에서 매년 발간하는 유엔 지속가능발전목표 이행보고서(The Sustainable Development Goals Report) 내 5번 성평등 목표 부분을 2016년 보고서부터 2022년 보고서까지 검토하였다. 크로스커팅 목표의 검토를 위해서는 유엔 여성(UN Women)과 유엔 경제사회국(UN DESA)이 2019년부터 매년 발간하고 있는 "지속가능발전목표 이행: 젠더 스냅샷, Progress on the Sustainable Development Goals: The gender snapshot" 보고서를 2019년부터 2022년까지 검토하였다. 특히 이 젠더 스냅샷 보고서는 5번 독자목표 뿐 아니라 유엔 지속가능발전목표 보고서 중 유일하게 성평등 크로스커팅 목표에 대해서도 검토하고 있으므로 크로스커팅 목표 이행현황 파악을 위한 기초 자료라고 판단하였다.

1) 2016년-2021년 유엔 지속가능발전목표 보고서를 통해 검토한 5번 성평등 독자 목표의 이행현황

유엔 지속가능발전목표 이행보고서(The Sustainable Development Goals Report)는 5번 목표의 이행을 분석하면서 5번 내의 모든 세부목표를 다루지는 않으며, 연도별로 특정 세부목표를 선별하여 그 현황과 전망을 제시한다. 즉, 각 세부목표의 지표별로 일일이 통계를 제시하여 정량적 이행점검을 하는 것이 아니라, 세부목표의 글로벌 현황을 해당 연도의 중요 이슈를 중심으로 검토하는 것이다. 이번 절에서는 해당 연도 보고서에서 헤드라인으로 선정한 세부목표 주제를 중심으로 설명한다. 헤드라인으로 뽑은 이슈들은 유엔이 판단하기에 글로벌 차원의 여러 성평등 관련 이슈 중 주목할 필요가 있는 주제를 다룬다는 점에서 중요도가 크며, 따라서 본고에서도 이 주제들의 경향성을 검토하는 것에 의의를 두고자 한다.

2016년도 유엔 지속가능발전목표 보고서의 5번 목표에서는 세부목표 5.3(유해한 관습), 5.5(여성의 대표성과 의사결정)의 현황이 다루어졌다.[21] 세부목표 5.3(유해한 관습)의 경우, 아동혼의 비율은 전반적으로 감소하였으나 아직도 특정 문화권에서는 빈번하게 행해지고 있다. 남아시아와 사하라 사막 이남 지역의 20세에서 24세 사이의 여성 중 자신이 18살 생일 이전에 결혼했다고 보고하는 여성의 비율은 1990년 32%에서 2015년 26%로 감소하였다. 그러나 여성할례가 집중적으로 시행되는 30개 국가의 15세부터 19세 사이의 여성의 3명 중 1명은 여성할례를 받은 것으로 조사 되었다. 또한 개도국 여성들은 남성들보다 4배 이상 무보수 돌봄 및 노동에 종사하고 있으며, 2016년 현재 여성은 의회의 23%를 차지하고 있는데 이것은 지난 10년 동안 6% 증가한 수치이다.

2017년도의 보고서의 5번 목표에서는 세부목표 5.2(젠더기반폭력), 5.3(유해한 관습), 5.4(무보수 돌봄과 노동), 5.5(여성의 대표성과 의사결정), 5.6(성·재생산 건강 및 재생산권리)의 현황을 다루었다.[22] 이슈별로 살펴보면 친밀한 파트너에 의한 성폭력(가정폭력), 아동혼, 조기 임신과

---

21 UN, "The Sustainable Development Goals Report,"(2016), p. 5, https://unstats. un.org/sdgs/report/2016/ (검색일: 2023. 01.05).

22 UN, "The Sustainable Development Goals Report,"(2017), p. 5, https://unstats. un.org/sdgs/report/2017/#foreword (검색일: 2023. 01.05).

출산, 여성할례, 무보수 돌봄 및 가사 노동, 여성 대표성, 여성 재생산건
강 등을 포함한다. 2005년부터 2016년 사이 87개국을 비교한 조사에 의
하면 (이 중 30개는 선진국), 15세에서 49세 사이의 여성과 여아의 19%
가 친밀한 파트너에 의해서 육체적 혹은 성적 폭력을 당했다. 아동혼 발
생 비율은 서서히 감소하고 있으나, 남아시아와 사하라 사막 이남 지역
에서는 아직도 빈번히 행해지고 있다. 2015년 조사에 의하면 20세에서
24세 사이의 여성의 1/4이 28세 이전에 결혼하였다. 조기 임신은 2000
년에서 2015년 사이 전 세계적으로 21% 감소하였고 중앙아시아와 남아
시아에서 가장 큰 감소율을 기록하였으나, 사하라 사막 이남 지역에서
는 아직도 매우 높은 비율을 보인다. 여성할례의 경우 글로벌 차원의 감
소세에도 불구하고 특정 30개 국가에 거주하는 2억 명의 여성들은 여성
할례를 받았다. 무보수 돌봄과 노동에 있어서 여성은 남성보다 매일 3
배 이상의 시간을 소비하고 있다. 정치적 권력과 경제적 권력은 여전히
남성들에게 집중되어 있으며 2017년 현재 전 세계적으로 여성 국회의
원비율은 23.4%이다. 특정 국가에서는 피임약 사용 그리고 건강 관리
에 있어서 1/2의 여성만이 자신이 의사결정을 할 수 있는 것으로 나타
났다.

2018년 보고서에서는 세부목표 5.2(여성에 대한 폭력), 5.3(유해한
관습), 5.4(무보수 돌봄과 노동), 5.5(여성의 대표성과 의사결정)의 현황
을 다루었다.[23] 2005년부터 2016년까지의 56개국의 통계에 의하면 15세
에서 19세 사이의 청소년 여성들의 20퍼센트가 지난 12개월 동안 친근

---

23 UN, "The Sustainable Development Goals Report," (2018), p. 6, https://unstats.
    un.org/sdgs/report/2018/ (검색일: 2023. 01.05).

한 파트너에 의해서 육체적 혹은 성적 폭력을 당한 것으로 보고되었다. 2017년에는 20세에서 24세 사이의 전세계 여성의 21% 가 18세 이전에 결혼한 것으로 조사되었다. 2017년 여성할례가 집중적으로 이루어졌던 30개 국가에서는 15세에서 19세 사이의 여성의 1/3이 여성할례를 경험하였는데, 이것은 2000년도의 1/2의 수치에서 감소한 것이다. 2000년도와 2016년 사이의 통계에 의하면 약 90개국 여성은 무보수 가사노동과 돌봄 노동에 남성보다 3배 이상의 시간을 사용하는 것으로 조사 되었다. 또한 전 세계적으로 여성 국회의원 비율은 2010년에 19%에서 2018년에 23%로 증가하였다.

2019년 보고서에서는 세부목표 5.3(유해한 관습), 5.4(무보수 돌봄과 노동), 5.5(여성의 대표성과 의사결정), 5.c(법과 정책) 현황을 다루면서 아직도 지구상의 많은 여성과 여아들이 유해한 관습에 시달린다고 지적하였고 무보수 돌봄과 가사노동에 남성들보다 훨씬 많은 시간을 소비하고 있음을 강조하였다.[24] 최근 90개 국가의 비교 자료에 의하면, 여성은 남성보다 무보수 돌봄과 가사노동에 3배 이상의 시간을 할애한다. 여성의 대표성의 경우 2019년 1월 통계에 의하면 여성 국회의원 비율은 평균 24.3%의 의회 참여율을 보였고 이것은 2010년 통계에서 5% 증가한 것이다. 2019년 보고서에서는 처음으로 세부 목표 5.c에 대해서 언급하고 있는데, 여성에 대한 차별, 여성에 대한 폭력, 남녀임금격차 등을 시정하기 위한 직접적이고도 간접적인 법적 제도가 미비한 것으로 밝혀졌다. 아울러 2019년 보고서에서는 여성 관련 정책과 법을 실행하기 위

---

24 UN, "The Sustainable Development Goals Report," (2019), pp. 32-33, https://un-stats.un.org/sdgs/report/2019 (검색일: 2023. 01.05).

한 자금이 부족함을 지적하였다. 2018년도에 69개 국가의 데이터에 의하면, 조사 대상국 중 단지 13개의 국가에서만 성평등을 위한 재원을 추적 할 수 있는 포괄적인 시스템과 공공에 개방된 데이터를 가지고 있었고, 41개 국가에서는 이러한 사항을 충족하기 위해 노력하고 있는 것으로 보고되었다.

2020년도 보고서에서는 코로나19 팬데믹의 영향과 피해가 본격적으로 언급되기 시작하였다.[25] 특히 5.3(유해한 관습), 5.4(무보수 돌봄과 노동), 5.5(여성의 대표성과 의사결정), 5.6(성·재생산 건강 및 재생산 권리) 영역에서 우려가 제기되었다. 코로나19가 여성에 대한 폭력의 위험를 증가시키고 있고 아동혼과 여성할례를 감소시키기 위한 그동안의 노력을 후퇴시키고 있다고 경고하였다. 아울러 코로나19의 영향으로 인해 여성의 무보수 노동이 증가하고 있음을 지적하였는데, 17개국을 대상으로 한 조사에 의하면 남성과 여성 모두 이동제한(lock-down) 조치로 인하여 가사노동과 아동 돌봄의 부담이 증가하였으나, 이러한 부담은 남성보다 여성에게 가중된다고 보고되었다. 여성의 대표성을 보여주는 지표인 여성 국회의원 비율의 경우 2020년 통계 의하면 24.9%로 2015년의 22.3%에서 소폭 증가하였다. 여성의 자기 결정권의 경우, 2007년부터 2018년까지 57개국의 결혼한 여성의 데이터를 분석한 결과, 이 여성들의 55%만이 성·재생산보건과 권리에 있어서 스스로 결정을 내린다고 대답하였다.

2021년 보고서에서는 이전 연도와 마찬가지로 코로나19가 여성과

---

25 UN, "The Sustainable Development Goals Report,"(2020), pp. 34-35, https://un-stats.un.org/sdgs/report/2020/ (검색일: 2023. 01.05).

여아에게 미친 영향을 5.3(유해한 관습), 5.4(무보수 돌봄과 노동), 5.5(여성의 대표성과 의사결정), 5.a(자원접근성)을 중심으로 다루고 있다. 무엇보다 팬데믹 기간에 여성에 대한 폭력이 용납할 수 없는 수준으로 높아졌다고 우려를 표명하였다.[26] 저소득 국가에서 특히 친밀한 파트너에 의한 가정폭력과 아동혼이 증가하였다. 코로나로 인해 여성들은 무보수 노동 시간이 증가하였으며 동시에 노동시장에서 퇴출당하고 있다. 코로나19의 대응과 회복을 위해서는 여성의 의사결정 참여가 필수적이나, 아직도 요원해 보인다. 2021년 보고서에서는 특히 여성의 자원 접근성에 대해서 처음으로 언급하였는데, 남녀평등한 토지 접근권은 빈곤 퇴치와 식량 불안정성 극복을 위해서 필요하지만, 아직 부족하다고 지적되었다.

　　2022년 보고서에서는 지난 2년 반 동안 지속된 코로나19로 인한 위기 상황, 이어 우크라이나 전쟁으로 인한 전 세계적 식량 위기, 에너지 위기, 인도적(난민) 위기, 그리고 이 모든 상황의 배경에 존재하는 기후 문제에 대한 다급한 위기의식이 반영되었다.[27] 5.2 (젠더기반폭력), 5.3(유해한 관습), 5.4(무보수 돌봄과 노동), 5.5(여성의 대표성과 의사결정)이 대표적으로 언급되고 있다. 코로나19로 인해 젠더기반폭력이 증가하였으며, 특히 선진국보다 개도국에서 가정폭력이 증가하였다. 코로나19 동안의 경제 상황 악화, 학교 봉쇄, 성·재생산 프로그램의 중단 등의 요인으로 인해 지난 10년 동안 15% 감소했던 조혼이 다시 증가하

26　UN, "The Sustainable Development Goals Report,"(2021), pp. 36-37, https://un-stats.un.org/sdgs/report/2021/ (검색일: 2023. 01.05).

27　UN, "The Sustainable Development Goals Report,"(2022), pp. 36-37, https://un-stats.un.org/sdgs/report/2022/ (검색일: 2023. 01.05).

였다. 또한 코로나19로 인해 여성들의 돌봄 노동과 가사노동의 의무가 증가하였고, 이로 인해 경제활동을 포기하는 여성이 늘었다. 코로나19 피해 대응과 복구를 위해 여성이 의사결정에 참여하는 것이 중요한데, 현재로서는 요원한 상황이며, 차별적인 법과 법적 사각지대로 인해 여성의 인권이 침해당하고 있다. 여성들이 토지를 소유할 수 있는 권리를 갖는 것은 빈곤을 해소하고 식량 안정성을 확보하는 데 중요하나, 대부분 국가에서는 여성이 남성보다 농지에 대한 소유권을 가지고 있거나 권리를 행사할 수 있는 경우가 드물다.

2016년부터 2022년도까지 7년에 걸쳐 발간된 지속가능발전목표 보고서 내 성평등 독자목표 5번의 전체적인 경향을 다시 정리하면, 가정폭력과 성폭력을 포함하는 여성에 대한 폭력에 대한 세부목표인 5.2의 경우 눈에 띄는 개선이 관찰되지 않고 있으며, 코로나19 기간에 오히려 악화되었다. 유해한 관습 철폐를 위한 세부목표 5.3의 경우 아동혼과 여성할례는 지난 세기를 거치며 개선되었으나, 코로나의 영향으로 인해 그 노력이 후퇴하고 있다. 무보수 돌봄과 가사노동을 줄이고 인정하자는 세부목표 5.4의 경우 여성이 남성보다 일일 평균 3배 이상 시간을 무보수 돌봄과 가사노동에 투입하고 있으며 이 수치는 개도국일수록 악화되는 경향을 보인다. 여성의 의사결정과 대표성 증진을 위한 세부목표 5.5의 경우, 전 세계적으로 의회 내 여성 진출 비율은 지속해서 증가하고 있으며 최근에는 거의 25%에 이르고 있다. 이는 5번 내 세부목표 중 가장 뚜렷하게 개선 경향을 보이는 지표이다. 그러나 코로나19 대응을 위한 정책 수립과 결정에 있어서는 여성들의 참여율이 저조한 상황이어서, 정작 코로나 대응의 최전선에서 활동했던 여성들은 정책의 혜택을 받지 못하고 있다. 성재생산 건강과 권리 세부목표인 5.6의 경우 아직도 많은 개도국 여성들이 자기결정권을 행사하지 못하는 것으로 나타났다. 5.a(자원 접근), 5.b(정보통신 접근), 5.c(법과 정책)도 개선이 요구되는 목표들인데, 특히 성인지 예산과 집행, 추적을 위한 시스템은 여러 국가가 미비한 상태이다.

7개년 동안의 유엔 지속가능발전보고서 내 성평등 목표 이행 경향을 살펴보면 몇 가지 특징을 발견할 수 있다. 첫째, 세부목표 5.3(유해한 관습), 5.4(무보수 돌봄과 노동), 5.5(여성의 대표성과 의사결정)는 검토했던 모든 보고서에서 다루어졌으며, 5.2(젠더기반폭력)는 2017년도부터, 5.6(성·재생산 건강 및 재생산권리)은 2017년부터, 그리고 5.a(자원접근)와 5.c(법과 정책) 등은 간헐적으로 명시되었다. 특히 5.a, 5.c 등의 이행수단 목표는 지속가능발전목표 수립 직후에는 구체적인 변화를 측정할 수 있는 통계가 미비했으나, 2016년 이후 점차 통계 수집과 분석이 개선되어 이행 성과를 제시할 수 있었다고 볼 수 있다. 또한 5.2, 5.3, 5.4의 중요도가 상대적으로 크다고도 해석할 수 있다.

둘째, 코로나19가 여성에게 미친 영향은 매우 크고 심각하며, 이의 회복을 위해서는 일시적인 구호성 혹은 일회적 정책보다는 더 근본적인 구조적 변환이 필요하다는 점이 해를 거듭할수록 강조되었다. 이는 2020년 보고서와 2021년 보고서에서 잘 나타나 있는데, 2020년 보고서에서는 코로나19 첫해를 경험한 후 그 피해와 충격의 현황에 대해서 다루고 있으며, 다음 해인 2021년에는 코로나19로부터의 회복을 위해서는 정책 결정에서의 여성의 적극적인 참여 등을 포함하는 모든 영역에서 보다 구조적인 변화를 요구하고 있다.

셋째, 2022년에 들어서면서는 코로나19 이외에도 기후변화와 분쟁이라는 두 가지 또 다른 위협이 등장하였고, 이러한 가중된 위협은 지속가능발전목표의 달성을 심각하게 저해하는 요인으로 작용하고 있다. 실질적으로 최근에는 극지방뿐 아닌, 전 세계적으로 폭염, 혹한 등의 기후 이변이 개도국뿐 아니라 선진국에서도 사람들의 생명을 앗아가고, 일상의 생활을 교란시킬 만큼의 영향력을 끼치게 되었다. 우크라이나 사태는 냉전 이후 최초의 국가 대 국가 간의 전쟁으로서 주변국의 안보뿐 아니라 세계 경제까지 위협에 빠뜨리고 있다. 즉 이러한 위기들은 이제 더 이상 다른 나라의 상황이 아니며 여성과 취약계층의 매일의 삶을 위협하는 큰 도전이 되었다.

2) 2019년-2022년 젠더 스냅샷(Gender Snapshot) 보고서를 통해 검토한 성평등 크로스커팅(cross-cutting) 목표의 이행현황[28]

유엔 여성(UN Women)과 유엔 경제사회국(UN Department of Economic and Social Affairs, DESA)은 여성과 여아 분야 지속가능발전목표의 이행을 점검하기 위한 보고서로 2019년부터 매년 "Progress on the Sustainable Development Goals: The gender snapshot"을 발간하고 있다. 무엇보다 이 보고서는 앞서 분석한 글로벌 전체 차원의 지속가능발전 이행보고서와는 달리, 5번 이외의 목표에 젠더가 어떻게 크로스커팅되어 있는지를 보여주고 있다. 즉, 목표 1번(빈곤), 2번(기아), 3번(건강), 4번(교육), 5번(양성평등), 6번(물·위생), 7번(에너지), 8번(고용), 9번(산업), 10번(불평등), 11번(도시), 12-15번(환경), 16번(평화), 17번(파트너십) 등의

---

28 UN Women이 발간한 "Turning promises into action: Gender equality in the 2030 Agenda for Sustainable Development (2018)"라는 종합보고서도 있으나, 이는 지속가능발전목표 내 성평등 목표 이행에 대해 일회성으로만 발간된 보고서이므로 이 소절의 분석에는 포함하지 않음.

SDGs의 모든 목표에서 여성과 여아가 어떻게 고려되고 있는지에 대해 정성적 혹은 정량적 근거와 함께 설명한다. 다만, 이 보고서는 세부목표 내 각 지표의 이행현황을 시계열적으로(serial) 제시하지는 않으며, 해당 연도의 각 목표 내에서 여성과 여아와 관련되어 유엔과 국제사회가 주목하고 있는 분야를 대략적으로 보여준다는 점에서 의의가 있다. 본 소절에서는 젠더 스냅샷 보고서가 처음 발간된 2019년부터 현재 2022년도까지의 주요 내용을 간략하게 소개하고, 변화의 양상과 중점 분야를 분석함으로써 5번 이외의 목표에서 여성과 여아가 어떻게 고려되고 있고 관련 중점 이슈가 무엇인지 검토하고자 한다.

2019년도 젠더 스냅샷 보고서에서는[29], 1번(빈곤) 목표의 경우, 여성의 극빈율은 남성보다 더 높고, 특히 25세-34세 사이의 여성 빈곤율의 경우 남성보다 25%가 더 높다. 2번(기아) 목표에서는 여성이 남성보다 식량 불안정(food insecurity)를 겪을 확률이 더 높다고 설명하였고, 3번(건강) 목표에서는 모성사망률 감소를 위해서는 출산 시 숙련된 보건 인력의 도움이 중요하다고 언급하였다. 4번(교육) 목표에서는 학교 밖 아이들의 경우 남아들보다 여아들의 숫자가 더 많음을 지적하였다. 6번(물·위생) 목표의 경우, 개도국에서 상수도가 없는 경우가 대부분이며, 물을 긷는 것은 통상 여성과 여아가 담당하는 가사노동이다. 7번(에너지) 목표의 경우, 개도국에서 요리를 위한 땔감(연료)를 모으는 것은 여아의 몫이며, 8번(고용) 목표의 경우 여성노동시장 참여율이 남성보다

29 UN Women and UN DESA, "Progress on the Sustainable Development Goals: The gender snapshot 2019"(2019), https://www.unwomen.org/en/digital-library/publications/2019/09/progress-on-the-sustainable-development-goals-the-gender-snapshot-2019 (검색일: 2023. 01.05).

크게 낮음을 지적하였다. 9번(산업) 목표에서는 전 세계 연구직의 1/3만이 여성임을 지적하였고, 10번(불평등) 목표의 경우, 여성에게 차별적인 이주 정책에 대해 지적하였다. 11번(도시) 목표에서는 여성들의 슬럼 거주율이 높음을 지적하였고, 12-15번(환경) 목표의 경우, 고용된 여성의 38.7%가 농림어업에 종사하지만, 땅을 소유한 사람의 13.8%만이 여성인 통계를 소개하며 성별분리통계의 필요성을 강조하였다. 16번(평화) 목표의 경우 인신매매 피해자의 3/4이 여성이며, 17번(파트너십) 목표의 경우 공여국 공적개발원조(Offical Development Assistance, ODA)의 38%만이 여성을 대상으로 하거나 여성을 사업에 주류화시킨 여성 관련 사업이라고 설명하였다.

다음으로 2020년도 젠더 스냅샷 보고서에서는, 전대미문의 전염병인 코로나19가 여성에게 미친 차별적인 영향을 보고하고 예측하였다.[30] 1번(빈곤) 목표의 경우, 코로나19로 인해 여성의 빈곤율이 높아질 것으로 예상하였다. 2번(기아) 목표의 경우, 통상 여성이 남성보다 식량 불안정에 직면할 확률이 27% 더 높은데, 코로나 상황으로 인해 여성의 식량 불안정성이 남성보다 악화할 것으로 예측하였다. 3번(건강) 목표의 경우, 코로나19 대응의 최전선에서 일하고 있는 보건 인력의 대부분이 여성이며, 이는 여성들이 코로나 바이러스에 노출될 위험이 높다는 것을 의미한다. 4번(교육) 목표에서는 거리두기로 인해 학교가 문을 닫으면서 여성과 여아가 교육받지 못할 가능성을 지적하였고, 교육에 있어서

---

30 UN Women and UN DESA, "Progress on the Sustainable Development Goals: The gender snapshot 2020"(2020),
https://www.unwomen.org/en/digital-library/publications/2020/09/progress-on-the-sustainable-development-goals-the-gender-snapshot-2020 (검색일: 2023. 01. 05).

성별 격차가 악화할 것으로 예상하였다. 6번(물·위생) 목표의 경우 최빈국에서 학교 내 기초 물·위생 시설이 제대로 공급되고 있지 않고 남녀분리 화장실이 설치되어 있지 않음을 지적하였다. 7번(에너지) 목표에서는 청정연료와 기술의 부족으로 인해 여성과 여아가 기본 수명보다 일찍 사망한다고 밝혔다. 8번(고용) 목표에서는 코로나19로 인하여 가사노동자 그리고 비공식 경제에 속한 여성들이 해고 우선 대상으로 전락함을 지적하였다. 9번(산업) 목표에서는 코로나19로 인해 제조업에 종사하는 여성들의 해고 위험성이 높음을 언급하였고, 10번(불평등) 목표에서는 장애 여성들이 교차적 차별에 직면하고 있음을 강조하였다. 11번(도시) 목표의 경우, 안전하고 믿을 수 있는 공공 교통 시스템은 도시빈민 여성들에게 도움이 되지만 이 여성들이 이러한 교통 시스템에 접근하기에는 많은 제약이 있다고 밝혔다. 12-15번(환경) 목표에서는 기후변화는 여성과 여아에게 차별적으로 영향을 미친다는 사실과 16번(평화) 목표에서는 분쟁 후 평화 프로세스에서의 여성 참여율이 낮음을 지적하였다. 마지막으로 17번(파트너십) 목표에서는 개도국에서 현재 디지털 젠더 격차가 증가하고 있음을 강조하였다.

2021년도 젠더 스냅샷 보고서에서는 팬데믹이 가져온 보다 장기적이고도 구조적인 영향, 그리고 해결책에 대해 분석하였다.[31] 1번(빈곤) 목표에서는 여성 빈곤율 개선을 위해서는 통합적 전략이 필요함을 언급하였고, 2번(기아) 목표의 경우 코로나19로 인해 여성의 식량 불안정성

---

31 UN Women and UN DESA, "Progress on the Sustainable Development Goals: The gender snapshot 2021,"(2021),
https://www.unwomen.org/en/digital-library/publications/2021/09/progress-on-the-sustainable-development-goals-the-gender-snapshot-2021 (검색일: 2023. 01. 05).

이 증대하였음을 지적하였다. 3번(건강) 목표의 경우, 코로나19 거리두기로 인해 개도국 여성들이 가족 계획을 시행하기 어려워 원하지 않는 임신을 하게 되었다고 밝혔다. 4번(교육) 목표의 경우, 학교 밖 여아들이 폭력, 조혼, 아동노동, 인신매매, 조기 출산 등의 문제에 노출되어 있음을 지적하였다. 6번(물·위생) 목표의 경우 물 관리에서의 성주류화가 미비한 상황과, 7번(에너지) 목표에서는 에너지 분야에서의 여성 고용률이 낮음을 보여주었다. 8번(고용) 목표의 경우, 코로나19 상황에서 여성들은 남성들보다 먼저 해고당하였으며, 9번(산업) 목표에서는 연구직 여성의 낮은 대표성을 지적하였다. 10번(불평등) 목표에서는 이주민, 난민, 국내 실향민 여성과 여아들의 교차적 취약성이 팬데믹 하에서 증가함을 지적하였다. 11번(도시) 목표의 경우, 팬데믹 상황에서 슬럼 거주 여성들의 취약성이 증대한다고 밝혔다. 12-15번(환경) 목표의 경우 기후와 환경 지속성 유지를 위해 여성들의 목소리와 관점을 반영하는 것이 중요하나 현재 매우 미비함을 지적하였고, 16번(평화) 목표의 경우 팬데믹과 위기 회복 노력, 경제 및 사회 복구 기회에서 여성의 참여 부족을 언급하였다. 17번(파트너십)에서는 여성 관련 통계와 분석의 중요성을 언급하였다.

2022년도 젠더 스냅샷 보고서는 기존의 보고서들과 다소 상이한 양상을 보이는데, 가장 큰 특징으로 더 많은 목표에서 분쟁 상황을 언급하고 있다.[32] 1번(빈곤) 목표에서는 여성이 남성보다 극빈층으로 전락할

---

32 UN Women and UN DESA, "Progress on the Sustainable Development Goals: The gender snapshot 2022," (2022) https://www.unwomen.org/en/digital-library/publi-cations/2022/09/progress-on-the-sustainable-development-goals-the-gender-snap-shot-2022 (검색일: 2023. 01. 05).

가능성이 크다는 점과, 2번(기아) 목표에서는 식량 가격 상승은 여성의 식량 불안정성을 증대시킬 수 있음을 언급하였다. 3번(건강) 목표에서는 안전하지 않은 낙태(abortion)가 모성 건강에 미치는 위협에 대해 강조하였다. 4번(교육) 목표에서는 장기화 된 위기 상황과 분쟁에서 여아 교육의 중요성에 대해 언급하였고, 6번(물·위생) 목표에서는 깨끗한 물 공급이 여성의 건강, 시간, 생애에 미치는 영향에 대해 강조하였다. 7번(에너지) 목표에서는 여성과 여아의 청정에너지 접근권이 제한된 점을 지적하였고, 8번(고용) 목표의 경우 국가 대부분에서 2022년 현재 여성의 노동참여율이 코로나19 이전 수준을 회복하지 못함을 보여주었다. 9번(산업) 목표에서는 과학기술정보 업종에서 여성은 25%밖에 참여하지 못하고 있음을 지적하였고, 10번(불평등) 목표에서는 기후변화, 분쟁, 인권침해 등으로 인해 여성들이 강제로 이주하고 있다고 밝혔다. 11번(도시) 목표에서는 코로나19 이후 도시 거주 여성들이 안전하지 못하다고 느끼는 비율이 코로나19 이전보다 증가하는 것으로 나타났다. 12-15번(환경) 목표의 경우, 여성과 소외계층이 자연재해에 더 취약도가 높다는 점을 강조하였고, 16번(평화) 목표에서는 여성의 사법영역과 치안영역 진출이 저조함을 지적하였다. 17번(파트너십) 목표에서는 글로벌 ODA의 4.6%만이 여성과 여아를 대상으로 하는 사업임을 지적하였고, 이렇게 불충분하고 예측 불가능한 자금 지원은 여성과 여아를 위한 변화를 어렵게 한다고 강조하였다.

2022년도 젠더 스냅샷 보고서는 이전 보고서들과는 다른 특징들을 보인다. 앞서 언급한 바와 같이 우크라이나와 시리아 등의 증가하는 분쟁 상황에서의 여성의 현황을 각 목표에 주류화 시키고 있는데 이는 글로벌 무대에서 그 중요성이 대두되고 있는 여성평화안보(WPS) 이슈를 반영한 것으로 추정된다. 아울러 앞서 언급한 2021년 세대평등포럼에서 여성평화안보 "여성평화안보와 인도적지원에 관한 협약"이 체결된 것과 그 맥을 같이 한다. 또한 3번(건강) 목표에서는 임신 중단(낙태)에서의 여성의 건강에 대한 우려를 강조하였다. 글로벌 여성 아젠다 중 가장 급진적으로 평가받는 북경행동강령에서도 언급되지 않았던 낙태 이슈를 언급했다는 점은 앞서 설명한 세대평등포럼의 6개 행동연합 중의 하나인 "3) 자기몸 결정권 및 성·재생산 건강 및 권리" 내를 반영한 것으로 보이며, 특히 그중에서도 세부행동 2번과 3번인 "포괄적 낙태 및 피임 서비스의 가용성, 접근성, 수용성 및 질 개선," 그리고 "성·재생산 건강 및 권리(Sexual and Reproductive Health and Rights, SRHR)와 몸 결정권에 대한 의사결정 확대"의 내용을 고려한 것으로 보인다.

3) 코로나의 영향: 큰 후퇴 (A big setback)

코로나19를 겪으면서 전 세계적으로 여성들의 상황은 악화되었고, 지속가능발전목표 달성을 위한 그간의 노력은 크게 후퇴하였다. 코로나19 기간에 특히 가정폭력 피해가 폭증하였고, 여성들의 돌봄과 가사노동의 부담이 증가하였다. 특히 가정폭력의 경우 봉쇄 정책으로 인해 가해자와 피해자가 한 공간에 머물게 되면서 피해자가 폭력 피해 신고하기 어려워졌고 지원서비스 제공에도 제약이 가해졌다. 노동시장에서도 여성들은 남성보다 먼저 해고되는 경향을 보였으며, 학교가 문을 닫고 이동이 제한됨으로 인해 여성들은 가정에서 아이들과 노인들을 돌봐야 하는 시간과 책임이 늘어났다. 여아들이 학교에 다닐 때는 조혼이 방지되는 효과가 있으나, 코로나19 기간에 전 세계적으로 1천백만의 여아들이 학교로 돌아가지 못하였고, 여아 조혼율도 증가하였다.[33] 여성의 빈곤율도 증가하여 2021년 현재 4천 7백만의 여성들이 극빈층으로 전락할 것으로 유엔 보고서는 예상하였다.[34]

이러한 상황에서 유엔은 코로나19가 여성에게 미치는 차별적인 영향을 완화하기 위해 다음과 같이 권고하였다: 1) 코로나19 대응을 위한 모든 계획과 의사결정에 여성 참여를 보장하고, 2) 보수 및 무보수 돌봄경제에서의 성평등을 실현하기 위해 변혁적인 변화(transformative change)를 추진하고 3) 코로나19의 사회경제적 영향을 완화하는 데에 있어 여성과 여아에 초점을 맞춘다.[35] 그러나 국가 차원에서 다양한 코로나19 대응 정책들이 시행되었음에도, 성인지적 관점의 미비로 인해 여성들이 정책의 혜택을 크게 받고 있지 못한 것으로 조사되었다. 한 연구에 의하면 재정, 사회보호, 노동시장 관련 2,280개의 정책 중에서 13%만이 여성의 경제적 안정성을 고려하였고, 11% 만이 무보수 돌봄 요구를 개선하려고 노력한 것으로 나타났으며, 여성들은 특히 코로나19 관련 의사결정에서 배제되고 있는 것으로 나타났다.[36]

---

33 UN Women, "Strategic Plan 2022-2025,"(2021), p. 5.

34 UN Women, "Strategic Plan 2022-2025," p. 5.

35 UN, "Policy Brief: The Impact of COVID-19 on Women,"(2020), https://www.un-women.org/sites/default/files/Headquarters/Attachments/Sections/Library/Publica-tions/2020/Policy-brief-The-impact-of-COVID-19-on-women-en.pdf (검색일: 2023. 01. 05).

36 UN Women, "Strategic Plan 2022-2025," p. 5.

Ⅳ. 지속가능발전목표 내 성평등목표 이행을 위한 성찰적 접근: 성과와 도전

이렇듯 유엔 보고서의 검토에 의하면 지속가능발전목표 5번 성평등목표와 크로스커팅 목표의 이행은 성과도 있었지만 여러 난관도 직면하고 있다. 이번 절에서는 성평등 목표 이행의 성과와 도전을 보다 구체적으로 분석해 보고자 한다.

1. 지속가능발전목표내 성평등 목표 이행의 성과

지속가능발전목표 내 성평등 목표 이행의 성과는 몇 가지로 요약될 수 있다. 첫째, 지속가능발전목표 내 성평등 목표는 그 수립에 있어서 다른 16개의 목표와 긴밀하게 연계되어 있다. 이러한 범분야적(크로스커팅)인 특성은 새천년개발목표에서도 시작되었으나 이를 구체적인 실행으로 옮기기 위한 장치는 부족했다. 그러나 지속가능발전목표에서는 세부목표와 지표 차원에서 여성과 여아가 명시되었으며, 명시되지 않은 목표라 할지라도 여성과 여아가 고려되어야 함이 강조되고 있다. 예를 들면, 세부목표 2.2에서는 2030년까지 기아를 종식하기 위해 여성 청소년, 임산부, 수유부의 영양 필요를 공급할 것을 명시하였다. 지표 11.2.1에서는 공공 교통수단에 편리하게 접근하는 인구의 비율을 성별, 나이, 장애인별로 분리할 것을 요구하였다. 즉, 여성과 여아를 위한 고려는 단지 5번 목표 이외에도 다른 여러 목표를 달성하는 데에 기여하며, 시너지 효과를 낼 수 있다는 점이 명확하게 제시되었다. 그러나 이러한 범분야 요소가 과연 의도대로 이행되고 있는가는 또 다른 차원의 문제이며 범분야 요소로서의 이행에의 한계점은 다음 절에서 다시 논의할 것이다.

둘째, 성평등 관련 목표의 효과적인 이행을 모니터링하고 점검할 수 있는 지표가 만들어졌고, 이를 통해 이행 성과를 수치화할 수 있게 되었다. 1995년 합의되었던 북경행동강령의 경우에도 목표 달성을 위해 누가, 무엇을 해야 하는지 명시된, 실행에 중점을 둔(action-oriented) 진일보한 목표로 평가받았다. 그러나 지속가능발전목표는 여기에서 더 나아가 "목표치"와 "달성 기한"에 합의하였다는 점이 주목할만하다. 즉, 북경행동강령에서는 "무엇을, 어떻게 하자"라는 데에 합의하였다면, 지속가능발전목표에서는 이를 포함 "언제까지, 얼마만큼 하자"라는 데에까지 나아간 것이다. 구체적인 지표에 합의하고, 통계를 산출하는 작업은 증거기반(evidence-based)을 중요시하는 최근 일련의 개발협력 사업과 연구의 경향을 반영한 것으로도 볼 수 있다. 문제의 현황과 개선 정도를 숫자로 정량화하여 제시함으로써, 성과측정과 환류가 용이하게 되었고, 정책개발과 옹호활동의 근거자료로의 활용 가치도 높아졌다.

셋째, 위의 사안과 연관하여 국별로, 지역별로, 행위자별로 상이하였던 여성 이슈 용어와 통계 산출 방식이 통일되었다는 점이다. 예를 들면, 가정폭력과 성폭력을 측정하는 5.2.1과 5.2.2 지표의 경우, 폭력 피해 연령대, 기간, 가해자의 범위가 명시됨으로써 통계 산출기준이 명확해졌다. 즉, 5.2.1, 5.2.2의 성과를 측정하기 위한 산출 정의가 통일되었고, 이를 통해 국가 간 비교와 추이를 추적하기 위한 기반이 마련되었다 (아래 〈표 2〉 참고). 이러한 작업을 통해 지속가능발전목표 성과 달성이 어려운 국가나 지역을 확인하고, 이들을 지원하기 위해 보다 증거에 기반한 지원책을 강구할 수 있다. 그러나 이러한 성과에도 불구하고, 실제적으로 통계를 산출하는 그 자체에 있어서는 아직 여러 국가가 역량 부족으로 어려움을 겪고 있으며, 이는 다음 절에서 보다 자세히 설명할 것이다.

〈표 2〉 지표 5.2.1과 5.2.2[37]

(세부목표) 5.2 인신매매, 성적 착취 및 기타 형태의 착취를 포함하여, 모든 여성과 여아에 대한 공적·사적 영역에서의 모든 형태의 폭력 철폐	(지표) 5.2.1 지난 12개월 동안 파트너가 있었던 여성 및 15세 이상 소녀 중 현재 또는 이전의 성적 파트너로부터 육체적, 성적, 심리적 폭력을 경험한 사람의 비율 (폭력의 형태와 연령 별)
	(지표) 5.2.2 지난 12개월 동안 파트너가 있었던 여성 및 15세 이상 소녀 중 성적 파트너 이외의 다른 사람으로부터 육체적, 성적, 심리적 폭력을 경험한 사람의 비율 (발생 장소와 연령 별)

출저: 유엔 SDG 지표 사이트를 참고하여 저자 번역

넷째, 지속가능발전목표는 성평등 달성을 위한 유용한 도구(tool)로 활용되고 있다. 지속가능발전 17개 목표 중에 성평등 목표가 별도로 존재하고 다른 목표에도 크로스커팅되어 있다는 점은 이 아젠다에 대한 국제적 합의가 강력하다는 점이 이미 입증된 것이며, 성평등 달성을 옹

---

37 UN DESA Statistics Division, "UN SDG Indicators," https://unstats.un.org/sdgs/indicators/indicators-list/ (검색일: 2022. 12. 05. 접속) 영문은 다음 참고: "5.2.1 Proportion of ever-partnered women and girls aged 15 years and older subjected to physical, sexual or psychological violence by a current or former intimate partner in the previous 12 months, by form of violence and by age 5.2.2 Proportion of women and girls aged 15 years and older subjected to sexual violence by persons other than an intimate partner in the previous 12 months, by age and place of occurrence"

호하는 정부, 국제기구, 국제 NGO, 현지 시민단체 들은 여기에 의거하여 옹호활동을 펼칠 수 있다. 예를 들면, 현재 개도국 및 선진국 정부들은 글로벌 지속가능발전목표를 국내에 도입하여, 국가 고유의 지속가능발전목표를 수립하고 있다. 만약 자국 정부의 노력이 미비하다면, 해당 국가의 시민단체들은 지속가능발전목표가 글로벌 차원에서 합의되고 국제사회가 함께 노력하는 공동목표라는 사실은 상기시키면서 자국 정부를 압박할 수 있다. 즉 성평등을 옹호하는 개별 정부, 시민단체, 국제기구 등에 지속가능발전목표는 성평등을 실현하고 차별을 철폐를 하기 위한 유용한 수단이자 도구로 역할하고 있다.

2. 지속가능발전목표 내 성평등 목표 이행의 도전

그러나 이러한 성과에도 불구하고 앞서 검토하였던 보고서에서도 언급하였듯이 지난 7년 동안의 이행의 결과는 그리 고무적이지 않으며 다양한 도전에 직면해 있다. 이를 기술적인(technical) 측면과 가치적인 측면으로 구분하면 다음과 같다.

첫째, 기술적인 측면의 하나로 지표의 적절성 여부를 들 수 있다. 즉, '성평등이라는 가치의 달성 여부를 어떻게 측정할 것인가?', '지표의 달성 여부만으로 해당 세부목표가 달성되었다고 말할 수 있는가?', '각 세부목표의 지표들이 완벽하게 달성되면 5번 목표는 달성된 것인가?' 등의 질문이 제기될 수 있다. 예를 들면 세부목표 5.1의 경우 여성에 대한 모든 차별을 철폐할 것을 명시하고 있고, 이에 대한 지표로 관련 법과 정책의 존재 여부를 설정하였다. 여성에 대한 차별을 금지하는 법과 정책이 존재하면 여성에 대한 모든 차별이 철폐된 것일까? 여성 관련 목표들은 대체로 추상 수위가 높고, 한 사회의 인식, 규범, 고정관념, 문화 등의 변화를 촉구하는 것들이다. 이러한 인식과 가치의 변화는 해당 사회의 근간을 흔드는 변혁을 요구하며, 완벽하게 달성되기 어려우며, 측정하기도 어렵다. 또 다른 예로는 세부목표 5.6과 지표 5.6.2를 들 수 있다. 세부목표 5.6은 "성·재생산 보건과 재생산권리에 대한 보편적 접근을 보장할 것"을 명시하였으며, 이를 측정하기 위한 지표 중의 하나로 "성·재생산에 관한 건강, 정보, 교육에 대한 15세 이상의 여성 및 남성의 접근성을 보장할 수 있는 법률 및 규정을 마련하고 있는 국가의 수"를 명시하였다. 단지 법률과 규정을 보유한 국가의 수가 증가하는 것만으로 여성과 여아의 성·재생산보건과 권리 접근권이 향상되었다고 말할 수 있는가? 이러한 맥락에서 향후에도 지표와 세부목표, 목표와의 연관성, 그리고 지표의 적절성의 여부는 지속해서 그 실효성에 대한 의문이 제기될 가능성이 크다.

둘째, 기술적인 또 다른 문제로는 통계 산출의 어려움이다. 예를 들면 여성에 대한 폭력(가정폭력, 성폭력)의 경우, 여성 피해자들이 신고하기를 매우 꺼린다. 이러한 상황에서 폭력 피해를 측정하는 작업은 매우 어렵고, 개도국의 경우에는 이에 대한 국가통계를 보유하기도 어려운 현실이다. 보다 구체적으로 지표 현황을 살펴보면 지속가능발전목표 5번의 14개의 지표 중에서 단 2개의 지표만이 Tier 1이다. Tier 1은 데이터가 가용하고 데이터 측정이 국제적 기준에 부합하는 지표를 뜻한다. (5.5.2, 5.b.1이 이에 해당한다). 나머지 12개의 지표 중 9개가 Tier 2이다. Tier 2는 제한된 몇 국가에서만 데이터를 취합할 수 있고 가용하다는 뜻이다. 여기에는 5.2.1, 5.2.2, 5.3.1, 5.3.2, 5.4.1, 5.6.1, 5.a.1, 5.a.2,

5.c.1이 포함된다. 이 지표들을 커버하는 국가가 많지 않고 따라서 비교하기 어려워서 글로벌 차원의 모니터링이 어렵다. 그리고 14개 지표 중 2개는 Tier 3이다. 이것은 국제적으로 합의된 지표의 기준이 아직 정립되지 않았다는 뜻이며 모든 거의 모든 국가가 이에 대한 데이터를 정기적으로 취합하지 않는 지표이다. 여기에는 5.1.1 그리고 5.6.2가 포함된다. 따라서 이 지표를 취합하기 위한 방법이 필요하다.[38]

  셋째, 가치적인 측면에서 앞서 언급한 바와 같이 성평등이 범분야(크로스커팅) 이슈로 주류화되어 있지만, 그 실행은 아직 미비하다는 점이다. 예를 들면 SDG 11번 지속가능한 도시 목표와 5.2 젠더기반폭력 세부목표는 긴밀하게 연계되어 있으나, 두 목표에서 모두그 관계를 명확히 설명하고 있지는 않다.[39] 다른 지속가능발전목표, 세부목표, 지표 차원에서도 마찬가지의 문제가 존재하는데, 상호 연관성 혹은 넥서스에 대해 충분히 설명하지 못하고 있으며 이에 따라 실무 차원에서의 구체적인 적용이 어려운 상황이다. 이러한 문제를 해결하기 위해서는 먼저 상호 연관성에 대한 친절하고도 쉬운 설명 혹은 해설이 동반되어야 하며, 이에 기반하여 지속가능발전목표 내 서로 다른 목표 간 지속적인 논의가 이루어져서 서로의 영역에 대한 이해를 높여야 한다. 즉, 5번이 아닌 다른 목표에 성평등을 크로스커팅하였을 때 어떻게 5번 세부목표들과 그 외의 세부목표의 달성이 용이해 지는지에 대한 상호 학습과 대화를 통해 이런 어려움이 해소될 수 있다.

  넷째, 가치적인 또 다른 측면에서 주목해야 할 부분은 교차적 차별

---

38 UN Women. "Turning promises into action,"(2018), pp. 51-58.
39 장은하 외 (2019) 참고

(intersectional discrimination)이 주는 도전이다. 우리가 통상 "여성과 여아"로 지칭하지만, 여성은 단일화된 집단이 아니며, 출생지/거주지, 성적지향, 종교, 나이, 장애 여부, 경제/사회적 지위, 인종/종족, 그 이외 다수의 요소에 의해 다양한 형태의 차별을 교차적으로 경험한다. 예를 들면, 종족 간의 차별이 심한 개도국의 농촌에 사는 소수민족 출신의 빈곤한 과부 여성은 그 지역에서 가장 차별적인 상황에 직면할 가능성이 크다. 이러한 집단은 가장 취약성이 높은 집단으로서 지속가능발전목표가 지향하는 "한 명도 뒤처지지 않는(Leave No One Behind)"의 철학을 실현하기 위한 가장 먼저 챙겨야 할 집단이라고 할 수 있다. 그러나 정부의 거버넌스 역량이 약한 개도국에서 이러한 취약계층 중의 취약계층은 국가 시스템에도 등록되어 있지 않은 경우가 많아 큰 도전으로 존재한다.

다섯째, 문화와 규범에 깊이 침투한 구조적인 차별을 종식하는 것은 성평등 달성을 위한 가장 큰 도전이며 매우 어려운 싸움이다. 2014년 현재 전 세계적으로 195개 국가 중 143개의 국가가 헌법에 남녀평등을 명시하고 있으나, 아직도 많은 국가의 여성들은 직간접적 차별을 경험하고 있다. 법·정책, 성별고정관념, 사회문화규범 자체가 성차별적인 경우, 법이나 정책에서 성평등을 규정하였다고 해서 여성들이 실질적인 삶에서 평등한 기회를 보장받는 것은 아니기 때문이다.[40]

여섯째, 앞서 설명하였던 2022년 지속가능발전 보고서에서도 강

---

40 UN Women, "Infographic: Human rights of women," (08 December 2015), http://www.unwomen.org/en/digital-library/multimedia/2015/12/infographic-human-rights-women (검색일: 2023. 01. 05).

조한 코로나, 기후변화, 분쟁 등 새로 등장한 글로벌 위기가 초래하는 위협이다. 코로나로 인한 3년의 후퇴를 어떻게 복구할 것인지, 추후에 이러한 재난이나 전염병 상황이 다시 도래한다면, 어떻게 그 피해를 최소화하는 동시에 그간의 국제사회의 노력이 원점으로 돌아가지 못하게 안전장치들을 설치할 것인지, 기후변화의 최전선에서 빈곤으로 내몰리는 여성과 여아들의 삶을 어떻게 보장할 것인지, 분쟁으로 인해 국경을 넘은 난민 여성과 고향을 떠난 국내 실향민 여성들의 안전과 생계는 누가 보장해 줄 수 있을지, 2030년까지의 목표 달성은 험난하기만 하다.

V. 결론: 나아갈 길

이러한 엄중한 도전 앞에서 향후 지속가능발전목표 내 성평등 목표 달성을 위해 무엇을 할 수 있을지를 제시한다는 것은 매우 어려운 작업이다. 유엔여성(UN Women)의 2018년 보고서에서는 2030 성평등 목표 달성을 위한 과제로 다음 세 가지를 제안하였다.[41] 첫째, 성인지 데이터, 통계, 분석을 개선하는 것인데, 지속가능발전목표 17개 목표에 젠더 지표를 포함하는 것을 지원하고, 성인지적 지표 산출을 위해 정기적으로 데이터를 취합하도록 노력하고, 통계에서 소외된 계층을 찾기 위해 글로벌 차원, 지역적 차원, 국가 차원의 전략을 개발하는 것을 포함한다.

---

41 UN Women, "Turning promises into action,"(2018), pp. 16-18.

둘째, 성인지적 투자 정책 그리고 프로그램에 우선순위를 부여하고, 지속가능발전목표를 달성하기 위해서는 충분한 자원을 동원하고 배분하는 것이다. 이를 위해 평등하고도 급진적으로 국내 자원 동원을 위한 전략을 수립하고, 성평등 정책과 프로그램을 위한 자금을 배분하고 모니터링하며, 정책 옹호 활동을 하는 여성 단체들을 위한 자금 지원을 확대하며, 다중적이고도 교차적인 차별(multiple and intersecting forms of discrimination)을 해소하기 위해 노력하는 것을 포함한다. 셋째, 성인지적 프로세스와 조직을 통해 책무성을 강화하는 노력이다. 국가발전계획와 관련 정책·법·프레임워크에 성평등 약속을 포함하여 글로벌 차원의 성평등 약속을 현지화하며, 여성 단체를 지원하여 자국 정부의 책무성을 완수하도록 모니터링 하는 것이다.

필자는 이러한 권고에 추가하여 공여국들이 개도국의 통계역량 강화를 위한 공적개발원조(ODA)를 늘릴 것을 제언한다. 현재 통계역량 부족으로 인구 센서스조차 시행하지 못하는 개도국이 많으며, 이러한 통계가 기반이 되지 않고는 지속가능발전목표의 이행 여부를 모니터링하고 증거기반 정책을 수립하기가 어렵다. 이는 공여국과 개도국의 통계관련 기관이 주로 협업해야 할 사항이나, 관련 섹터도 같이 작업해야 한다. 예를 들면, 성평등 목표 5번의 경우, 성인지통계 생산기관, 여성 부처 내 통계 부서, 통계청 내 여성 통계 담당 부서 등이 협업하고, 개도국에서도 연관 부처와 학계 관계자들이 참여하여 국가통계발전전략 수립, 국가통계 통합 DB 시스템 개발, 통계역량 강화, 통계작성 컨설팅 등의 프로그램을 수행할 수 있으며, 성인지통계 방법과 기술도 함께 전수될 필요가 있다. 이러한 노력에도 불구하고 통계가 미진한 부분에는 공간정보기술(geospatial information)을 이용하여 보완할 수 있으며, 현재 유엔에서는 이러한 시도가 활발히 진행 중이다.[42] 예를 들면 직접 접근이 어려운 개도국 오지의 인구 현황 파악을 위해 위성이나 드론에서 찍은 영상 정보를 이용해 가구 수와 인구수를 유추하는 방법 등이다. 이러한 노력은 그 누구도 소외되어서는 안 된다는 지속가능발전목표의 근본 철학의 실현을 위한 기초가 되는 요소이며, 앞으로도 창의적이고 다학제적인 접근((interdisciplinary approah)을 지속하여 개발할 필요가 있다.[43]

---

42 United Nations Global Geospatial Information Management, https://ggim.un.org/ (검색일: 2023. 01. 05).

43 UN, "The Sustainable Development Goals Report,"(2018), pp. 16-17.

더 읽을거리

장은하 외, "지속가능발전목표(SDGs) 내 성평등 관련 지표의 국내이행 현황 및 정책과제." 한국여성정책연구원 (2017). (검색일: 2023. 01. 05). https://www.kwdi.re.kr/publications/reportView.do?p=31&idx=115014

장은하 외, "글로벌 여성의제 국내이행 점검." 한국여성정책연구원 (2019). https://www.kwdi.re.kr/publications/reportView.do?p=7&idx=125242 (검색일: 2023. 01. 05).

환경부 지속가능발전위원회, "2019 국가 지속가능발전목표(K-SDGs) 수립 보고서."(2019). http://ncsd.go.kr/research?content=1&post=2320 (검색일: 2023. 01. 05).

UN Women. "Turning promises into action: Gender equality in the 2030 Agenda for Sustainable Development."(2018). https://caribbean.unwomen.org/en/materials/publications/2018/2/gender-equality-in-the-2030-agenda-for-sustainable-development-2018 (검색일: 2023. 01. 05).

UN. "Policy Brief: The Impact of COVID-19 on Women."(2020). https://www.unwomen.org/sites/default/files/Headquarters/Attachments/Sections/Library/Publications/2020/Policy-brief-The-impact-of-COVID-19-on-women-en.pdf (검색일: 2023. 01. 05).

제8장 지속가능발전을 위한 과학기술혁신: 국제개발협력의 관점에서 본 기회와 위험*

정헌주 | 연세대학교

남수정 | 연세대학교

정윤영 | 연세대학교

I. 서론

21세기의 첫 4반세기까지가 얼마 남지 않은 2022년 현재 20세기의 유물처럼 생각되었던 현상들이 지구 곳곳에서 벌어지고 있다. 인류가 과거의 유물로 만들고자 하였던 빈곤, 차별, 전쟁, 전염병, 환경오염 등은 여

* 본 장의 내용은 정헌주·남수정·정윤영, (2022), "지속가능발전을 위한 과학기술혁신: 국제개발협력의 관점에서 본 기회와 위험,"『과학기술학연구』제22권 제2호에 게재되었습니다. 논문의 질적 제고를 위해 건설적인 논평을 해주신 익명의 심사위원님들께 감사드립니다. 이 논문은 2018년 대한민국 교육부와 한국연구재단의 지원을 받아 수행된 연구임 (NRF-2018S1A3A2075117).

전히 심각하며, 때로는 과거보다 더 고통스럽게 우리의 삶에 영향을 미치고 있다. 무엇보다 그 고통의 강도와 지속성이 개인과 집단, 국가 및 지역에 따라 균등하지 않다는 점, 즉 고통의 상대적, 위계적 성격은 그 고통을 더욱 견디기 어렵게 만들고 있다. 하지만, 역설적으로 이러한 문제들은 상호 연결되어 누구든 이러한 어려움으로부터 완전하게 자유롭지 못하다는 점에서는 민주적이기도 하다.

20세기의 다양한 문제를 해결하고 새로운 21세기를 만들기 위해 지난 20여 년 동안 국제사회는 공동의 목표를 세우고 이를 달성하기 위해 노력하기로 합의하였다. 그 첫 시도였던 새천년개발목표(Millennium Development Goals, MDGs)는 소기의 목적을 달성하였지만 중요한 한계를 노정하였다.[1] 여전히 해결되지 않은 문제들과 새롭게 부상한 문제들을 해결하기 위해 2015년 국제사회는 2030년까지 달성할 새로운 목표인 지속가능발전목표(Sustainable Development Goals, SDGs)를 제시하였다. 하지만, SDGs 달성에 대한 전망은 그리 밝지 않다. SDGs 달성현황에 대한 UN의 "The Sustainable Development Report 2021"에 따르면, 코로나-19 팬데믹으로 인해서 지난 수십 년 동안 이뤘던 성과가 위협받고 일부 지표에서는 오히려 퇴보하고 있으며, 보다 친환경적이고 포용적인 경제로의 전환을 어렵게 만들고 있다.[2] 예를 들면, 새천년을 맞이한 이후 지속적으로 감소하던 극빈곤층 비율은 2020년 처음으로 증가하였다. 중요한 점은 코로나-19 팬데믹이 상황을 악화시켰지만, 팬

---

1 UN, *The Millennium Development Goals Report 2015* (New York: United Nations, 2015).

2 UN, *The Sustainable Development Goals Report 2021* (New York: United Nations, 2021).

데믹 이전에도 SDGs 달성에는 이미 빨간불이 켜졌다는 점이다.[3]

이러한 맥락에서 막대한 재원과 노력이 필요한 SDGs 달성을 가져올 게임체인저(game changer)로서 과학기술과 혁신(science, technology and innovation, STI)이 주목받고 있다. 특히, 코로나-19 팬데믹은 STI의 중요성을 한층 더 부각시켰다. 구체적으로, STI는 생산성과 효율성을 향상시키고, 비용을 감소시킴으로써 경제성장에 기여할 뿐만 아니라, 사회적 도전과제들을 완화하고 환경문제에 대처하는 효과적인 방법을 찾는 데 일조한다.[4] 이러한 점에서 선진국들은 STI에 대한 공적개발원조(official development assistance, ODA), 비양허성 차관, 기술협력 등 다양한 방식으로 개발도상국의 지속가능한 발전을 위해 노력하고 있다. STI의 범분야적(cross-cutting) 성격으로 인해 STI와 관련된 ODA 규모를 총체적으로 파악하는 것은 어렵지만, 다양한 원조 사업을 발굴·기획하고 수행·평가하는데 STI에 대한 고려는 핵심적인 역할을 한다.

SDGs 달성을 위한 STI의 중요성에도 불구하고, 과연 과학기술과 혁신이 게임체인저이자 만병통치약인가라는 질문에는 진지한 성찰이 필요하다. 즉, 19세기와 20세기 과학기술 혁명이 다양한 문제를 해결하고 인류의 삶의 질 제고에 기여했지만, 동시에 기후변화와 불평등, 분쟁 등 새로운 문제의 등장과 밀접한 관계가 있다는 점은 STI의 양가적 성격에 대한 고찰의 필요성을 제시한다. 본 연구의 목적은 다양한 문헌과 사례 조사를 통해 STI가 인류 공동의 문제를 해결하고 SDGs 달성에 미

---

3   UN (2021).

4   European Union and UN Inter-Agency Task Team, "Guidebook for the preparation of Science, Technology and Innovation(STI) for SDGs Roadmaps," (Luxembourg, Office of the European Union, 2021).

치는 긍정적 혹은 부정적 영향을 탐색하는 것이다. 과학기술혁신의 위험을 체계적으로 분석하기 위하여 본 연구는 위험의 수준—국가 간 수준과 국가·국가 하위 수준—과 위험의 차원—기술적 차원과 분배적 차원—이라는 두 가지 기준을 활용하여 4가지 유형을 도출하고 각각의 유형을 구체적으로 살펴본다.

최근 STI의 공공성 및 공적 가치 창출과의 연계에 관한 다양한 논의와 제언들이 제시되고 있다. 예를 들면, 사회에 책임지는 연구혁신(responsible research and innovation, RRI), 사회문제 해결형 연구개발 등 다양한 사회적·공적 가치 창출에 기여하는 과학기술혁신의 역할에 대한 논의이다.[5] 본 연구는 이러한 선행 연구와 유사한 맥락에서 SDGs라는 가장 광범위한 인류 공동의 목표 달성에 기여하는 과학기술혁신의 양가적 성격에 주목한다. 특히, SDGs 달성을 위한 가장 중요한 수단인 공적개발원조를 매개로 한 공여국과 수원국의 관계에 초점을 맞춘다는 점에서 기존 연구와 차별적이다. 수원국에 초점을 두는 이유는 선진공여국에서는 STI의 다양한 관점들이 정부 및 공공기관, 연구 커뮤니티, 시민사회 등에서 공론화되어 논의되는 반면, 공적개발원조와 동반한 STI가 가져올 수 있는 다양한 영향에 대한 논의가 개발도상국에서는 매우 부족하기 때문이다. 이를 통해 본 연구는 SDGs 달성을 위한 STI가 과연 누구를 위한 것인가에 대해 논하고 연구의 함의를 도출한다.

본 연구의 구성은 다음과 같다. 제2절에서는 지속가능발전을 위

---

5 박희제·성지은, "사회에 책임지는 연구혁신(RRI) 연구의 배경과 동향," 『과학기술학연구』 제18권 3호 (2018), pp. 101-151; 송위진·성지은, "'임무지향적 혁신정책'의 관점에서 본 사회문제 해결형 연구개발 정책 - '제2차 과학기술기반 사회문제 해결 종합계획' 사례 분석," 『기술혁신연구』 제27권 4호 (2019), pp. 85-110.

한 과학기술혁신의 긍정적 역할을 살펴본다. 특히, SDGs 달성을 위해 STI를 적극적으로 활용하려는 국제적 노력인 "지속가능발전을 위한 과학기술혁신(STI for SDGs)"에 대해 구체적으로 분석한다. 제3절에서는 STI가 오히려 SDGs 달성을 저해하고 새로운 문제를 가져올 수 있다는 점에 착목한다. 구체적으로, STI를 지속가능발전에 활용하는 노력이 기술종속의 위험을 내포하고 있으며, 수원국과 그 주민을 대상화하고, 노동시장에 영향을 미치며, 불평등을 야기할 수 있다는 점을 살펴본다. 마지막 절에서는 SDGs 달성을 위해 STI를 활용하는 것이 결국에는 누구의 이익에 귀속되는지에 대해 논한다.

II. 지속가능발전에 기여하는 과학기술혁신

과학기술혁신은 개발도상국과 선진국의 지속가능한 발전을 위해서 매우 중요하다. 본 장에서는 과학기술혁신이 한 국가의 경제·사회발전뿐만 아니라 지구 공동의 문제해결에 어떻게 기여하는지를 논하고, STI를 활용하기 위한 국제사회의 구체적인 노력을 살펴본다.

〈표 1〉 지속가능발전을 위한 과학기술혁신의 기회

구 분	주요 내용
경제사회 발전 촉진	• 생산성 증가 및 경제성장 촉진 • 부가가치 증대(디지털 혁신, 자동화) • 스마트 농업 및 모니터링 • 소외지역 접근성 제고(복지, 금융, 통신, 민주주의 등)

지구 공동문제 해결	•코로나-19 위기대응을 위한 국제협력 •저소득국가를 위한 백신 유통망 개선(GAVI) •기후변화 대응을 위한 기술이전과 지원 •지구관측시스템 코페르니쿠스를 활용한 환경 모니터링 •NASA SERVIR를 통한 개발도상국 재난재해 모니터링
국제협력 강화	•아디스아바바 행동의제(Addis Ababa Action Agenda) •기술촉진메커니즘(Technology Facilitation Mechanism)

1. 경제·사회발전의 도구로서 과학기술혁신

과학기술은 경제성장을 촉진시킬 수 있으며, 경제와 사회를 변환시킬 잠재력을 가지고 있다.[6] 경제성장을 설명하는 다양한 접근 중 하나는 기본적 투입요소인 자본, 노동과 더불어 기술, 효율성, 노동의 질, 제도 등을 포괄하는 총요소생산성(total factor productivity)의 상호작용으로 설명하는 것이다. 물론 자본과 노동을 제외한 모든 요소를 총요소생산성으로 간주하기에는 명확한 한계가 있지만, 제한된 자본과 노동을 어떻게 활용할 것인가라는 생산성의 문제는 지속가능한 경제성장에 있어서 매우 중요하다. 경제학자 Robert Solow가 제시한 솔로우 모형(Solow Growth Model)에 따르면, 한 국가의 경제성장은 투자와 저축에 의한 물적 자본에 의해 좌우되지만, 자본량 증가에 따른 생산량은 점차 체감하며 한계점에 다다르게 된다. 이때 지속가능한 발전을 이끄는 동력은 외생변수인 기술진보라고 분석했다.[7] 또한, Romer의 내생적 성장이론에

6   OECD, "Connecting ODA and STI for inclusive development: measurement chal-
    lenges from a DAC perspective," OECD (July 2, 2019).
7   Robert Solow, "A contribution to the theory of economic growth," *Quarterly Journal
    of Economics* 70-1 (1956), pp. 65-94.

따르면, 과학기술혁신에 대한 연구개발투자는 인적자원개발 및 지식공유를 발생시킴으로써, 다른 분야로 확장되고 이에 따른 외부효과로 생산성 증대를 가져올 수 있다.[8] 이러한 점에서 한 국가의 STI 역량은 생산성 향상과 매우 밀접한 관계를 갖는다. 나아가 STI를 통해 저부가가치 상품과 서비스 생산에서 고부가가치 생산과 서비스로의 전환을 달성하고 개인의 삶의 질을 높일 수 있다. 예를 들면, 디지털 기술을 활용한 지식과 아이디어 교환은 정보의 대량생산을 가능하게 하고, 자동화와 인공지능을 기반으로 한 플랫폼 경제의 발전은 부가가치를 증대시킨다. 또한, 스마트 농업은 실시간 모니터링 기능을 이용해 파종, 비료, 수확 등 생산성 향상에도 도움이 될 수 있다.[9] 이러한 점에서 STI 활용은 개발도상국의 당면과제인 중진국 함정(middle income trap) 문제를 해결하는 데 중요한 수단으로 강조되었다.[10] 나아가 STI는 공공 및 민간 서비스로부터 소외된 계층과 해당 지역에 정보 접근성을 높일 수 있는 환경과 사회적 격차를 완화하는 기회를 제공한다. 일례로 인도 및 아프리카

---

8   Paul Romer, "Endogenous technological change," *Journal of Political Economy* 98-5 (1999), pp. S71-S102; Paul Romer, "The origins of endogenous growth," *Journal of Economic Perspectives* 8-1 (1994), pp. 3-22; Charles Jones, "Paul Romer: Ideas, Nonrivalry, and Endogenous Growth," *The Scandinavian Journal of Economics* 121-3 (2019), pp. 859-883; 심재희, "신고전학과 성장이론의 비판적 검토,"『산업경제연구』제 8권 5호 (2005), pp. 1887-1904.

9   ILO, *World Employment and Social Outlook* (Geneva: ILO, 2018).

10 Keun Lee and John Mathews, "Science, technology and innovation for sustainable development," UN Committee for Development Policy Background Paper Series, 16 (2013); Patrick Walsh, Enda Murphy, and David Horan, "The role of science, technology and innovation in the UN 2030 agenda," *Technological Forecasting and Social Change* 154 (2020).

여러 국가에서 혁신기술을 활용한 신분 식별 및 주민등록시스템 사업이 수행되고 있는데 이는 소외지역 주민들과 취약계층에 대한 통신 서비스 제공, 복지 사각지대, 금융서비스 접근성 문제 등 다양한 사회문제 해결의 주축이 될 것으로 기대된다.[11]

2. 지구 공동의 문제해결을 위한 과학기술혁신

STI는 일국적 차원의 경제·사회적 발전뿐만 아니라 인류가 공동으로 해결해야 할 난제를 식별하고, 이에 대한 해결책을 제시하는 데 중요한 역할을 한다. 이와 같은 STI의 역할은 과학기술혁신의 목표가 새로운 기술개발이 아니라 혁신을 통한 사회문제 해결에 기여해야 한다는 사회적 책무를 강조하는 과학기술계 중심의 비판적, 실천적 사회운동인 "사회에 책임지는 연구혁신(RRI)," "임무지향적 연구와 혁신(Mission-oriented Research and Innovation)" 등의 논의를 통해 국내외적으로 확산되어 왔으며 최근에는 "리빙랩(Living Lab)" 등의 사회적 실험을 거듭하며 체계화, 구체화되고 있다.[12] 최근에는 민간 영역에서도 세계 최대의 민간 투자회사 중 하나인 블랙락(Black Rock) 등이 지속가능성을 고려

11 World Bank, *Poverty and Shared Prosperity 2018* (Washington D.C.: World Bank, 2018); World Bank, *The 2021 ID4D and G2Px Annual Report* (Washington D.C.: World Bank, 2021); World Bank, "ID4D," https://id4d.worldbank.org/annual-report (검색일: 2022. 5. 6).

12 박희제·성지은 (2018); 송위진·성지은 (2019); 성지은·정서화·한규영, "사회문제 해결형 기술개발사업에서의 리빙랩 적용 사례 분석,"『과학기술학연구』제18권 1호 (2018), pp. 177-217.

한 ESG, 즉 "환경(environment), 사회(social), 지배구조(governance)"를 투자의 기준으로 삼기 시작했다. 이처럼 각 영역의 지속가능성을 담보하기 위한 STI의 역할에 대한 논의가 더욱 활발해지고 있다.[13]

이러한 배경 아래에서 STI는 코로나-19 팬데믹과 같은 국제적 위기 해결에 기여하고 있다. 2021년 발표된 STI 분야 OECD 전망 자료를 보면, STI는 코로나-19 팬데믹 극복을 위한 협력의 구심점이 되었다. 코로나-19 발생 이후 중국은 전 세계 여러 국가로 코로나-19 바이러스 유전자 정보를 공유했고, 이후 앨런 인공지능연구소(Allen Institute for AI)는 미국 정부 및 민간기관과 협력하여 국제오픈데이터플랫폼(CO-VID-19 Open Research Dataset, CORD-19)을 구축하였다. 이 플랫폼을 통해 데이터에 대한 접근과 분석 및 코로나-19 바이러스 판독 연구 등이 가능해졌다.[14] 또한, 과학기술의 집약체인 코로나-19 백신은 인류가 팬데믹의 영향으로부터 회복하는 데 기여하고 있다. 특히 세계백신연합(GAVI Alliance)은 국익을 이유로 소수의 국가에 코로나-19 백신 공급이 집중되는 것을 방지하기 위하여 백신의 초과분을 COVAX에 기부하게 하는 등 백신의 사각지대에 놓여 있는 저소득 국가를 지원하고,[15] 기술혁신을 활용하여 유통공급망을 개선함으로써 백신 배송의 효율성을 제

---

13 김태형, "ESG경영 트렌드 속 과학기술의 역할," 『The Science Times』 (2021년 8월 31일), https://www.sciencetimes.co.kr/news/esg (검색일: 2022. 6. 13).

14 OECD, "OECD Science, Technology and Innovation Outlook 2021," OECD (January 12, 2021).

15 세계백신연합, UNICEF 및 WHO 등이 주도하여 설립한 백신공동분배 프로젝트로 코로나 백신이 세계 여러 국가에 평등하게 지급될 수 있는 조정역할을 수행한다. WHO, "No one is safe, until everyone is safe," https://www.who.int/initiatives/act-accelerator/covax (검색일: 2022. 5. 7).

고하고 있다.[16]

　전염병 관리 이외에도 인류가 처한 또 다른 난제인 지구온난화에 따른 기후변화, 각종 재난과 재해, 환경오염 등 다양한 분야에서 STI를 활용한 전 지구적 공동문제 대응과 국제협력이 진행되고 있다. 기존 화석연료기반 기술의 효율성을 높일 뿐만 아니라 궁극적으로 이를 대체하기 위한 STI는 환경 분야의 지속가능성을 제고하는 데 필수적이다. 2015년 프랑스 파리에서 열린 유엔기후변화협약(UNFCCC) 당사국총회(COP21)에서 채택되어 2022년 현재 발효 중인 파리협정에 따르면, 선진국에만 온실가스 감축 의무를 부과했던 교토의정서와 달리 모든 당사국은 감축 의무를 지니는데 선진국들은 개발도상국의 기후변화 완화와 적응과 관련한 다양한 기술적 지원과 이전을 통해 기후변화 대응에 공동 노력하고 있다. 우주기술인 인공위성을 활용한 모니터링 역시 STI가 기후변화, 재난재해 및 환경오염 등의 지구공동의 문제를 해결하고 있는 대표적인 사례이다.[17] EU의 대표적인 지구관측(Earth observation, EO) 프로그램인 코페르니쿠스(Copernicus)는 위성을 통해 수집한 데이터를 전 세계에 무료로 개방하고 있다.[18] 미국항공우주국(NASA) 또한

16　Bruce Lee, Diana Connor, Angela Wateska, Bryan Norman, Jayant Rajgopal, Brigid Cakourosb, Sheng-I Chen, Erin Claypool, Leila Haidari, Veena Karir, Jim Leonard, Leslie Mueller, Proma Paul, Michelle Schmitz, Joel Welling, Yu-Ting Weng, and Shawn Brown, "Landscaping the structures of GAVI country vaccine supply chains and testing the effects of radical redesign," *Vaccine* 33-36 (2015), pp. 4451-4458.

17　정헌주·백유나·정윤영, "우주와 국제개발협력: 우주기술을 활용한 지속가능발전목표 달성에 대한 탐색적 분석," 『사회과학연구』 제33권 2호 (2022), pp. 125-147.

18　EU, "EU Copernicus," https://www.copernicus.eu/en/about-copernicus (검색일: 2022. 5. 7).

2004년 이후부터 아프리카를 포함하여 아시아, 남미 지역을 대상으로 지구관측위성과 지리공간기술을 융합하여 생태계 변화 현황 및 재난재해 상황 모니터링을 지원하고 있다.[19]

3. 지속가능발전과 과학기술혁신

1990년대 급속도로 이루어진 정보화 혁명은 세계화를 가속함과 동시에 선진국과 개발도상국의 격차를 발생시켰다.[20] 이에 국제사회는 2000년에 개최된 G8 정상회의를 시작으로 디지털격차를 해소하는 방안을 모색하기 시작하였다. 특히 2003년 개최된 '정보사회정상회의(World Summit on the Information Society, WSIS)'를 기점으로 정보통신과 관련한 글로벌 거버넌스가 형성되기 시작했으며, 디지털 기술, 정보통신기술(information and communication technology, ICT)을 통해 격차를 해소하려는 논의에 박차가 가해졌다.[21] 국제사회가 개발도상국의 경제·사회적 발전을 목표로 제공하고 있는 공적개발원조에서도 '정보통신기술을 통한 개발(ICT for Development, ICT4D)'과 같은 원조 분야가 중시

---

19 SERVIR Global, "Connecting Space to Village," https://servirglobal.net/Portals/0/SERVIR_Global_Report_2020_afg_edit.pdf (검색일: 2022. 5. 3); NASA, "NASA SERVIR," https://www.nasa.gov/mission_pages/servir/overview.html (검색일: 2022. 5. 3).

20 박영호, "개도국의 디지털격차해소를 위한 국제적 논의동향 및 시사점," 대외경제정책연구원 세계경제 2001년 3월호.

21 이희진·장승권·고경민, "정보통신기술은 개발도상국 발전을 가져올까? 한국의 ICT4D 프로그램 수립을 위한 고찰,"『국제지역연구』제16권 4호 (2007), pp. 113-141.

되는 등 과학기술의 역할에 주목하게 되었다. 기본적인 아이디어는 STI를 통해 공공 및 민간 서비스 영역에서 소외계층의 정보 접근성을 높이고 사회적 격차를 완화하는 것이다.

국가 간 정보격차를 줄이는 것이 중요하다는 공감대가 형성되었음에도 불구하고, 같은 시기인 2000년 채택된 MDGs는 절대빈곤 문제나 보편적 초등교육, 에이즈와 같은 질병퇴치 등 인간 및 사회개발과 관련된 시급한 분야와 목표에 우선 집중하여 STI를 통한 경제발전은 상대적으로 주목을 덜 받았다. 또한 STI와 관련한 국제사회의 노력을 직접적으로 측정하고 모니터링하기 위한 합의된 정의가 없으며 현재 OECD가 수집하고 있는 ODA 통계는 과학기술이나 혁신과 관련한 원조 활동을 측정할 수 있도록 설계되어있지 않다는 문제가 있다.[22] 또한 기존의 공급과 소비 시스템의 관성으로 인해 과학기술혁신의 광범위한 확산에도 불구하고 전체 시스템의 변화를 촉발하거나 조정하지 못했고, 이는 "지속가능한 전환(Sustainable Transition)"을 저해하는 요소로 지목되어 왔다.[23]

이러한 한계에도 불구하고, 기후변화, 감염병, 저발전 등 다양한 난제에 대응하기 위한 STI의 중요성이 갈수록 강조되었다. '아디스아바바 행동의제(Addis Ababa Action Agenda)' 등 다양한 국제적 논의에서는 STI의 중요성이 언급되었으며,[24] 개별 국가가 지속가능한 발전을 위해

---

22 OECD (2019); 강희종·임덕순, "과학기술·ICT ODA 현황 및 정책 방향," 『STEPI Insight』 제145호 (2014); 강희종·임덕순, "과학기술 ODA 통계 산출 방법에 관한 연구," 『과학기술정책』 제2권 2호 (2019), pp. 203-208.

23 Jochen Markard, Frank Geels, and Rob Raven, "Challenges in the acceleration of sustainability transitions," *Environmental Research Letters* 15-8 (2020).

서는 STI를 적극적으로 활용하여야 할 뿐만 아니라 공여국 역시 개발도
상국을 위해 STI와 관련한 지원을 적극적으로 수행될 필요가 있다고 강
조되었다.[25] 그 결과 2015년 192개국의 만장일치로 채택된 '2030 개발의
제'에서는 'STI를 이행수단으로써 SDGs를 달성(STI for SDGs)'하고자
하며 SDGs의 17개 목표, 169개 세부목표를 달성하는 데 있어 STI가 중
요한 목표이자 수단으로 명시되었다. 특히 SDG-9번 목표는 산업화를
통한 경제발전과 관련하여 최빈국의 ICT에 대한 접근성을 현저히 증가
시킬 것과 2020년까지 적정가격의 보편적인 인터넷에 대한 접근제공을
세부목표(9.c.)로 제시하고 있다. 또한, SDG-17번 목표인 "목표 달성을
위한 파트너십: 이행수단 강화 및 지속가능발전을 위한 글로벌 파트너
십 확대"의 네 가지 이행수단(Means of Implementations) 중 하나로 기술
(Technology)이 포함되어 목표이자 수단으로서 STI의 중요성이 강조되
었다.

　　SDGs를 달성하기 위해 정부와 국제기구와 같은 공공부문뿐만 아
니라 기업, 민간재단, 시민사회, 개인 등 다양한 민간부문 행위자가 중

24　UN, "An Overview of the UN Technology Initiatives," UN Inter-agency Working
　　Group on a Technology Facilitation Mechanism, Background Paper No. 2015/1,
　　June 23, 2015, https://sustainabledevelopment.un.org/content/documents/17
　　438Mapping_UN_Technology_Facilitation_Initiatives_Sept_2015_clean.pdf (검색일:
　　2022. 5. 10); UN, "Landscape of Sicence, Technology and Innovation initiatives for
　　the SDGs," UN Inter-agency Task Team for Science, Technology and Innovation for
　　SDG (IATT-STI), May 2017, https://sustainabledevelopment.un.org/content/
　　documents/17447IATTLandscape_of_STIInitiatives_for_SDGs.pdf (검색일: 2022.
　　5. 10).
25　민경서·이계영·오채운, "지속가능발전목표 달성을 위한 과학·기술·혁신(STI for SDGs)
　　로드맵의 국제적 논의 동향 및 시사점," 『GTC Focus』 제1권 5호 (2020).

요한 이행 주체로 부상하였다. 이러한 민간부문의 역할이 증대하면서, 신기술을 적용한 수요 및 공급사례가 증가하고 있다.[26] 특히 민간재단에 의한 지원 중 STI 활동과 이니셔티브에 관련된 지원이 4분의 1에 달하는데, STI에 대한 지원 중 4분의 3이 연구활동에 사용된다는 점에서 공적자금 배분과 차이가 있다. 민간재단 중 가장 규모가 크며 보건분야에 집중하고 있는 빌앤멜린다게이츠 재단은 STI를 대상으로 한 원조가 전체 원조 중 50% 이상이다.[27]

SDGs 채택 이후 목표 달성에 STI를 활용하기 위해서 다양한 거버넌스가 형성되었다. 가장 중요한 거버넌스는 STI 분야에서 국가, 민간부문, 과학기술 공동체, 시민사회, 유엔기구 등 다양한 이해당사자 사이의 정보, 경험, 최고의 관행, 정책 조언을 공유함으로써 협력과 파트너십을 촉진하기 위해 설립된 기술촉진메커니즘(Technology Facilitation Mechanism, TFM)이다. TFM을 구성하는 4개의 하위 거버넌스로 유엔기구 간 과학기술혁신추진단(UN Inter-Agency Task Team on Science, Technology, and Innovation, IATT), TFM을 지원하기 위한 10인 전문가그룹, STI Forum, 온라인플랫폼이 운영되고 있다.[28] 예를 들면, TFM은 2019년 "Guidebook for the preparation of Science, Technology and Innovation (STI) for SDGs Roadmaps"을 발간하였으며, 가나, 에티오피아,

26 선인경·유지영·안지용·김태경·김현옥, "SDGs 시대 글로벌 STI 개발협력의 변화 추세 분석," STEPI 정책연구 2020-20 (2020).

27 OECD (2019).

28 이향희·이명진, "유엔 지속가능발전목표 이행을 위한 과학기술혁신 국제논의 동향과 정책제언: 과학기술혁신 국제협력정책을 중심으로," 『STEPI Insight』 제251호 (2020); UN, "UN SDGs," https://sdgs.un.org/tfm (검색일: 2022. 3. 18).

케냐, 인도, 세르비아 등 5개 국가를 대상으로 파일럿 프로그램(Global Pilot Programme on STI for SDGs Roadmaps)을 실시하고 있다.[29]

이러한 맥락에서 주요 공여국 또한 개발도상국의 지속가능한 발전을 위해 ODA와 STI를 연계하기 위한 노력을 강화하고 있다.[30] 특히 범분야(cross-cutting)적 성격을 지니는 STI를 주류화함(mainstreaming)으로써 SDGs의 개별 목표 달성에 STI를 활용하려는 움직임이 활발해지고 있다. 한국의 경우, 2019년 10월 외교부와 과학기술정보통신부가 함께 "혁신적 포용국가를 위한 과학기술외교 전략"을 발표함으로써 과학기술을 어떻게 ODA에 전략적으로 활용할 것인가에 대한 논의를 시작하였다.

III. 지속가능발전을 가로막는 과학기술혁신의 위험

본 절에서는 과학기술혁신이 지속가능발전을 저해할 위험에 대해 고찰한다. 과학기술혁신의 위험성을 보다 체계적으로 살펴보기 위하여 먼저 STI가 미치는 영향의 수준(level)을 국가 간(inter-state) 수준과 국가 및 국가 하위(national or sub-national) 수준으로 나눌 수 있다. 또한, 과학기술혁신이 지속가능발전에 미치는 위험의 차원(dimension)을 기술적 차원(technological dimension)과 분배적 차원(distributional dimen-

---

29 European Union and UN Inter-Agency Task Team (2021).
30 OECD (2019).

sion)으로 나눌 수 있다. 이러한 두 가지 기준을 활용한 분석구조(2X2 매트릭스)는 아래와 같다.

〈표 2〉 과학기술혁신이 지속가능발전에 미치는 위험의 수준과 차원

분석구조		위험의 차원(dimension)	
		기술적 차원·분배적 차원	
위험의 수준 (level)	국가 간 수준	기술패권 경쟁과 기술종속	두뇌유출
	국가 및 국가 하위 수준	공여국 기반 기업에 의한 수원국과 주민의 대상화	노동시장 양극화와 불평등

    먼저 기술적 차원에서 국가 간 수준에서 발생할 수 있는 위험은 기술패권 경쟁을 위해 공여국이 기술적 우위를 지속·강화하는 과정에서 개발도상국의 기술적 의존이 심화될 수 있다는 점이다. 둘째, 과학기술혁신을 활용한 개발협력이 수원국과 주민을 거대한 사회실험의 대상으로 전락시키고 개발협력의 과정에서 발생하는 다양한 위험은 사회화되고 이익은 사유화될 위험이다. 셋째, 과학기술혁신이 가져오는 분배적 효과로 인해 수원국의 우수한 인재들이 공여국으로 이주하는 두뇌유출의 위험이다. 마지막으로, 와해적 특성을 지닌 혁신적 기술이 노동시장의 양극화와 불평등을 가져올 수 있다는 위험이다. 각각의 위험을 구체적으로 살펴보자면 다음과 같다.

1. 기술패권 경쟁에 따른 기술종속

과학기술혁신을 통해 발전격차 문제를 해소하기 위한 노력이 오히려 기술을 보유한 국가의 기술적 우위를 지속시키고, 이에 대한 개발도상국

의 의존을 높이는 결과를 낳을 수 있다. 이러한 점에서 국가 간 기술격차를 좁히려는 시도가 오히려 서구에 대한 '새로운 형태의 종속(a new form of dependency)'으로 이어질 수 있다고 지적된다.[31] 예를 들면, 공여국은 때로 자국 기업이 이미 개발하여 독점권을 가지고 있는 하드웨어나 소프트웨어를 원조 형태로 제공하는데, 이 경우 기술이전은 일회성으로 끝나는 것이 아니라 지속적인 유지·보수·관리가 필요하다는 점에서 해당 기술에 대한 수원국의 의존도는 지속되고 강화되는 것이다.

또한, 과학기술혁신 분야 개발협력은 기술 및 이를 둘러싼 규범과 표준 경쟁에서 우위를 확보하기 위한 수단으로 사용되고 있다. 최근 중국의 사례는 이러한 경향을 잘 보여준다. 최근 코로나-19 팬데믹 이후 백신 민족주의(vaccine nationalism)가 강화되면서 아프리카 지역 개발도상국들은 백신에 대한 접근에 있어 불평등을 겪고 있다.[32] 이러한 맥락에서 중국은 자국의 시노팜에서 자체 개발한 백신이 WHO에서 긴급 승인된 이후, 백신과 함께 코로나-19 방역에 필요한 마스크, 진단키트 등 의료용품을 제공하고 기술이전을 약속하면서 자국의 위상을 제고하고 영향력을 확대하고 있다.[33]

---

31 Robert Wade "Bridging the Digital Divide: New Route to Development or New Form of Dependency?," *Global Governance* 8-4 (2020), pp. 443-466.

32 Thomas Bollyky and Chad Bown, "The Tragedy of Vaccine Nationalism: Only Cooperation Can End the Pandemic," *Foreign Affairs* 99-5 (September/October 2020), pp. 96-108; Thomas Bollyky and Chad Bown, "Vaccine Nationalism Will Prolong the Pandemic: A Global Problem Calls for Collective Action," *Foreign Affairs*, December 29, 2020; Nilima Gulrajani and Emily Silcock, "Principled aid in divided times: Harnessing values and interests in donor pandemic response," ODI Working Paper 596 (November 2020).

또한, 중국은 2020년 위치·항법·시각(positioning, navigation, timing, PNT) 서비스를 제공하는 글로벌항법위성시스템(global navigation satellite system, GNSS)인 베이더우(北斗, BeiDou)를 완성하고 이를 실용화하는 데 성공하였다. 동아시아 등 특정 지역에서는 미국의 글로벌위치시스템(Global Positioning System, GPS)보다 정확한 PNT 서비스를 일대일로 협력국에 무상으로 제공함으로써 중국은 디지털 실크로드 정책에 과학기술혁신을 적극 활용하고 있다.[34] 실례로 중국-아랍 지역 베이더우 센터에서는 교통, 스마트농업, 재난재해 영역에서 베이더우를 활용하기 위한 협력을 강화하고 있고, 튀니지 지역의 경우, 자율주행장치와 베이더우시스템을 연결하여 정밀농업에 응용하고 있다.[35] 이러한 중국 베이더우를 통한 PNT 서비스의 제공 이면에는 미국과의 우주 기반 기술경쟁이라는 측면이 존재한다.[36] 즉, 4차 산업혁명의 다양한 기술

---

33 이동규, "코로나 팬데믹 시기의 일대일로: 보건 실크로드와 디지털 실크로드의 확장과 그 함의,"『중국지역연구』제8집 2호 (2021), pp. 279-299; 김순옥·윤성석, "포스트 코로나 시대에 중국의 국제협력 기조와 일대일로 전략,"『한국동북아논총』제26집 4호 (2021), pp. 33-54.

34 Sabena Siddiqui, "BRI, BeiDou and the Digital Silk Road," *Asia Times* (April 10, 2019), at https://asiatimes.com/2019/04/bri-beidou-and-the-digital-silk-road/ (검색일: 2022. 3. 15); BeiDou, "BeiDou Navigation Satellite System," http://en.beidou.gov.cn/ (검색일: 2022. 3. 18).

35 Karim Aboul-Dahab, "The Virtual Silk Road between China and the Arab States," *Asian Journal of Middle Eastern and Islamic Studies* 15-1 (2021), pp. 51-65; Degang Sun and Yuyou Zhang, "Building an "Outer Space Silk Road: China's Beidou Navigation Satellite System in the Arab World," *Journal of Middle Eastern and Islamic Studies (in Asia)* 10-3 (2016), pp. 24-49.

36 박시수, "우주산업 리포트: 중국판 GPS 베이더우가 전 세계 사용자 확대에 나서는 이유,"『동아사이언스』(2021년 12월 17일), https://m.dongascience.com/news.

적 활용의 근간이 되는 PNT 서비스를 협력국에 제공함으로써 기술패권 경쟁에서 우위를 차지하고자 한다는 점이다. 따라서, 과학기술혁신이 개발도상국의 사회경제적 발전보다는 자국의 전략적 이익을 제고하기 위해 활용되고, 이는 결국 기술적 의존의 지속성을 강화할 수 있다.

선진국과 개발도상국의 발전격차를 해소하는데 과학기술혁신은 중요한 역할을 수행할 수 있다. 하지만, 동시에 많은 경우 선진국에서 개발도상국으로 기술이전이 선택적으로 이뤄지고 있으며, 핵심기술의 경우 비대칭적 관계로 인해 오히려 기술적으로 종속되는 경우가 발생할 수 있다. 특히, 미중 경쟁을 비롯한 국가 간 경쟁이 기술을 중심으로 심화되는 과정에서 기술선진국들은 자국의 기술을 사용하는 국가와 집단을 확보함으로써 이를 국제표준으로 만들고, 규모의 경제를 실현하기 위한 목적으로 과학기술혁신을 이용할 수 있다. 더구나 기술선진국은 개발도상국의 약한 규제를 활용하여 기술을 개발하고, 완전하지 않은 기술을 개발도상국에 미리 실험함으로써 첨단 과학기술을 개발하는 비용과 위험을 분산한다.[37] 정리하자면, 과학기술혁신 기반 국제협력과 공적개발원조는 수원국의 사회경제적 발전을 위한 필수요소이자 그 잠재력도 크지만, 기술선진국의 기술적 우위를 기정사실화하며, 개발도상국의 기술적 종속을 영구화하는 결과를 낳을 위험을 배제할 수 없다.

---

php?idx=51135 (검색일: 2022. 3. 5).

37 김기국·최효민, "정부 과학기술 국제협력사업 구조 진단 및 개선방안," 과학기술정책연구원 조사연구 2013-1 (2013), pp. 1-267.

2. 과학기술혁신과 수원국과 주민의 대상화

STI를 활용한 지속가능발전의 이면에는 수원국의 대상화·도구화라는 위험이 있다. STI 분야의 개발협력은 다른 개발협력사업과 마찬가지로 수원국의 경제·사회적 발전 외에도 공여국 혹은 사업을 수행하는 행위자의 경제적 이익 추구를 목적으로 수행될 수 있다.[38] 특히, STI 분야의 개발협력사업을 통해 창출되는 단기적·직접적인 경제적 가치 이외에도 공여행위자에게로 귀속되는 가치들이 매우 다양하고 장기적일 수 있다. 이는 과학기술혁신 분야에서 수원국의 필요에 의해 규제샌드박스 등 규제를 완화함으로써 공여국 기업의 진입을 용이하게 하고 있지만, 이를 통해 창출되는 막대한 데이터 등 다양한 가치들이 공여행위자의 소유가 될 수 있기 때문이다.

드론을 활용한 르완다 개발협력사업 사례는 규제완화를 통해 드론 업체에 신기술 테스트 기회를 부여하고 이를 통해 의료배송을 활성화시킨 우수사례로 소개되지만,[39] 반면에 이에 따른 위험요소도 존재한다. 르완다는 육지로 둘러싸인 중앙아프리카의 작은 국가로서 인구밀도가 높지만, 교통인프라는 낙후되어 있어 다수의 지역 주민들이 공공의료 시스템의 혜택을 제대로 받지 못하는 경우가 많다.[40] 르완다 정부는 낙

---

38 선인경 외 (2020).

39 Amanda Russo and Harrison Wolf, "What the world can learn from Rwanda's approach to drones," World Economic Forum (January 16, 2019), at https://www.weforum.org/agenda/2019/01/what-the-world-can-learn-from-rwandas-approach-to-drones (검색일: 2022. 6. 13).

40 르완다의 인구는 2020년 기준 1295만 명이며, 국내총생산은 103.3억 USD, 인구증가율은 연간 2.5%을 차지하고 있다.

후된 교통인프라와 지형적 문제로 인해 공공의료 접근이 어려운 지역에 의약품과 혈액 등을 운반하기 위하여 2016년부터 미국의 실리콘벨리 벤처기업인 짚라인(Zipline)과 파트너십을 체결하고, 드론을 이용한 배송물류시스템을 운용하고 있다. 현재 짚라인의 드론은 의료물품, 혈액, 백신, 검체 등을 수송하고 있으며, 르완다 내 혈액 수송의 75% 이상을 담당하고 있다. 또한, 짚라인은 르완다 이외에도 가나에도 진출하여 아프리카 역내에서 서비스를 확장하고 있다.[41] 아프리카 지역의 지형적 문제 및 부족한 교통인프라 문제뿐만 아니라 코로나-19 팬데믹 확산으로 더욱 어려워진 공공서비스에 대한 접근성 문제의 해결방안으로 드론을 활용한 운송은 과학기술혁신을 사회문제 해결에 잘 접목한 사례로 볼 수 있다.

하지만, 과학기술혁신을 활용한 기업과 수원국이 윈-윈하는 성공사례로 여겨지는 짚라인 드론 배송물류시스템 사례의 이면에는 중요한 문제점이 있다. 첫째, 르완다에서 쌓아온 평판으로 인해 짚라인은 상당한 경제적 가치를 창출하였다. 물론 이윤창출을 목표로 하는 민간기업인 짚라인이 수원국의 사회·경제적 발전에 기여함과 동시에 사적 가치를 동시에 추구하는 것은 비난받을 일이 결코 아니다. 르완다에서 드론 배송물류시스템을 구축하는 것은 리스크가 큰 사업이었음은 분명한 일이다. 짚라인은 2016년 미국 캘리포니아에서 드론배송 스타트업으로 시작한 이후 3년이 지난 2019년에는 기업가치 10억 달러 이상인 소위

41 John Demuyakor, "Ghana Go Digital Agenda: The impact of Zipline Drone Technology on Digital Emergency Health Delivery in Ghana," *Shanlax International Journal of Arts, Science and Humanities* 8-1 (2020), pp. 242-253.

유니콘 기업으로 급성장했다.[42] 2019년 기준 3억 달러 이상의 투자 자금을 조달하는 등 짚라인의 빠른 성장 배경에는 바로 아프리카 지역 주민들을 위한 삶의 질 향상과 의료시스템 지원을 가능하게 하는 기술의 활용이라는 긍정적인 기업의 평판과 이미지가 투자자들에게 영향을 미쳤기 때문이다.

둘째, 드론이 지역사회와 개인에게 초래하는 부정적 외부효과에 대해서 기업의 책임은 명확하지 않다. 수원국의 기술공백 지원을 위한 규제완화 정책은 기업에 신기술 테스트 기회도 부여하게 되는데 이로 인해 발생하는 문제는 다양하다. 예를 들면, 드론이 항공기 등 다른 물체와의 충돌하거나 통신 두절, 전기 문제로 인한 추락 사고와 이로 인한 부수적 피해, 전파 방해 및 사생활 피해가 발생할 수 있다. 또한, 아프리카 지역의 많은 국가가 오랜 기간 분쟁과 내전 경험으로 인해 시끄러운 공중의 비행물체를 위협으로 인식할 수 있으며, 이로 인한 지역 주민들의 외상후스트레스장애(PTSD) 우려도 존재한다.[43] 드론산업은 단순한 기술과 관련된 이슈 이외에도 안전, 프라이버시 등의 이유로 인해서 미국 등 선진국에서는 엄격한 규제가 적용되고 있다.[44] 하지만, 아프리

---

42 Gavi, "Rwanda launches world's first national drone delivery service powered by Zipline," (October 14, 2016), at https://www.gavi.org/news/media-room/rwanda-launches-worlds-first-national-drone-delivery-service-powered-zipline (검색일: 2022. 2. 8).

43 Albert Nyaaba and Matthew Ayamga, "Intricacies of medical drones in healthcare delivery: Implications for Africa," *Technology in Society* 66 (August 2021).

44 Jake Nelson and Tim Gorichanaz, "Trust as an ethical value in emerging technology governance: The case of drone regulation," *Technology in Society* 59 (November 2019); 신홍균, "토지 상공에서의 드론의 비행자유에 대한 제한과 법률적 쟁점," 『한국항

카 지역의 많은 국가는 신기술에 대한 수요로 인해 다양한 규제완화 프레임워크가 구축되면서 이러한 국가에서 활동하는 기업은 드론 주행 고도, 속도, 방식 등에서 훨씬 더 자유로운 환경에서 제품 및 서비스를 실험하고 적용할 수 있다. 이러한 이점을 활용하여 기업의 기술력을 높이고 서비스를 제공한다는 점에서 르완다를 비롯한 개발도상국은 드론 관련 기술의 실험실로 활용된다는 지적이 가능하다.

셋째, 드론 배송물류시스템을 통해 창출되는 데이터를 누가 소요하며, 관리하고, 활용하며, 창출되는 새로운 가치는 누구의 것인가이다. 현대사회에서 지식경제의 중요한 부가가치로 인식되는 데이터의 소유권은 불분명하고, 국제적으로도 데이터 귀속 주체와 소유권에 대한 표준 기준이 마련되지 않은 상황이다.[45] 드론을 활용한 배송물류시스템은 중요한 사회적 가치를 창출하지만 동시에 엄청난 양의 공간정보, 영상정보 및 이를 활용한 데이터 등 새로운 가치가 생성된다. 특히, 짚라인은 전문기업인 데이터브릭스(Databricks)를 통해 물류 운영 효율성을 높이기 위한 방대한 데이터 분석에 비용을 지불하고 있다.[46] 이는 사용자의 이익을 명목으로 일상 데이터를 기업의 가치 수단으로 재창출하는 과정인데, 일부 학자들은 이러한 과정을 데이터 식민지화 또는 데이터 식민주의(data colonialism)라 규정한다.[47] 물론 짚라인의 목표와 활동이

공우주정책·법학회지』 제35권 2호 (2020), pp. 75-111.

[45] 김시열, "지식재산권 분야 데이터 소유권 논의의 평가 및 방향성 검토," 『법학논총』 제51권 (2021), pp. 131-159.

[46] Databricks, "Data-driven drones deliver lifesaving medical aid around the world," at https://databricks.com/customers/zipline (검색일: 2022. 5. 8).

[47] 데이터 식민주의는 기업이 사용자의 이익을 명목으로 사용자의 데이터를 추출, 분석 및 소유하는 것을 의미한다. Jim Thatcher, David O'Sullivan, and Dillon Mahmoudi,

고도의 계획적이고 악의적인 방식이라 단언하기는 어렵지만, 드론이 수집한 데이터와 분석 자료가 종국적으로는 짚라인 서비스 개선에 활용되고, 르완다가 수익 창출의 값싼 데이터 원천으로 활용될 가능성을 배제할 수 없다.[48]

따라서 과학기술혁신을 활용하여 개발도상국의 사회적, 경제적 가치를 창출하려는 다양한 노력의 중요성에도 불구하고, 기업의 이윤창출 과정에서 발생하는 다양한 부정적 외부효과에 대한 고려와 더불어 데이터 등 새롭게 파생되는 부가가치를 어떻게 관리·활용할 것인지에 대한 고려가 필요하다. 나아가 과학기술혁신이라는 이름으로 개발도상국과 주민을 대상화, 도구화하여 하나의 거대한 사회실험실로 이용하고 있지는 않은지에 대한 성찰이 필요하다.

3. STI 개발협력과 국내외적 두뇌유출

개발도상국의 지속가능한 발전을 위해서는 STI 부문의 인적 자원을 육성하고, 이러한 인적 자원이 STI를 활용하여 지속가능한 발전을 위한 다양한 지식을 창출하고 활용할 수 있어야 한다. 특히 과학기술과 혁신

"Data colonialism through accumulation by dispossession: New metaphors for daily data," *Environment and Planning D: Society and Space* 34-6 (2016), pp. 990-1006; Alistair Fraser, "Curating digital geographies in an era of data colonialism," *Geoforum* 104 (2019), pp. 193-200.

48 Alex Zhang, "Zipline and its Implications on Data Colonialism," The Urge To Help (August 19, 2021), at https://theurgetohelp.com/articles/zipline-and-its-implications-on-data-colonialism/ (검색일: 2022. 5. 8).

적 아이디어를 지역적 맥락에 맞도록 재구성하고 활용하는 지식은 지속 가능한 발전을 위해 매우 중요하다. 이러한 점에서 공여국은 수원국의 STI 부문 인적 자원 육성을 위해서 고등교육기관과 연구시설을 설립하고 유지하기 위한 원조를 제공하거나 우수한 인적 자원이 자국에서 교육을 받고 연구 활동을 할 수 있도록 장학금을 제공하기도 한다. 하지만 STI 부문에 대한 원조는 수원국의 우수한 인적 자원을 양성하는 데 기여하지만, 이러한 인력들이 자신이 획득한 기술과 지식에 적합한 연구 및 취업 기회를 본국에서 찾지 못한다면 오히려 이주를 선택하게 되고 결국 두뇌유출을 야기하여 수원국의 사회적·경제적 발전에 부정적 영향을 미칠 수 있다.[49]

공적개발원조가 이주에 미치는 영향에 관한 연구 결과는 원조가 다양한 메커니즘을 통해서 이주를 촉진한다고 밝히고 있다.[50] 특정 공여국의 원조는 그 국가에 대한 정보와 매력을 증가시켜 이주가 늘어난다. '매력효과(attraction effect)'라고 불리는 이러한 메커니즘은 원조를 제공함으로써 해당 공여국에 대하여 수원국의 국민들은 더 많은 정보

---

49 OECD, "The Global Competition for Talent: Mobility of the Highly Skilled," OECD (September 2008).

50 Jean-Claude Berthélemy, Monica Beuran, and Mathilde Maurel, "Aid and Migration: Substitutes or Complements?," *World Development* 37-10 (2009), pp. 1589-1599. 물론 여전히 원조가 이주, 특히 이주의 흐름(migration flow)을 감소시킨다는 연구 또는 원조와 이주 간에는 유의미한 관계가 없다는 연구 역시 존재한다. Mauro Lanati and Rainer Thiele, "The Impact of Foreign Aid on Migration Revisited," *World Development* 111 (2018), pp. 59-74; Marina Murat, "Foreign Aid and Responsiveness of Bilateral Refugee Inflows," Working Paper 130, Center for Economic Research, University of Modena and Reggio Emilia (2017).

를 얻게 되고, 원조와 관련된 사업과 활동을 통해서 개인적인 네트워크를 형성하게 됨으로써 이주를 촉진한다는 것이다.[51] 좀 더 직접적인 메커니즘은 공여국이 수원국의 우수한 학생, 공무원, 시민사회단체 활동가 등에게 자국에서 학습 혹은 연수를 할 수 있도록 장학금을 지급함으로써 이주를 촉진하는 것이다. 즉, 원조가 수원국의 교육수준이 높은 잠재적 이주자의 이주와 연관된다는 것이다.[52] 나아가 공적개발원조는 수원국의 과학기술 부문 우수 인력이 자국에서 활동하는 국제기구나 국제NGO로 이동하는 두뇌유출을 가져올 수 있다. 아이티(Haiti)에서 수행된 연구에 따르면, 수원국에서 활동하는 국제기구나 국제NGO는 수원국의 공무원이나 의사 등 전문직 종사자들이 받는 임금 수준보다 높은 임금을 제공함으로써 수원국의 우수 인력이 국제기구 혹은 국제NGO로 이직하고, 더 나아가 외국으로 이주하는 것을 촉진시킨다.[53]

요약하자면 원조와 이주 사이의 관계에 대한 기존 연구는 STI 분야에 대한 원조를 통한 SDGs 달성 과정에서 의도치 않는 결과가 발생할수 있음을 잘 보여준다. STI 공적개발원조는 주로 수원국에 고등교육기관과 연구시설을 설립하거나 운영하는 것과 관련되는데, 이는 단순

---

51 Berthélemy et al. (2009), p. 1589.

52 Darwin Ontiveros and Vincenzo Verardi, "Does Aid Induce Brain Drain? A Panel Data Analysis," *IZA Journal of Migration* 1-13 (2012), pp. 1-19.

53 Maxwell Kligerman, David Walmer, and Sylvia Merrell, "The socioeconomic impact of international aid: a qualitative study of healthcare recovery in post-earthquake Haiti and implications for future disaster relief," *Global Public Health* 12-5 (2017), pp. 531-544; Nicolas Lemay-Hébert, Louis Marcelin, Stéphane Pallage, and Toni Cela, "The internal brain drain: foreign aid, hiring practices, and international migration," *Disaster* 44-4 (2020), pp. 621-640.

한 인프라 구축에 국한되지 않는다. 즉, STI 분야에 대한 원조는 공여국 과학기술자에 의한 교육, 커리큘럼, 실험실 운영 등을 통한 암묵적 지식 전달 등이 중요한 역할을 한다. 이러한 과정에서 수원국의 우수한 인적 자원은 공여국의 해당 과학기술 부문에서의 전문 지식뿐만 아니라 연구 시스템과 문화, 언어 등에 노출됨으로써 공여국의 노동시장에서 진입할 수 있는 가능성이 높아진다. 특히, STI 부문에 대한 원조가 장학금, 연수의 형태로 제공될 경우, 공여국에서 교육을 받고 연구를 수행한 수원국의 인적 자원은 자국으로 귀환하기보다는 공여국의 익숙한 환경에서 새로운 기회를 찾고자 할 가능성이 높다. 공여국의 STI 부문에 대한 원조를 통해서 양성된 인적 자원을 수용할 수 있는 수원국의 과학기술 역량과 노동시장의 부재는 이러한 경향을 가속화한다. 즉, 수원국의 다양한 부문에서의 숙련된 인력에 비해 STI 부문에서의 인력은 분과학문의 보편성이 높은 특성으로 인해 지리적, 문화적, 사회적 환경에 의한 이주 제약이 상대적으로 낮아 이동성이 높다.

물론 원조와 이주의 관계는 매우 복잡하여 두뇌유출뿐만 아니라 두뇌순환(brain circulation) 현상을 통해서 이주가 결국에는 수원국의 경제발전에 기여할 수도 있다.[54] 또한, STI에 대한 원조는 지구 전체적으로 과학기술혁신 관련 지식의 총량을 증대시킬 수 있다.[55] 하지만, 문제는 그러한 지식과 활용이 어떻게 배분되는가이다. 즉, STI 부문 인적 자원에 대한 투자가 두뇌유출, 두뇌순환 등의 과정을 거쳐서 지구 전체의

---

54 Masud Chand, "Brain Drain, Brain Circulation, and the African Diaspora in the United States," *Journal of African Business* 20-1 (2019), pp. 6-19.

55 OECD (2008).

지식 총량과 더불어 개발도상국의 지식 총량 역시 증가시킬 수 있지만, 공여국에서 훨씬 더 많은 지식과 가치가 창출된다면, 새로운 문제가 야기될 수 있다.

4. 과학기술혁신의 와해적 특성과 노동시장의 양극화

STI는 노동시장 구조에도 영향을 미친다. 단기적으로는 혁신기술 적용으로 노동생산성을 높이고 사회 전반적으로 효율성과 편의성을 제고할 수 있지만, 과학기술혁신의 와해적(disruptive) 특성으로 인해 부정적 효과를 가져올 수 있다. 즉, 단기적 이익을 가져오는 혁신적 기술이 중장기적으로는 인력을 대체함으로써 실업을 유발하고, 산업구조에 영향을 미치게 된다. 이러한 자동화 기술을 활용한 경제성장은 생산성 향상 및 상품가격을 낮출 수 있는 이점도 존재하지만, 불완전한 시장구조에서 기술혁신으로 인한 사회적 잉여가 일부 혁신기술 보유자나 자본가에게 환원됨으로써 불평등을 초래할 수 있다.[56]

국제노동기구(International Labor Organization, ILO)에 의하면, 2021년 현재 전 세계 실업 인구는 약 2억 7천만 명으로 증가했다. 또한, ILO는 2022년 노동시장의 회복세가 느리게 진행될 것으로 전망하며, 전 세계 실업률이 최소한 2023년까지는 코로나-19 팬데믹 이전 수준을 상회할 것으로 보고 있다.[57] ILO 사무총장을 역임한 가이 라이더

---

56 김영식, "AI와 고용, 경제성장, 불평등: 최근 문헌 개관과 정책 함의,"『한국경제포럼』제 12권 3호 (2019), pp. 1-34.

(Guy Ryder)는 노동시장 회복 없이는 코로나-19 팬데믹으로부터 진정으로 완전한 회복은 불가능하다고 전망했다.[58] 여기에 더해 STI를 기반으로 한 성장이 가속화될 경우 노동시장의 불안정성은 더욱 심화될 것으로 전망된다. 기술의 발전과 고도화는 생산성을 증대시킬 수 있지만, 일자리 창출로 이어지는 것은 아니며, 고용의 질을 담보하는 것 역시 아니다. 2016년 스티글리츠가 밝혔듯이 최근 수십 년간 GDP와 생산성은 지속적으로 상승하였지만 평균임금은 정체되었다. 부의 증가가 단순히 자본 가치의 증가로 이어지고, 노동자의 임금에 영향을 주는 것은 아니라는 것이다.[59] 특히, 임금 부문에서 과학기술 숙련도에 따라 불평등은 더 심화될 수 있다. 경제발전수준과 고용률의 관계를 분석한 2016년 ILO 자료에 의하면, 경제가 발전할수록 고숙련 노동자와 저숙련 노동자 간 소득수준 양극화는 더욱 가속화되어 불평등을 유발하는 것으로 분석되었다.[60] 또한, 개발도상국의 기술편향적 기술변화(skill-biased technological change, SBTC)와 임금 불평등의 관계에 대해 분석한 연구는 SBTC의 규모가 증가하면 숙련 노동자와 비숙련 노동자 사이의 불평등이 커진다는 점을 밝혔다.[61] 구체적으로, 숙련 노동자와 비숙련 노동

57　ILO, *World Employment and Social Outlook* (Geneva: ILO, 2022).

58　ILO, "ILO downgrades labour market recovery forecast for 2022," WESO Trends 2022 (January 17, 2022), at https://www.ilo.org/global/about-the-ilo/newsroom/news/WCMS_834117/lang—en/index.htm (검색일: 2022. 5. 8).

59　Kaushik Basu and Joseph Stiglitz, *Inequality and Growth: Patterns and Policy: Volume 1. Concepts and Analysis* (New York: Palgrave Macmillan, 2016), pp. 48-52.

60　ILO, World Employment and Social Outlook (Geneva: ILO, 2016).

61　Jiancai Pi and Pengqing Zhang, "Skill-biased technological change and wage inequality in developing countries," *International Review of Economics & Finance* 56 (2018),

자가 있는 소규모 개방경제에서 재화와 요소시장을 완전 경쟁상태라 가정할 경우, 기술편향으로 인한 근로자 간 경쟁효과가 발생하여 비숙련 노동자의 수익 규모를 악화시킬 수 있다는 것이다. SBTC와 임금불평등을 실증적으로 분석한 또 다른 연구에서는 숙련노동자와 비숙련 노동자의 임금 탄력성 차이로 인하여 비숙련 노동자의 생산성 감소는 평균 소득 감소로 이어지며 궁극적으로 실업을 유발할 수 있다고 주장했다.[62]

특히 기술이 인력을 대체하는 분야가 확대될수록 단순노동 인구의 대량 실직 사태가 예상되며, 비정규직 노동자의 증가는 고용불안을 초래하고 임금 상승이 둔화되는 등 노동시장의 구조는 지속적으로 악화될 수 있다. 개발도상국은 노동집약적 제조업과 서비스업이 고용구조와 경제성장에서 차지하는 비중이 높고 자동화 등 혁신기술로 인한 일자리 대체율이 높을 것으로 예측되는데, 개발도상국 일자리의 약 3분의 2가 소멸할 가능성이 있다.[63] 예를 들면, 동남아시아 국가 중 빠른 경제성장을 보이는 베트남, 캄보디아 등에서 전체 일자리의 56%가 자동화된 첨단 기술에 의해 일자리가 대체될 것으로 전망된다.[64]

결과적으로 STI 분야 개발협력과 경제발전이 개발도상국의 노동시장에 미치는 영향은 각 국가의 노동시장 구조와 도입되는 기술의 특

pp. 347-362.

62 Matthias Weiss and Alfred Garloff, "Skill-biased technological change and endogenous benefits: the dynamics of unemployment and wage inequality," *Applied Economics* 43-7 (2011), pp. 811-821.

63 William Maloney and Carlos Molina, "Are Automation and Trade Polarizing Developing Country Labor Markets, Too?," World Bank Policy Research Working Paper No. 7922 (December 2016).

64 ILO (2018).

성에 따라 달라지겠지만, 기술도입의 속도가 빠르고 범위가 넓을수록 개발도상국의 노동시장 불안정성은 심화될 수 있고 그 과실은 불균등하게 배분된다. STI 관련 교육과 인프라 및 직업재교육 프로그램이 부족하고, 사회적 안전망이 취약한 개발도상국에서 STI가 노동시장과 일자리, 고용의 질에 미치는 영향은 더 파괴적일 수 있다. 특히 STI로 인한 새로운 환경의 변화에 따라 적응할 수 있는 충분한 시간적 여유를 가지지 못한 상태에서 STI는 개발도상국에 약이 아닌 독이 될 수 있다.

5. 과학기술혁신과 불평등

지속가능발전목표는 "그 누구도 뒤처지지 않게(leave no one behind)"라는 정신을 내걸고, 국가 내, 국가 간 불평등 완화를 목표로 하고 있으며(SDG-10), 과학기술혁신은 SDGs 전반에 걸쳐 목표이자 SDGs를 달성하기 위한 이행수단으로 제시되고 있다. 따라서 STI가 불평등 문제 해결에 기여할 수 있는지는 SDGs 달성 여부에 매우 큰 영향을 미친다고 해도 과언이 아니다. 그동안 STI는 불평등 문제를 해결할 수 있는 수단으로 여겨져 왔다. 그렇다면 STI의 발전은 그동안 다양한 형태의 불평등 문제 해소에 기여해 왔는가라는 질문이 가능하다. 하지만 이는 절반의 성공과 절반의 실패라고 할 수 있다. STI의 발전이 불평등의 원인으로 작용하기도 했기 때문이다. 특히 국가 간 소득격차는 줄어드는 경우가 있었으나, 국가 내 격차는 오히려 증대되었고 전 세계의 자산은 더욱 편중되고 있다.[65]

　옥스팜의 보고서에 따르면, 2008년 글로벌 금융위기 이후 10년 동안 억만장자의 수는 두 배 가까이 늘었다.[66] 반면 하위 40%는 전체 소득의 25% 미만을 차지하며, 국가 내 소득 불평등이 악화되었다. 세계은행에 따르면, 하위 40%의 소득이 나머지 60%의 소득보다 빠르게 증가하여 불평등 문제가 해소되지 않는 이상 현재의 경제 성장률로는 2030년까지 극심한 빈곤 근절은 어려울 것이라는 전망이다. 소득 불평등과 더불어 기회의 불평등은 식수, 위생, 교육, 의료 등과 같은 기본적인 사회서비스 접근에 영향을 미친다. 이는 인간발전 문제임과 동시에 결과적으로 사회적, 경제적 성장을 저해한다.[67] 게다가 불평등으로 인한 계층 내, 계층 간 갈등은 사회불안 요소로 작용하며 폭력이나 갈등을 유발할 수 있다.

다양한 과학기술 중에서도 특히 컴퓨터와 인터넷 기술을 중심으로 한 정보통신기술(ICT)은 사회 취약계층이 정보와 지식에 대해 접근할 수 있도록 도와줌으로써 국가 간, 국가 내 불평등을 감소시킬 수 있는 잠재력이 있다고 평가됐다.[68] 기본적인 아이디어는 ICT 격차를 줄여서 개발도상국이 생산성을 향상을 통한 경제성장을 할 수 있고 나아가 선진국과 개발도상국의 발전격차를 줄일 수 있다는 것이다. 하지만, 전 세계 인구의 37%에 해당하는 약 29억 명의 인구가 ICT를 향유하기 위한 전제조건이라고 할 수 있는 인터넷 접근이나 사용에 제약받고 있으며 이

65 Florence Jaumotte, Subir Lall, and Chris Papageorgiou, "Rising Income Inequality: Technology, or Trade and Financial Globalization?," IMF Working Paper WP/08/185 (2008).

66 Oxfam, "Public Good or Private Wealth?" Oxfam Briefing Paper (2019).

67 UN, "Inequality-Bridging the Divide," at https://www.un.org/en/un75/inequality-bridging-divide (검색일: 2022. 3. 19).

68 ITU, *Measuring digital development: Facts and figures 2021* (Geneva, ITU, 2021).

중 96%는 개발도상국 주민이다.[69] 국가 내에서도 지역, 연령, 성별에 따른 디지털 격차가 존재한다. 도시 주민의 인터넷 접근성은 농촌의 2배에 달하며 15세~24세의 세계 인구 중 71%가 인터넷을 사용하고 있지만, 다른 연령대의 경우 57%에 불과하다. 62%의 남성이 인터넷을 사용하고 있는 반면, 여성은 57%가 인터넷을 사용하고 있다.[70]

이러한 과학기술혁신 특히 ICT에 대한 불균등한 접근은 소득 불평등의 원인으로 지목받고 있다.[71] ICT 발전이 경제성장에 기여한다고 하더라도 개발도상국 내에서 그 직접적 혜택이 균등하게 배분되지 못한다는 것이다. 즉, 교육수준이 높고 기술 훈련을 받을 수 있는 사람들에게는 기술 발전이 긍정적으로 작용하는 반면 여기로부터 소외된 주민들에게는 혜택이 고르게 미치지 않는다는 점이다.

4차 산업혁명으로 대표되는 혁신적 기술 역시 불평등 문제를 해소하기보다 가속화할 것이라는 전망이 우세하다. 4차 산업혁명의 주요 영역 중 하나인 인공지능 기술개발을 누가 선점 혹은 독점하거나 그러지 못하는지, 그리고 그 기술의 습득 여부에 따라 개인, 세대, 기업, 국가 간 불평등의 발생이 예상된다.[72] 결국 정보화 혁명으로 일컬어지는 3차 산

---

69 ITU (2021).

70 ITU (2021).

71 Claudia Goldin and Lawrence Katz, "Transitions: Career and Family Life Cycles of the Educational Elite," *American Economic Review* 98-2 (2008), pp. 363-69; 조우제·정윤혁·김상순, "ICT 발전과 소득불평등 간의 관계 분석,"『벤처창업연구』제15권 1호 (2020), pp. 237-245; 조정원·안상진, "불평등과 과학기술: 피케티의 화두에 과학기술은 어떻게 응답할까," 한국과학기술기획평가원 Issue Paper 제2014권 7호 (2014).

72 이기완, "인공지능과 미래의 불평등, 그리고 민주주의,"『세계지역연구논총』제39권 4호 (2021), pp. 1-23.

업혁명의 혜택이 고르게 배분되지 않은 상황에서 4차 산업혁명이 동시에 발발하면서 소득격차는 더욱 가속화될 전망이다. 결국, 지속가능발전을 위해 STI를 적극적으로 활용할 때 발생할 수 있는 결과, 즉 대외적으로 기술적 종속, 대내적으로는 사회적 불평등에 대한 선제적 고려가 필요하다. [73]

IV. SDGs 달성을 위한 STI는 누구를 위한 것인가?

본 연구는 SDGs 달성에 기회이자 위험일 수도 있는 STI의 역할을 비판적으로 검토하였다. STI는 사회와 개인의 삶을 변화시키는(transformational) 힘이 있다. 하지만, 과학기술혁신이 약속하는 장밋빛 미래는 모든 사회와 개인 앞에 동등하게 펼쳐져 있지 않다. STI를 잘 활용하는 사회와 개인은 많은 가치를 창출할 수 있지만, 그렇지 못한 사회와 개인에게는 오히려 더 큰 부정적 영향을 줄 수 있다. 시간적으로도 STI는 SDGs 달성에 단기적으로 긍정적인 영향을 미치더라도 중장기적으로는 부정적인 영향을 미치고, 또한 그 반대의 경우도 가능하다. 특히 코로나-19 팬데믹 상황에서의 STI의 중요성이 강조되고 있지만, 동시에 팬데믹의 부정적 효과를 STI가 가중시킬 가능성 역시 존재한다.

구체적으로, 본 연구는 STI가 SDGs 달성에 어떻게 기여하는지를 먼저 살펴보았다. 많은 재원과 정책적 노력이 코로나-19 팬데믹으로부

---

[73] 이희진 외 (2007).

터의 회복에 집중되면서, SDGs의 다른 목표 달성에 어려움을 겪고 있는 상황에서 과학기술혁신은 게임체인저가 될 수 있다는 점을 살펴보았다. 동시에, 공여국과 기업이 STI를 매개로 수원국을 대상화할 위험이 있음을 지적하였다. 나아가, STI가 수원국의 노동시장과 개인에게 미치는 불균등한 영향이 오히려 두뇌유출과 불평등을 심화하고 잠재적 갈등을 야기할 수 있다는 점을 논하였다.

물론 공여국이 STI를 외교의 수단으로 활용할 수 있으며, 이를 통해서 수원국의 경제가 발전한다면 이는 오히려 장려될 수 있다. 하지만, 수원국과 그 주민을 대상화하고, 외교정책의 수단으로서 STI가 활용된다면, STI에 의해서 예상되는 효과가 충분히 발휘되지 않을 수 있으며, 특히 주인의식이 부재한 상황에서 지속가능한 경제발전과 인간발전은 어려울 것이다. 따라서 국가의 발전단계와 정치·경제·사회·문화적 맥락에 따라 과학기술이 경제발전에 미치는 영향력이 다르다는 점을 상기할 필요가 있다.

또한 STI를 활용한 개발협력사업의 경제적 이익이 선진국의 기업이나 STI를 잘 활용하는 개인과 집단에게 과도하게 돌아가는 것 자체를 문제로 삼기는 어려울 수 있다. 개발도상국에서 협력사업을 수행하는 많은 기업은 심각한 투자 위험을 감수하였고 사업으로 인한 경제적 이익은 그러한 위험에 대한 보상의 성격이 있다는 점을 강조할 수 있다. 문제는 협력사업의 직간접적 이익은 소수에게 집중되는 반면, 이에 따라서 발생하는 다양한 문제들은 사회화(socialization)된다는 점이다. 특히, STI를 활용한 협력사업을 통해서 산출되는 막대한 양의 정보의 활용과 이에 대한 소유권 등 다양한 쟁점들이 수원국 정부와 공동체, 개인에게 충분히 설명되고 동의되지 않았을 가능성이 크다. 중요한 점은 개발협력의 파트너로서 수원국 정부와 개인이 동등하게 자리잡지 못한다는 것이다.

　본 연구는 STI의 위험요소가 수원국의 정치적·경제적·사회적·문화적 맥락에서 작동하는 구체적인 메커니즘에 대한 분석을 수행하지 못하였다는 점에서 한계점을 지닌다. 그럼에도 불구하고, 본 연구는 SDGs 달성을 위해 STI의 중요성이 강조되지만, 이는 결국 누구의 이익인가라는 점에 대한 시사점을 제시한다. STI는 다양한 이해당사자에게 추가적인 이익 혹은 절대적 이익(absolute gains)을 가져다줄 수 있다. 물론 STI가 갖는 와해적 특성으로 인해 노동시장의 변화에 적응하지 못하는 개인에게는 절대적인 손실을 가져오지만, 사회적으로 창출되는 부를 활용한 다양한 정책적 개입을 통한 문제해결의 가능성이 있다. 결국 누구의 이익인가라는 점이 아니라 누가 상대적으로 더 큰 이익, 즉 상대적 이익(relative gains)을 획득하는가라는 문제이다. 즉, STI를 통해서 절대적 의미에서 수원국의 경제·사회적 발전이 가능하더라도, 공여국과의 발전격차가 좁혀지지 않거나 오히려 과학기술적 차원에서의 의존적 관계가 형성·유지·강화된다면, 이는 결국 SDGs의 기본 정신에 반하는 결과를 가져올 것이다. 이러한 상대적 이익에 대한 고려가 개발협력사업을 위축시킬 가능성을 배제할 수는 없다. 하지만, STI가 가져오는 중요한 변화—때로는 비가역적(irreversible)인—를 고려하였을 때, 이를 통해서 창출되는 가치가 어떻게 배분될 것인가에 대해서 이해당사자들이 예측하고 논의를 지속적으로 수행하는 것은 매우 중요하다. 따라서, SDGs 달성에 기여하는 STI의 양가적 역할에 대한 충분한 고려와 다양한 이해당사자의 효과적인 파트너십에 기초를 두고 지속적인 모니터링과 평가, 환류를 통한 공동의 가치 창출 노력이 전제되었을 때, 진정한 게임체인저로서 STI는 2030년과 그 이후의 인류 공동의 목표 달성에 기여할 것으로 기대된다.

Basu, K., and Stiglitz, J. E. ed (2016), *Inequality and Growth: Patterns and Policy: Volume i: Concepts and Analysis.* New YorkL Palgrave Macmillan.

Lanati, M. and Thiele, R. (2018), "The Impact of Foreign Aid on Migration Revisited," *World Development,* 111, pp. 59-74.

OECD. (2019), "Connecting ODA and STI for inclusive development: measurement challenges from a DAC perspective", *Paris: OECD.*

Wade, Robert Hunter. (2002), "Bridging the Digital Divide: New Route to Development or New Form of Dependency?" *Global Governance* 8. pp. 443-466

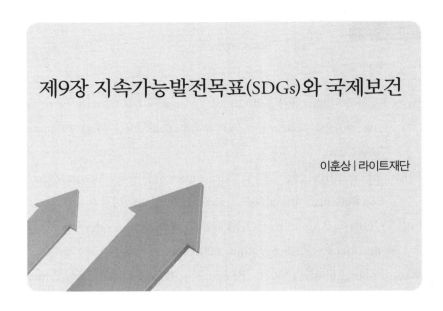

Ⅰ. 국제보건과 SDGs

1. SDGs와 보건목표

UN이 제시하고 있는 지속가능한 발전목표(SDGs, Sustainable Development Goals)에서 건강과 보건은 3번의 목표를 중심으로 제시되고 있다. 지속가능한 발전발목표(SDGs) 3번은 건강과 웰빙(Good health and well being)이라는 주제로 건강한 삶의 보장과 모든 연령대 인구의 복지와 웰빙의 증진 (Ensure healthy lives and promote well-being for all at all ages)을 목표로 제시하고 있다. 해당 목표에서는 건강과 보건의 매우 광범위한 세부 목표들을 제시하고 있으며 여기에는 모성과 아동, 감염병 및 교통사고와 보편적 건강보장 및 환경보건 등 건강과 인구보건에 관한 매우 포괄적이고 광범한 세부 이슈들의 개선을 위한 목표를 제시하고 있는 중이다.

〈그림 1〉 지속가능 발전계획(SDGs) 3번 보건 관련 개발목표

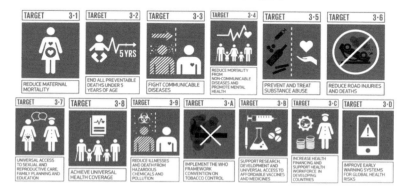

출처: UN & Global Change Ecology[1]

SDG 3번의 보건 목표는 9개의 세부목표와 4개의 이행목표로 제시되고 있는 중인데 우선 9개의 세부목표는 3.1. 모성사망 감소, 3.2. 5세 이하 아동사망의 감소, 3.3. 감염병질병 퇴치, 3.4. 비감염성 질병 사망 감소 및 정신보건 증진, 3.5. 약물오남용 예방과 치료, 3.6. 교통사고 상해와 사망 감소, 3.6. 성생식보건과 가족계획 및 성교육에 대한 접근성

---

1   Everton Souza da Silva, The SDGs Series (Goal 3): Ensure healthy lives and promote well-being for all, *Global Change Ecology* (June 4, 2021) https://globalchangeecology.com/2021/06/04/the-sdgs-series-goal-3-ensure-healthy-lives-and-promote-well-being-for-all/.

증가, 3.8. 보편적 의료보장(Universal Health Coverage, UHC) 달성, 3.9. 유해화학물질 및 환경오염으로 인한 질병과 사망 감소 등이 있다. 4개의 이행 목표에는 3.a. WHO 담배규제기본협약 이행, 3.b. 적정 가격의 백신과 약품 연구개발과 접근성 지원, 3.c. 개발도상국 보건 재원조달 증진 및 보건의료 인력 지원, 3.d. 글로벌보건 위기에 대한 조기경보체계 향상 등이 제시된 바 있다. 이에 대한 상세한 세부목표 내용 및 관련하여 제시된 지표들은 〈표 1〉에서 제시되고 있다.[2]

〈표 1〉 SDG 3번 보건목표의 세부목표 지표

SDGs 3번 보건목표 세부목표 분류	SDGs 3번 보건목표의 세부목표 내용	세부지표 상세내용
3.1. 모성사망 감소	3.1. 2030년까지 전 세계 산모사망률을 10만 명당 70명 미만으로 감소시킨다.	지표 1: 산모 사망률(MMR) 지표 2: 숙련된 보건인력이 진료에 참여한 생명출산의 비율
3.2 5세이하 아동 사망 감소	3.2. 2030년까지 모든 국가에서 출생인구 1,000명당 신생아 사망수 최소 12명, 5세 미만 사망수를 25명까지 낮추는 것을 목표로 신생아와 5세 미만 아동의 예방 가능한 사망을 종식한다.	지표 1: 5세 미만 아동 사망률 지표 2: 신생아 사망률
3.3. 감염병질병 퇴치	3.3. 2030년까지 AIDS, 결핵, 말라리아, 소외열대질환 등의 전염병의 대규모 확산을 근절하고, 간염, 수인성 질환 및 기타 감염성 질병을 퇴치한다.	지표 1: 비감염인구 1000명당 에이즈 감염자의 수(연령별, 성별 및 주요 인구별) 지표 2: 연간 1,000명당 TB(결핵) 발병건수 지표 3: 연간 1,000명당 말라리아 발병건수 지표 4: 해당 연도 내 인구 10만 명당 신규 B형 간염 감염자수 지표 5: 소외열대성질환에 대한 치료를 요하는 인구

---

2   United Nations, *Sustainable Development Goal Report 2022*, New York, United States (July 7, 2022).

3.4. 비감염성 질병 사망 감소 및 정신보건 증진	3.4. 2030년까지 예방과 치료를 통해 '비감염성 질환으로 인한 조기 사망을 1/3로 줄이고, 정신 건강과 웰빙을 증진한다.	지표 1: 심혈관계 질환, 암, 당뇨 또는 만성호흡기질환으로 인한 사망률 지표 2: 자살로 인한 사망률
3.5. 약물오남용 예방과 치료	3.5. 마약 남용 및 유해한 알코올 사용을 포함한 약물 오남용의 예방과 치료를 강화한다.	지표 1: 약물남용 장애 치료 (의약, 심리사회적, 재활 및 사후관리 서비스) 보장 범위 지표 2: 국가별 상황에 따라, 주어진 회계연도 안에 (15세 이상의 인구가) 소비하는 1인당 순 알코올 리터 소비량으로 정의되는 알코올의 해로운 이용
3.6. 교통사고 상해와 사망 감소	3.6. 2020년까지 전 세계 도로 교통 사고로 인한 사상자의 수를 절반으로 줄인다.	지표 1: 도로 교통사고 부상으로 인한 사망률
3.6. 성생식보건과 가족계획 및 성교육에 대한 접근성 증가	3.7. 2030년까지 가족 계획, 정보 및 교육 등을 포함한 성·생식 보건 서비스에 대한 보편적 접근과 생식보건을 국가 전략 및 프로그램에 통합하는 것을 보장한다.	지표 1: 현대화된 방식의 가족계획을 필요로 하고 있는 임신 가능한 연령대(15~49세) 여성의 비율 지표 2 : 동일 연령대 여성 1,000명 당 청소년 (10-14세, 15-19세) 출산율
3.8. 보편적 의료보장(UHC) 달성	3.8. 재무위험관리, 양질의 필수 보건서비스 및 안전하고 효과적이며 적정가격의 필수 의약품 및 백신에 대한 접근을 포함하여 모두를 위한 보편적 의료보장을 달성한다.	지표 1: 일반 대중과 가장 혜택에서 소외된 사람들을 위해, 임신, 모성, 신생아 및 아동 건강, 전염병, 전염되지 않는 질병 그리고 서비스 능력 및 접근성 등을 포함하는 추적개입을 기초로 제공되는 필수 서비스의 보장으로 정의되는 필수 보건 서비스 범위 지표 2: 인구 1,000명 당 건강 보험이나 공중 보건 시스템으로 보호를 받는 인구 수
3.9. 유해화학물질 및 환경오염으로 인한 질병과 사망 감소	3.9. 2030년까지 유해화학물질 및 대기, 수질, 토지 오염으로 인한 질병 및 사망자 수를 대폭 줄인다.	지표 1: 집 그리고 집 주변의 공기 오염으로 인한 사망률 지표 2: 안전하지 않은 물, 하수처리 그리고 부족한 위생시설 (안전하지 않은 WASH 서비스)로 인한 사망률 지표 3: 의도하지 않은 중독에 의한 사망률

3.a. WHO 담배규제 기본협약 이행	3.a. 모든 국가에서 WHO 담배규제 기본협약의 이행을 강화한다.	지표 1: 15세 이상 인구 중 현재 흡연을 하고 있는 인구의 연령대별 현황
3.b. 적정 가격의 백신과 약품 연구개발과 접근성 지원	3.b. 개발도상국에 주로 영향을 미치는 감염성 및 비감염성 질병에 대한 백신 및 의약품의 연구개발을 지원하고, 공중보건의 보호 및 특히, 모든 사람이 의약품에 접근 가능하도록 하기 위해, 무역관련 지적재산권협정(TRIPS)의 모든 조항을 활용할 수 있는 개발도상국의 권리를 확인하는 TRIPS 협정과 공중 보건에 관한 도하선언에 따라 적정가격의 필수 의약품과 백신에 접근 가능하도록 한다.	지표 1: 적당한 가격으로 의약품 및 백신을 지속적으로 구할 수 있는 인구의 비율 지표 2: 의학연구 및 기초보건 분야에 대한 공적개발원조 총 순투자
3.c. 개발도상국 보건 재원조달 증진 및 보건의료 인력 지원	3.c. 개발도상국, 특히 최빈국과 군소도서개발국에서 보건 재원 및 보건인력의 채용, 개발, 훈련과 유지를 대폭 증대한다.	지표 1: 보건의료 인력의 밀도 및 분포
3.d. 글로벌보건 위기에 대한 조기 경보체계 향상	3.d. 모든 국가, 특히 개발도상국에서 국내 및 국제적 차원의 건강 위험에 대한 조기 경보, 위험 경감과 관리를 위한 역량을 강화한다.	지표 1: 국제 보건 규칙(IHR)에 의거한 수용능력 및 응급대처능력

SDG 목표에서의 보건분야 목표는 SDG 3번 이외에도 다양한 다른 세부분야 목표들에 내포되어 제시되고 있기도 한데, 대표적으로 영양, 젠더, 식수위생, 환경 등 다양한 SDG 목표들에서 보건 관련 내용이 포함되어 제시되고 있기도 하다. 실례로 SDG 2번에서는 영양 (2.2.1 & 2.2.2), 5번에서는 젠더기반폭력 (5.2.1), 6번에서는 식수위생 (6.1.1 & 6.2.1) , 7번에서는 실내공기오염 (7.1.2), 8번에서는 산업보건 (8.8.1), 11번에서는 공해 (11.6.2), 13번에서는 재난으로 인한 사망 (13.1.2), 16번에서는 살인과 분쟁으로 인한 사망 (16.1.1 & 16.1.2), 17번에서는 출

생과 사망 등록 (17.19.2) 등의 보건과 관련한 세부 목표들이 다루어지고 있다. 이는 보건의료의 다분야적 성격을 나타내는 측면도 있으며, SDG 목표 자체가 다분야적 차원에서 제시되고 있기도 하다.

〈표 2〉 보건 관련 SDG 지표들 (3번 보건 지표 및 기타 지표들의 보건관련 세부지표)

3.1.1	*Maternal mortality*	**3.a.1**	**Tobacco use**
3.1.2	Skilled birth attendance	**3.b.1**	**Immunization coverage**
3.2.1	*Under-five mortality rate*	3.b.2	R&D development assistance
3.2.2	*Neonatal mortality rate*	**3.b.3**	**Essential medicines**
3.3.1	HIV incidence	**3.c.1**	**Health workers**
3.3.2	**TB incidence**	**3.d.1**	**IHR capacity and emergency preparedness**
3.3.3	**Malaria incidence**	1.a.2	Proportion of government spending on services
3.3.4	**Hepatitis B incidence**	2.2.1	Stunting among children
3.3.5	**Neglected tropical diseases at risk**	2.2.2	Wasting and overweight among children
3.4.1	*Mortality due to NCD*	**5.2.1**	**Intimate partner violence among women**
3.4.2	*Suicide mortality rate*	5.3.2	Female genital mutilation
3.5.1	**Treatment substance use disorders**	**6.1.1**	**Drinking water services**
3.5.2	**Alcohol use**	**6.2.1**	**Safely managed sanitation services**
3.6.1	*Deaths from road traffic injuries*	**7.1.2**	**Clean household energy**
3.7.1	Family planning	8.8.1	*Occupational injury mortality*
3.7.2	Adolescent birth rate	**11.6.2**	**Air pollution**
3.8.1	**Coverage of essential health services**	13.1.2	*Mortality due to disasters*
3.8.2	**Financial protection**	**16.1.1**	*Homicide*
3.9.1	*Mortality due to air pollution*	16.1.2	*Mortality due to conflicts*
3.9.2	*Mortality due to WASH*	16.1.3	Population subject to violence
3.9.3	*Mortality due unintentional poisoning*	17.19.2	Birth and death registration coverage

*WHO가 집중적으로 다루고 있는 목표들은 굵은 글씨로 처리됨. 데이터가 필요한 지표의 경우 이탤릭체로 표현됨. (출처: WHO, 2017)

2. 국제보건과 MDGs

SDG 목표에서의 보건 목표는 기존에 2000년 제시된 새천년개발계획 (MDG, Millennium Development Goal) 목표에서 제시된 보건 관련 목표들에서 범위와 세부 종류 역역별로 확대되어 제시된 측면이 있다. 기존 MDG 목표에서는 제시되었던 8개의 목표 중 3개의 목표인 4번 아동 사망 감소 5번 모성보건증진, 6번 HIV/AIDS 및 기타 감염병 (말라리아 및 결핵) 퇴치 등으로 제시된 바 있다. MDG 목표에서는 비교적 보건분야의 목표가 매우 큰 부분을 차지한 측면이 있는데, 총 8개의 목표 중 3개 목표가 매우 구체적으로 보건 관련 목표인 것을 보면 그러한 측면을 더욱 실감할 수 있다.

〈그림 2〉 새천년 개발계획 (MDGs)

출처: United Nations

2015년도까지 제시된 MDG 보건목표들은 2015년이 되어서 다양한 성과를 나타낸 바 있다. 특히 HIV/AIDS와 말라리아, 결핵 등의 분야에 있어서는 신규 감염률과 사망률 감소에 있어서 주요한 성과를 이루어낸 바 있다. HIV/AIDS의 경우 신규감염율은 2015년까지 35% 감소가 이루어졌으며 사망률 41% 감소를 하였다.[3] 특히 HIV/AIDS에 있어서

---

3   UNAIDS, UNAIDS announces that the goal of 15 million people on life-saving HIV treatment by 2015 has been met nine months ahead of schedule, UNAIDS

는 2014년 목표시점 보다 9개월 전에 15백만 명에 대한 치료를 제공이 이루어지게 되는 등의 성과 또한 가져오게 되기도 하였다.[4] 말라리아의 경우 사하라 사막 이남에서 말라리아 모기장을 사용하던 비율이 2000년 2% 2015년에는 50%가량으로 증가하였으며 말라리아 발생률 37%, 사망율은 60% 감소하였다.[5]

또한 아동 사망률도 감소 및 모성보건 증진에 있어서도 유의미한 성과를 가지고 오게 되었다. 5세 이하 사망률(Under 5 Mortality Rate, U5MR)은 1990년의 한해 12.7백만 명 사망의 규모에서 2015년에는 6백만 명 사망하는 규모로 감소하게 되었다. 모성사망비(Maternal Mortality Ratio, MMR) 또한 1990년 한해 38만 명 사망에서 2000년에는 33만명 사망이 발생하던 것이 2013년 추산 21만 명 발생으로 감소하게 되었으며 숙련인력에 의한 분만율(Skilled Birth Attedenace, SBA) 또한 1990년 59%에서 2014년 71%로 늘어나게 되었다.[6]

Press Relase (2015).

4 UNAIDS (2015).

5 Cibulskis RE, Alonso P, Aponte J, Aregawi M, Barrette A, Bergeron L, Fergus CA, Knox T, Lynch M, Patouillard E, Schwarte S, Stewart S, Williams R. (2016), Malaria: Global progress 2000-2015 and future challenges. Infect Dis Poverty. (2016) Jun 9;5(1):61.

6 United Nations, Millennium Development Goal, Progress Report 2015, New York, United States, (July 2015).

〈그림 3〉 MDGs의 보건 관련 목표(4, 5, 6번) 달성 성과

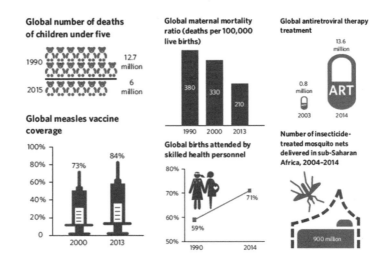

출처: United Nation

　　다만 MDGs 보건 목표들의 크나큰 달성 성과에도 불구 여전히 5
세 이하 사망과 모성사망 및 주요 감염병으로 인한 사망과 질병이환
의 감소를 위한 노력은 지속적으로 이어질 필요가 있는 상황이다. 특히
MDG 보건 목표들의 구체적인 세부 지표 수치들에 있어서는 지표들에
따라서 상반된 성과달성 정도를 보여주고 있는 측면도 있다. 특히 아프
리카 지역의 경우 전 세계적 MDG 성과의 평균의 향상에도 불구하고
여전히 매우 높은 모성과 아동 및 감염병의 사망과 질병 발생 현황이 지
속되고 있는 상황이 지속되고 있다.[7] 또한 개별 국가들 내에서도 도시와

7　United Nations Economic Commission for Africa, MDG Report 2015: Assessing
　　Progress in Africa toward the Millennium Development Goals, UN Economic Com-
　　mission for Africa, Addis Ababa, Ethiopia (September 2015).

농촌의 도농간 차이 및 경제소득과 교육 수준 차이에 따른 건강의 차이가 악화되고 있는 측면도 있다.

한편으로는 제한된 숫자의 목표에 대한 국제사회의 지원이 집중되는 것은 성과의 달성 측면에서는 매우 유용했다고도 할 수도 있을 것이다. 하지만 이러한 과정에서 인류의 보건과 건강에 관한 다양한 니즈가 다루어지지 않고 5세 이하 아동과 모성이라는 특정 인구군 및 HIV/AIDS, 말라리아와 결핵 등의 특정 질병군에만 집중하여 성과를 달성하는 것이 과연 바람직 했을지 등의 이슈가 있다. 이는 결국 추후 지속가능한 발전 계획에 대한 목표들을 논의하는 과정에서 중요하게 다루어지게 되었으며, SDG 보건목표들이 매우 포괄적으로 광범위한 목표를 제시하게 되는 것으로 이어지게 되었다.

특히 2015년 MDG가 마무리되어가는 시점에서 국제보건분야에 있어서는 여러 가지 다양한 우선순위들이 제시되고 있었다. 우선적으로는 기존의 MDG 또한 여전히 미진한 부분이 있어 이들 목표를 달성하기 위한 노력들도 지속적으로 이루어질 필요가 있는 상황이다. 이와 함께 기존에 다루고 있지 않았던 이슈 들 중 보건의료체계 강화와 보편적 의료보장(Health System Strengthening & Universal Health Coverage)을 달성하는 것은 중요한 과제로 다가왔다. 또한 사스와 에볼라 등 지속적으로 새롭게 발생하는 감염병 및 재도래 감염병(Emerging and Re-emerging Infectious Disease) 또한 그 중요성이 커지게 되었다.

또한 기존에 MDG 시절에 다루어지지 않았으나 중저소득국가들에 광범위한 유병율을 가지고 고통을 주고 있는 소외열대질환(NTD, Neglected and Tropical Disease) 등은 더 이상 외면할 수 없는 상황이기도 했다. 이와 함께 과거 선진국 병으로 불리우기도 했으나 중저소득 국가들의 소득수준과 기대수명이 늘어가기 시작하면서 유병율이 광범위하게 높아지기 시작한 만성병, 혹은 비감염성 질환(NCD, Non-Commu-nicable Disease) 높아진 질병부담의 상황 속에 그 중요성이 대두되었다. 그리고 기존의 모성보건 차원에서의 개념을 넘어 성생식보건 혹은 재생산건강을 여성과 건강의 차원 및 청소년 보건의 차원에서 다루어야 하는 중요성은 그 어느때 보다도 강조되기 시작했다.

3. MDGs 이후 SDGs에서의 보건분야 확대 방향

MDGs 이후 SDGs에서의 보건분야 방향은 기조의 MDGs의 목표를 계승하여 지속적으로 꾸준히 추진함과 동시에 기존에 포함되지 않았던 다양한 보건 및 건강과 관련한 이슈들이 포함되어 포괄적으로 제시되었다. 기존의 MDGs에서는 모자보건과 주요 감염병을 중심으로 4번 아동보건, 5번 모성보건, 6번 감염병 퇴치(HIV, 결핵, 말라리아) 등으로 제시되었으나 SDGs 목표에 이르러서는 3번의 '건강한 삶의 보장과 모든 연령대 인구의 복지와 웰빙의 증진'을 표방하며 모자보건과 감염병 이외의 다양한 보건의 영역 및 생애주기 전반의 건강 증진을 위해 9개의 하위목표와 4개의 부가 목표로 확대되어 제시되었다.

구체적으로 우선 SDGs의 보건 목표에서는 기존의 목표 내에서도 5세 이하 아동과 가임기 연령의 모성에 집중된 측면이 있었다면 SDGs에서는 이를 청소년과 성인 및 노년인구까지도 확대한 측면이 있으며 이를 통해 생애주기적 차원에서 접근하는 측면이 담기게 된 측면이 있다. 이의 배경에는 기존 가임기 모성의 임신 및 출산과 관련한 사망과 5

세 이하 아동과 신생아 사망에 집중하던 접근에서 청소년과 젊은 여성들의 성생식 혹은 재생산 보건(sexual and reproductive health)에 대한 접근 및 이에 대한 필수 성생식보건 서비스 접근성의 이슈로 논의가 확대되어감과 동시에 5세 이상 학력이 아동들의 학교보건 등의 이슈가 강조되기 시작한 점이 있다.

또한 감염병 이외에도 비감염성질병(NCD, Non-communicable disease)의 이슈가 부상하는 가운데 고혈압과 당뇨등의 만성질환(chronic disease)와 함께 암질환(cancer) 및 정신보건(mental health) 등이 다루어지기 시작하면서 성인시기의 남녀 모두의 건강에 대한 이슈의 중요성이 부각되었다. 나아가 영유아와 청소년기 및 성인시기를 넘어선 노년기의 건강한 노화(healthy aging)의 문제까지도 다루어지는 보건 분야의 외연이 생애주기적 접근의 차원에서 포괄적인 건강하고 안녕한 삶의 개념으로 확대되게 되었다.

이외에도 SDGs에서는 기존의 목표가 제시하던 내용에서 나아가서 약물오남용 이슈와 함께 교통사고 보편적 의료보장, 환경보건 등의 이슈로, 다루고자 하는 보건 영역을 확장해서 다루게 되는 측면이 있다. 이외에도 담배규제 기본협약과 적정가격의 백신과 의약품 개발 지원 및 개발도상국의 보건재원 조달과 인력의 이슈 및 글로벌 보건위기 관련 접근 등 보건의료 증진을 위한 기반 여건과 시스템 체계 적 측면을 포함한 매우 포괄적인 향상의 목표를 제시하고 있기도 하다.

II. 보건 분야에 있어서의 SDG의 역할과 가치

1. 보건분야 SDGs 목표의 구성과 역할

SDGs에서 제시하고 있는 보건분야 목표의 구성과 그 중요성 및 역할에 대해서는 다음과 같이 살펴볼 수 있다. 우선 SDGs 3번의 보건 관련 목표를 중심으로 그 구성을 좀 더 세부적으로 다루어 보면 9개의 세부목표와 4개의 이행목표로 구성된 측면 이외에도 목표들의 내용적 측면을 보면 기존의 MDGs의 보건 목표들을 이어가는 목표들(3.1~3.3)과 이를 확장해서 제시하는 목표들(3.3~9)이 있다. 또한 확장되어 제시되는 목표들에 있어서도 비감염성 질병과 약물오남용, 교통사고, 추가된 세로운 질병 건강 주제영역의 목표들(3.4, 3.5, 3.6, 3.8, 3.9)이 있고 여기에 추가적으로 젠더와 연관된 여성의 성생식보건 및 건강형평성 및 보건의료체계 강화 등과 연계된 보편적의료보장(UHC) 등 범보건적 차원의 주제 이슈들(3.7, 3.9)이 있다고 할 수 있을 것이다.

우선적으로 SDGs 3.1~3.3은 모자보건 및 감염병과 관련한 기존의 MDGs 목표를 이어가는 측면이 있다. 3.1 모성사망의 감소와 3.2 아동사망의 감소는 기존의 MDGs 4번 및 5번의 목표들을 계승하고 있다. 다만 기존에 MDGs 6번이 HIV/AIDS, 말라리아 결핵에 집중이 되어 있던 것에 반해 SDGs 3.3 감염성 질병 퇴치의 목표는 3가지 주요 감염병 이외에도 B형간염과 20여개 기생충 질환들을 포함하는 소외열대질환(Neglected and Tropical Diseases, NTD) 및 수인성 질환 (Water borne disease) 등으로 확장하여 더욱 포괄적으로 제시하고 있는 측면이 있다.

여기에 3.4 목표는 감염병에서 비감염성질병(Non-Communicable Disease, NCD) 질병의 영역을 확장하는 가운데 고혈압 등의 심혈관 질환과 당뇨 등의 전형적인 만성병(Chronic Disease)와 함께 기존에는 고려를 하지 못했던 암 질환, 그리고 고령 인구에서 호발하는 만성호흡기질환(chronic respiratory disease) 등으로 그 영역을 확대하여 제시하고 있는 측면이 있다. 또한 비감염병의 영역에 있어 질병의 개념을 확대하여 국제적인 질병부담(Global Burden of Disease, GBD)에 있어 매우 높은 수준을 차지하고 있는 정신보건(mental health) 의 측면으로 외연을 확대하여 제시하면서 자살 감소 등의 목표를 제시하고 있기도 하다.[8]

또한 비감염병 영역 이외에도 정신보건과 관련한 목표에서 그치지 않고 3.5 목표로 '약물오남용 예방과 치료'가 제시되면서 마약 남용과 알코올 사용을 포함한 약물 오남용의 이슈로 영역이 확대되어 목표가 제시되고 있기도 하다. 이외에도 SDGs 3.6 목표에서는 아프리카 등의 지역에서는 이제 5세 이하 사망보다도 더욱 많은 사망자 발생이 이루어지고 있는 심각한 공중보건 문제이기도 한 교통사고 상해와 사망 감소를 제시하고 있기도 하다.[9] 이러한 외연의 확대는 SDGs 3.9번의 유해화학물질 및 환경오염의 이슈로 확장되면서 물과 공기오염 및 위생환경 이슈 등 환경보건의 이슈로까지 확장되는 측면이 있기도 하다.

기존의 MDG에서의 외연의 확대는 젠더적 측면에서 여성의 건강

8   Vigo D, Thornicroft G, Atun R., Estimating the true global burden of mental illness. *Lancet Psychiatry* (2016) Feb;3(2):171-8.

9   Adeloye D, Thompson JY, Akanbi MA, Azuh D, Samuel V, Omoregbe N, Ayo CK. (2016), The burden of road traffic crashes, injuries and deaths in Africa: a systematic review and meta-analysis. Bull World Health Organ. 2016 Jul 1;94(7):510-521A.

과 보건 이슈를 다루는 목표가 제시되게 되는 차원으로도 이루어졌다. SDGs 3.6번 목표에서는 여성들에 있어서의 성생식보건 (혹은 재생산 건강, Sexual and Reproductive Health) 서비스와 가족계획 관련 정보와 서비스에 대한 접근성 증진 및 여성 청소년들의 성생식보건 서비스 접근성과 청소년 출산율 감소의 목표 등이 구체적으로 제시되었다. 또한 이를 위한 성교육 및 여성과 청소년 친화적 성생식보건 서비스 제공과 이러한 프로그램들의 국가적 전략 차원에서의 통합된 접근 등의 중요성을 제시하게 되었다.

　　나아가 보편적 보건의료보장 달성(UHC, Universal Health Coverage)의 주제 또한 SDGs 3.8 번의 목표에서 다루게 되었다. 이는 2000년 초 중반부터 보건의료체계 강화(Health System Strengthening, HSS)와 일차보건의료(Primary Health Care, PHC) 증진의 목표가 강조되어 왔던 상황 속에서 의미가 크다고 할 수 있다. 특히 재정적 차원에서의 보건의료 접근성을 넘어서는 포괄적인 차원에서의 보건과 건강에 대한 보편적인 보장(Universal Coverage for Health)을 이루고자 하는 국제사회의 목표가 비로소 SDGs 시대에 이르러 주요 목표에 포함되어 제시되게 되는 매우 중요한 의미를 가지고 있기도 하다. 이는 특히 건강권 보장 및 보건의료 형평성(equity)의 달성에 있어서도 큰 의미를 내포하고 있는 가운데, 다른 세부 보건 목표들이 달성되기 위한 기반 여건을 향상시키는 측면에서도 그 의미와 중요성이 큰 목표라고 할 수 있다.[10]

---

10 오충현 (2015), "효과적인 SDGs 이행을 위한 KOICA 보건분야 중장기전략 수립에 대한 정책적 제언." J Int Dev Coop (2015) 10(4):131-142.

2. 보건분야에 있어 SDGs 목표의 의미와 가치

전체적으로 SDGs에서는 보건의 목표를 일부 달성이 필요한 제한된 분야 영역으로 국한하기보다는 인류 인구의 건강한 삶을 극대화(maximizing healthy lives) 할 수 있는 차원에서 우선적으로 보건 목표(health goal)를 포괄적으로 제시하는 가운데 인류 '모두'의 지속가능하고 안녕한 삶(sustainable well-being for all)을 달성하기 위한 개발목표(development goal)를 달성하는 방향으로 개념적 틀(framework)이 제시되었다. 특히 개발목표와 연계하여 제시하는 측면에 있어서는 기존에 MDGs가 달성한 성과에도 불구하고 그 성과가 불평등하게 이루어진 측면 등을 고려하여 성평등 접근과 형평성(equity) 기반 접근의 중요성이 제시되었다는 데 큰 의의를 둘 수 있다. 이외에도 경제와 교육, 환경과 안보 등 사회적 건강 결정요인 (social determinants for health) 측면의 관점에서 건강에 영향을 끼치는 다양한 분야 차원에서의 접근의 중요성 또한 강조되었다는 점이 중요하다고 할 수 있다.[11]

〈그림 4〉 포스트 2015 보건 아젠다의 개념적 방향

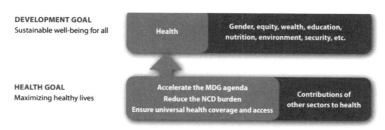

출처: World Bank

---

11 World Bank, HEALTH IN THE POST-2015 AGENDA, Report of the Global Thematic Consultation on Health, World Bank, Washington DC, USA (April 2013).

보건분야에 대한 SDGs 목표의 의미에 있어서는 기존 MDGs가 보건분야에 있어 제한된 몇가지 목표(모자보건과 일부 감염병)에 집중하여 제시되던 것에 비하여 SDGs의 보건 목표들은 생애주기 전체적인 차원에서 개인의 건강과 공중의 보건의 증진을 위한 매우 포괄적이고 다양한 목표가 제시될 수 있는 것이 중요한 장점이라고 할 수 있다. 또한 의료적 관점에서의 보건목표를 넘어서 보건의료 체계 전반의 측면에서의 목표와 함께 환경과 젠더적 이슈 등을 포괄하여 제시하고 있는 측면 또한 중요한 가치를 가지고 있다고 할 수 있을 것이다. 이와 함께 SDGs에서는 건강에 영향을 끼치는 사회적 결정요인의 관점에서 건강의 향상을 위한 접근을 내포할 수 있게 된 것이 매우 큰 의미가 있다고 할 수 있다. 나아가 건강권(health right)과 건강 형평성(health equity)을 달성하고자 하는 관점이 내제되어 개발목표가 제시되도록 구성되었다는 측면에서 기존에 단지 특정한 세부 보건 성과로서 달성의 목표가 제시되던 것에서 더욱더 확대된 차원의 목표가 제시되고 중요한 가치와 의미를 내제한 차원에 있어서의 보건분야의 목표가 제시될 수 있도록 되었다는 측면에서 그 의의가 크다고 할 수 있을 것이다.

나아가 SDGs에서의 보건분야 목표가 가지고 있는 장점과 미덕은 다음과 같을 것이다. 보건분야에 있어서 단일 감염병 등의 특정 일부 보건 이슈들을 중심으로 공여국 입장에서의 성과 달성 가능성을 중심으로 목표가 제시되기보다는, 인류사회가 추구해야 하는 가치에 기반하여 필요한 목표를 과감하게 제시한 측면 또한 생각해 볼 수 있다. 특히 이는 보건분야의 문제 이슈에만 집중하는 것이 아니라 사회 전반의 보건과 건강을 결정하는 사회적 요인(social determinants of health)에 대한 고민이 담겨있다는 것이 중요한 미덕이라 할 수 있다. 이는 보건분야 목표들에 있어서도 포괄적인 접근을 가능하게 하였으며 보건 분야 이외의 분야와도 연계하는 다분야적 접근의 가능성을 열어주고 방향을 제시하고 있는 것은 SDGs의 중요한 차별점이라 할 수 있을 것이다.[12]

III. 보건분야 SDGs의 한계와 제한점

1. 보건분야 SDGs의 한계와 문제점

보건 분야의 SDGs 목표에 있어서 우선적으로 한계점으로 지적되는 것은 우선 너무 많은 목표를 너무나도 많은 방식으로 달성하고자 제시되고 있다는 것을 지적할 수 있을 것이다. 이는 SDGs 목표 전반에 걸쳐서 처음부터 지적되어 왔기도 했고, 전체적으로 제시되고 있는 목표들이 소수의 국한된 일부 특정 목표들에 집중되지 않아서 포괄성의 장점은 있을 수 있지만, 그 넓은 포괄성의 상황 때문에 집중된 목표의 달성을 이루기가 쉽지 않은 측면 또한 있기도 하다.[13] 사실 너무나도 많은 목표를 제시하는 상황에서 촛점이 충분히 집중되어 성과의 달성이 이루어지기

---

12 Hussain S, Javadi D, Andrey J, Ghaffar A, Labonté R. (2020), Health intersectoral-ism in the Sustainable Development Goal era: from theory to practice. Global Health. (2020) Feb 20;16(1):15.

13 TIME Magazine, The U.N. Chose Way Too Many New Development Goals, (Sep 27, 2015).

힘든 문제는 SDGs 목표 전반에 있어서 제기도 했다.[14] 이러한 문제는 3개의 보건목표가 제시되었던 MDGs에 비해 9개의 목표와 4개의 목표, 그 이외도 다양한 타 분야 목표들에 제시되어 있는 보건 목표들이 산재되어 있는 상황에서 더욱 집중된 성과의 달성이 쉽지 않은 측면이 있다고도 할 수 있는 상황이다.

SDGs 보건목표의 문제점은 너무나도 많은 목표들이 제시되고 있는 것과 함께 너무나도 많고 다양한 목표들이 기계적으로 나열되어 있으면서 목표들 간에 우선순위 등이 제시가 되고 있지 않은 점도 들 수 있다. SDGs의 보건 목표들은 체계를 갖추고 구성되어 제시되었다기 보다는 기존의 MDGs 목표에서 제시된 목표들과 함께 추가되게 된 목표들이 나열된 방식으로 나열되어 있는데, 이러한 목표 나열에는 체계화된 의미와 우선순위 및 달성을 위한 방안들이 제시되고 있지 않은 상황이다. 또한 목표들 또한 어떠한 목표는 매우 세부적인 내용으로 제시되는 반면 어떠한 목표는 포괄적이고 추상적으로 제시되고 있는 등 목표들의 준위가 상이한 상황에서 체계를 가지고 목표들이 제시되고 있지 않은 상황이기도 하다. 이러한 가운데 어떠한 우선순위를 가지고 어떠한 체계적 접근을 통해서 이들 목표들을 달성해나가야 할지 등이 모호한 측면이 있다고 할 수 있다.

이와 함께 SDGs의 보건 목표들 간에 어떻게 상호 연계가 되어 전체적인 인류 건강증진이라는 포괄적인 목표에 기여해 나갈 수 있을지가 잘 보여지지 않는 측면이 있다. 보건 목표에서 일부 목표는 수직적인 질

---

14 The Conversation, The risk of UN's Sustainable Development Goals: too many goals, too little focus, (Sep 25, 2015)

병 중심적인 목표를 제시하고 있는 가운데 보편적 의료보장 달성을 포함, 보건의료 재원조달과 인력지원 및 글로벌보건위기에 대한 조기경보체계 향상 등의 목표들은 포괄적인 목표가 제시되는 가운데 이들이 어떻게 서로 연계되어 역할을 하는지에 대한 제안은 없이 개별적으로 목표가 제시되고 있는 측면이 있다. 이러한 상황에서 구체적으로 명시된 목표는 3.1~4 및 3.6번 등에서만 구체적으로 제시되고 있고 다른 목표들은 강화한다(strengthen), 지원한다(support), 대폭으로 증가시킨다(substantially increase) 등의 모호한 표현으로 제시되고 있다. 이러한 상황에서는 구체적으로 제시되고 있는 목표들을 중심으로 지원이 집중될 수 있는 여지를 가지고 있다.[15]

또한 나아가 보건분야의 목표들이 제시되는 상황에서 이를 달성할 수 있도록 하는 경로와 구체적 방안의 제시가 취약한 측면이 있다. 특히 보편적 의료보장이 SDGs 보건 목표에 포함된 것은 매우 환영할 만한 일이지만, 이를 어떻게 달성할것인지가 구체적으로 제시되어 있지 않고 있다. 건강 형평성을 위한 보편적 의료보장을 달성하기 위해서는 구체적인 사회정책적 경로(pathway)와 방안의 제시가 구체화되어 제시되고 있지 않은 것이 지적되고 있다. 이는 결국 SDGs 보건목표 중 달성이 비교적 수월한 소위 '낮게 달린 과실'(low-hanging fruit)'에 노력이 집중되는 상황을 가져올 수도 있다. 이러한 가운데 결국 문제 해결과 목표의 달성이 어려운 구조적인 문제들과 사회경제적 상태가 가장 낮은 상황에

---

15 Barbara Adams, et al. Spotlight on Sustainable Development Report by the Reflection Group on the 2030 Agenda for Sustainable, Chapter 2.3. SDG 3: Ensure healthy lives and promote well-being for all at all ages (Development 2016)

처한 이들의 문제 해결을 위한 노력은 충분히 이루어지지 않는 효과를 가져올 수 있는 문제가 제기되기도 하였다.

2. 보건분야 SDGs의 제한점과 취약성

보건분야 SDGs 목표에 있어서 한계와 문제점 이외에도 근본적인 제한점과 취약한 측면들이 존재하는데 그 중 하나는 목표들이 대폭적으로 확대되어 제시되었음에도 불구 이를 받쳐 줄 재원은 충분히 늘어나지 않았으며, 애초에 이러한 제적을 확대해나갈 구체적인 방안이 제시되지 않은 문제가 있기도 했다. 2015년도 SDG 목표가 제시면서 기존 MDGs 목표에 비해 여러 가지 다양한 보건 목표들이 대폭적으로 확대되었지만, 국제적인 보건분야 개발지원(DAH, Development Assistance for Health)을 위한 예산은 크게 늘지를 않고 오히려 정체되었다. 〈그림 5〉의 그래프 A를 보면 오히려 2015년과 2016년 및 2018년도의 DHA 예산은 오히려 2013년도에 비해서도 낮은 규모를 나타내는 것을 볼 수 있다.[16]

    보건분야 개발지원(DAH) 예산의 세부 내역들을 구체적으로 살펴보면 이러한 지원의 정체는 우선 미국과 유럽 주요국가들의 보건분야 개발원조 재정지원의 규모가 늘지 않고 정체된 것이 기인하기도 한다.

---

16 Global Burden of Disease Health Financing Collaborator Network. Past, present, and future of global health financing: a review of development assistance, government, out-of-pocket, and other private spending on health for 195 countries, 1995-2050. Lancet. (2019) Jun 1;393(10187):2233-2260.

유일하게 재정지원 규모가 늘어난 것은 게이츠 재단과 함께 다른 개발
원조 지원 주체들에 의한 것으로 한국 등 신흥원조국가들의 지원 규모
증가가 여기에 포함된 것으로 추정된다. 지원의 경로(by channel of as-
sistance)에 있어서도 정체가 보이는데 CEPI만이 2017년 지원받은 예산
이 기존보다 잠시 대폭 확대되었던 것 이외에는 대부분의 지원이 기존
지원 규모에 비해 정체되어 있거나 혹은 오히려 감소 된 경향들을 볼 수
있으며, 이는 특히 미국의 양자간 지원의 정체에 기인한 것이 매우 큰 영
향이기도 한 것을 볼 수 있다. (그림4)

〈그림 5〉 국제적인 보건분야 개발지원(Development Assistance for Health)의 변동
현황

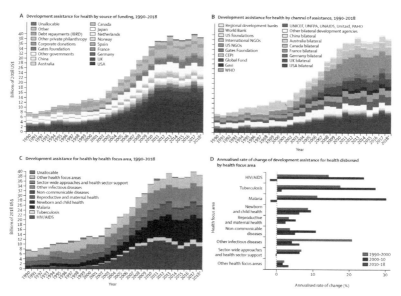

출처: Global Burden of Disease Health Financing Collaborator Network[17]

17   Global Burden of Disease Health Financing Collaborator Network (2019).

또한 지원예산 영역 분야에 있어서도 전체적인 지원 재정규모의 정체와 함께 신규로 SDG3 보건목표에 포함된 세부보건목표 영역에 대한 지원은 딱히 추가되거나 늘지 않았던 것을 볼 수 있다. 기존에 지원되었던 보건목표 영역에 있어서도 신생아와 아동보건 영역에서는 2009년도 시점에 비해 비교적 증가한 측면도 있지만 HIV/ADS 지원 규모는 2011년 이후 지속적으로 줄어온 것을 볼 수 있다. HIV/ADS, 결핵과 말라리아 및 모자보건 이외에 다른 감염병 영역 분야에서도 2014년도와 2015년도 잠시 증가한 이후 2017년도 잠시 증가되었다가 다시 정체되거나 감소한 것을 볼 수 있는데 이는 2014년 서아프리카 에볼라 지원 및 이후 에볼라 후속 지원과 글로벌보건안보 지원에 의한 것으로 추정된다 〈그림 5〉.

이외에는 비감염성 질환(NCD) 분야에 대한 지원이 매우 작은 규모로 지속적으로 있어왔으나 2015년 SDGs 목표가 제시된 이후 딱히 증가한 것은 볼수가 없는 것을 볼 수 있다. 그 이외의 SDGs 보건 목표 영역에 대한 지원은 규모 자체를 볼 수 없는 상황이다〈그림 5〉. 따라서 SDGs는 선포되었고 보건분야에서 지원 세부 목표 영역은 확대가 되었으나, 이러한 확대에 따른 실질적인 재정적 지원의 헌신(commitment), 혹은 실질적인 정책적 의지가 있었는지는 의문점이 든다고 할 수 있다. 이러한 상황은 전체적으로 전통적 공여국인 미국과 유럽 등 국가들의 중저소득국가들에 대한 개발원조 지원의 정체로 인한 것에도 유래하겠으나, SDGs 보건 목표는 전체적으로 대폭 확대되어 제시된 반면, 이를 받침하기 위한 추가 재정지원 마련의 계획이 구체적으로 제시되지 않았던 것에도 기인한 것으로 보인다.

이외에도 제한점으로는 기존 MDGs 시절 제시되었던 보건 목표들을 위한 노력 또한 여전히 어려움이 있다는 것에도 있을 듯 하다. 특히 적지않은 개발원조지원 수원국들은 기존의 MDGs에서 제시된 목표를 달성하는 것에도 여전히 버거울 수 있는 상황일 수 있을 것으로 보인다. SDGs 목표가 2016년부터 제시되었다고 해서 기반 여건 자체가 딱히 확연하게 바뀐 것은 없기 때문이다. 또한 새로운 SDGs 보건 목표가 제시되었지만, 국제사회의 개발원조 지원 예산이 이에 발맞추어 대폭 늘어나거나 하지 않고 변화된 것은 없는 상황에서 중저소득국가들인 수원국 국가들이 새로운 SDGs 보건 목표에 국가적인 노력을 대폭 확대할 수 있도록 하는 것은 쉽지 않은 도전이 될 것으로 보인다. 나가아 보건분야 국제개발 지원은 상황에 따라 그 우선순위와 재정 지원 방향이 변화되는 가운데 마치 풍선 효과와 같이 특정 보건 세부영역의 지원 규모가 늘어나면 기존의 다른 지원영역의 규모는 줄어드는 상황이 있을 수 있는 것으로 보인다.

　더욱 중요한 것은 국제적으로 SDGs 보건 목표에서 추가된 세부 보건 목표 주제들에 대한 논의의 중요성은 강조되지만 실질적인 현장의 프로그램 수행의 변화로 이어지는 것은 많지 않다라는 것에 있을 것이다. 특히 실질적으로 현장에서 대규모의 개발원조 지원 프로그램으로 추진되고 개발지원 예산 확대로 이어지는 것을 보기가 쉽지 않다. 보건분야 개발지원(DAH) 예산 구성에서도 보았다시피 아직은 국제적으로나 수원국의 개발협력 현장에서나 정신보건(mental health)나 고혈압과 당뇨 등의 비감염성 질병(NCDs)에 대한 대규모 국가 지원 프로그램을 보기는 쉽지가 않다. 이와 함께 교통사고로 상해와 사망 감소를 위한 노력이나 약물중독 및 환경보건 등과 관련된 이슈에 있어서는 국제적인 논의는 무수히 많으나 최근 들어 개념적으로 정책 방향이 제시되고 있는 것 이상으로 실질적이고 구체적인 정책적인 변화가 따라오지는 않고 있다. 이러한 상황에서 적지 않은 중저소득국가들은 결국 기존에 하던 모자보건과 주요 감염병 위주의 대규모 개발원조 지원의 프로그램을 수행하고 있는 가운데 이러한 기존의 목표들 또한 수행과 달성이 쉽지 않은 상황이기도 하다.

　　나아가 SDGs 목표들에 대한 논의 자체가 북반구의 개발원조 지원 국가들의 정부와 전문가들의 견해들이 중심이 되어 형성되어 있는 것 또한 근본적인 취약성이 있다고 할 수 있을 것이다. SDGs 보건 목표에서는 공여국 입장에서의 성과 달성이 수월할 수 있는 특정 단일 감염병과 보건이슈 목표에 집중하기보다는 보건분야 개발원조의 수원국가들의 관점에서 필요할 수 있는 목표들을 포함하여 구성하려 많은 노력이 이루지긴 하였다. 하지만 과연 남반구의 중저소득 국가들인 개발원조 수원국가들 및 이들 국가들의 전문가들의 관점과 고민이 얼마나 충분히 담겨있는지에 대한 고민은 여전히 있다고 할 수 있다. 이는 보건분야의 세부 목표들을 구성하고 제시함에 있어서 선진국의 관점에서 북반구 공여국가들의 시혜적 지원 관점이 담겨있는 측면이 있을 수 있는 것으로 보인다. 이는 결국 국제적인 북반구와 남반구(global north and south) 국가들이 공동으로 가져가야 하는 목표로 제시된 측면 보다는 전통적인 공여국 국가들인 북반구의 입장이 다분히 담겨있는 측면이 있다고도 할 수 있을 것이다.

IV. 보건분야 SDGs의 보완 과제 및 향후 추진방향

1. 그러나 여전히 가야할 길

SDGs 보건분야 목표와 관련해서 다양한 장점과 함께 적지 않은 한계와 취약점 등을 살펴보았다. 하지만 SDGs가 제시하고자 하는 보건 목표를 어떻게 보아야 할 것인가에 있어서는 더 이상 멈출 수 있는 상황은 아니며 여전히 가야 할 길이라고 할 수 있을 것이다. 아쉬운 점이 없지는 않으나 글로벌 보건 정책 논의에 있어 SDGs가 맡아 온 측면은 여전히 중요한 부분이 있다. 예를 들어 영국 등은 정신보건에 대한 보건 ODA에 대한 투자를 꾸준히 진행해 왔으며 아프리카 등에서는 정신보건에 대한 중요성이 수원국 국가 보건당국으로부터도 조금씩 인정되고 주요한 정책 우선순위로 받아들여지고 있는 변화가 없지는 않은 상황이다. 또한 고혈압과 당뇨 등의 만성질환이 급증하고 있는 동남아시아 국가들과 중남미 국가들에서 비감염성 질환(NCD) 관리에 대한 국가 프로그램들이 수립되고 이에 대한 원조 지원이 이루어지기 시작하는 등 느리지만 조금씩 그 규모가 늘어나고 있는 상황이다. 이와 함께 기존 소외열대질환(NTD)에 대한 관심과 투자 또한 비교적 적었었지만 그 중요성에 대한 인식과 지원의 노력들이 이어지고 있는 상황이다.

다양한 한계에도 불구하고 SDGs에 기존에 포함되지 않은 세부 보건 목표들과 주제들이 포함되어 변화와 지원이 미약하게나마 이루어져 나가는 것에 있어서 의미를 두면서 이를 어떻게 효과적으로 확대해 나갈 수 있을지에 대한 노력 또한 중요할 것으로 보인다. 무엇보다도 우선적으로는 SDGs 목표에 포함되었던 자체가 정책 어드보커시 차원에서 중요한 측면도 있으며 해당 세부주제 이슈의 중요성에 대해 환기시키는 하는 기능이 있 있다고 할 수 있다. 따라서 SDGs 보건분야 목표들이 역할을 할 수 있게 되고 효과적으로 기능을 하기 위해서는 보완적인 접근과 노력을 해나가는 것이 중요할 것이다.

2. 보건분야 SDGs 향후 추진에서의 보완할 점

향후 보건분야 SDGs 목표를 기반으로 글로벌 보건 증진의 추진에 있어 노력해나가야 할 것으로는 현재 SDGs에서 제시하는 세부목표들이 실질적으로 구현되기 위해 어떠한 체계화된 노력을 해나가야 할 것인지가 제시되는 것이 중요할 것이다. 특히 SDGs 의 보건분야 목표가 제시하고 있는 방향으로 국제사회가 나아가기 위해 어떻게 정책적 의지를 실질적으로 구현해 나가고 재정을 투입하여 지원해 나갈지 등에 대한 매우 구체화되고 현실적인 논의가 중요할 것으로 보인다.

이와 함께 SDGs의 보건 목표가 제시하고자 하였던 측면 중 가장 중요한 측면으로서 더 이상 선진국과 개발도상국의 구분이 없이 인류 사회가 나아가고자 하는 차원에서 노력을 추진해나가기 위한 구체화된 노력이 필요할 것으로 보인다. 예를 들어 비전염성질환과 정신보건 및 보편적 의료보장의 경우 비단 중저소득 국가들만이 아니라 고소득국가 (High income countries)에서도 문제가 해결되지 않고 중요하게 다루어져야 하는 주제이기도 하다. 따라서 이를 글로벌 질병 부담 경감과 의료 접근성 제고를 위한 글로벌한 차원에서의 노력으로 풀어가기 위해 고소득 국가들과 중저소득 국가들이 이를 해결해나가고 정책 우선순위로 제시하며 각국들의 여건과 상황에 맞게 재원 마련의 방안을 해결해나가기 위한 노력을 함께 추진해나가야 할 것이다.

다만 이러한 과정에서 다른 차원에서의 책무성 강화를 위한 노력이 필요할 것으로 보인다. 특히 중저소득 국가들을 위한 보건분야 개발원조 지원의 대폭적인 확대의 목표와 이를 구현하기 위한 재정적 헌신(financial commitment)의 작업과 함께 이를 구현해나가기 위한 구체적인 재원조달 마련 및 공여국가들에 대한 책무성(accountability) 증진의 방안이 구체적으로 마련되어야 할 것이다. 또한 중저소득 국가들 또한 취약한 재정 상황 가운데에서도 자체적인 국가 정책 우선순위로서의 재시와 함께 자국 국가 보건 재정의 투자 확대를 이루어 갈 필요가 있으며, 이러한 자체적 노력에 대한 책무성 보장되어야 할 것이다.

나아가 특정 보건 이슈 요소에만 집중하는 경향을 넘어 기초적인 일차보건의료 증진 및 보건의료체계 강화의 노력에 대한 내용이 더욱 구체화 되어 SDGs 보건 목표 내에 포함되고 보완되어야 할 것으로 보인다. 이를 통해 모자보건 및 감염병과 감염성 질병을을 포함한 보건의료의 다양한 이슈들이 담기어져서 각 국가들의 보건증진을 이루어나갈 수 있는 시스템적 접근이, 개념적으로만 추상적으로 제시되는 목표로 남는 것이 아니라 구체적으로 이를 이루어나갈 실행방안과 이에 대한 구체화된 세무 목표 등이 제시될 수 있도록 하는 것이 중요할 것으로 보인다.

3. 국제보건의 새로운 도전속에서 SDGs 보건목표의 향후 추진 방향

향후 SDGs와 연계한 향후 국제보건의 추진 방향의 논의에 있어서 현재 진행되고 있는 다양한 글로벌 보건 현황을 반영한 목표와 이를 달성하기 위한 구체적인 방안들이 제시될 필요가 있다. 이와 함께 기존 SDGs 체계에서 고려된 목표 이외의 새로운 니즈와 도전들을 어떻게 담아서 제시할 수 있을지에 대한 고민과 노력이 중요할 것으로 보인다.

특히 2022년 현재 아직도 진행중인 코로나19 글로벌 팬데믹 시대에서 그 중요성이 그 어느 때보다도 중요해진 SDG3. d. 의 글로벌 보건 위기에 대한 대응의 노력과 같은 경우, 더욱 포괄적이면서도 구체화된 국제사회의 노력으로 이어질 수 있도록 해당 내용이 보완되어 제시되어야 할 것으로 보인다. 실질적으로 서아프리카 에볼라 대응행과 코로나19 팬데믹을 거쳐서 글로벌 보건안보의 개념과 함께 미래의 팬데믹 대응에 있어서의 국제적인 연대와 노력의 중요성은 이미 강조된 지 오래되었다. 따라서 SDGs 3. b. 목표의 경우 단지 국제보건규칙(IHR) 관련 개별 국가들의 역량의 구현에만 머무는 것이 아니라 국제사회가 미래의 잠재적 팬데믹 대응 등에 있어서 어떻게 공동으로 노력을 구현해 나가야 할지 등에 대하여 그 내용이 구체화 되어 제시 될 필요가 있을 것으로 보인다.

또한 코로나19 팬데믹에서도 지적되었다시피 인수공통 감염병을 비롯하여 동물과 사람의 보건을 통합적으로 접근하는 원헬스(one health)의 개념 등이 어떻게 SDGs 목표의 보건의 노력과 연계되어 제시되어야 할지 등도 고민이 필요할 것으로 보인다. 이는 더욱 악화되고 있는 기후변화의 위기와 맞물려 그 논의가 점차 국제적으로 구체화 되어 제시되고 있는 지구보건(planatery health) 차원 등 또한 SDGs의 보건 목표가 어떻게 균형있게 담아내고 이를 기존의 SDGs 보건 목표와 연계하여 제시해나갈 수 있을지 등에 대한 고민이 필요할 것이다.

　기술개발의 혁신 속에서 디지털 보건 등 다양한 혁신적 접근들이 국제보건의 현장에서 노력이 추진되어 가는 가운데 이를 어떻게 SDGs의 목표의 달성을 위해 활용해 나갈 수 있을 것인지에 대한 고민과 노력이 필요할 것으로 보인다. 특히 기존의 디지털 헬스의 차원을 넘어선 인공지능과 빅데이터, 블록체인 기술 등의 새로운 혁신적 기술들을 어떻게 SDGs 보건의 목표가 구현하고자 하는 노력에 잘 접목하여 해결되지 않는 다양한 글로벌 보건 이슈들의 난제와 어려움의 해결에 활용해 나갈 수 있을지 등에 있어서 균형 있고 창의적인 고민과 노력들이 필요할 것으로 보인다. 또한 이러한 혁신적 기술들이 초래하게 될 수 도 있는 기술 접근성으로 인한 불평등의 문제와 개인정보 남용 등의 사회문화적 이슈들을 어떻게 보완해 나가며 긍정적 잠재력을 극대화하는 방향으로 활용할 것인지 등에 대한 고민과 노력을 담아내는 SDG 보건분야 목표의 추진 방안 또한 지속적으로 전개되어야 할 것이다.

V. 결론

지속가능한 개발목표(SDGs)가 제시하고자 하는 방향은 분명 의미 있고 역할이 있다. 특히 보건분야에 있어서 보건과 건강의 수많은 세부적인 목표들을 포괄적이고 포용적 접근을 하고자 하는 시도와 함께 생애주기적인 접근 및 보편적 건강보장까지 확대하려는 시도는 분명 의미있고 가치있는 노력이라 생각된다. 다만 일부 특정 질병과 보건이슈들에 대한 제한된 목표 제시에서 매우 포괄적인 방향으로 확대해나가는 과정에서 우선순위와 체계화된 목표들의 구성과 제시 등이 취약했던 것으로 보인다. 또한 수많은 다양한 목표들이 제시된 가운데 이를 구현해나가기 위한 구체적 접근 및 재원 마련 방안 제시 또한 취약했던 것으로 보인다. 더욱 아쉬운 부분은 SDGs의 보건목표들이 제시된 지 7년이 흐른 지금의 시점에서 보건분야 국제개발에 있어, 혹은 국제보건(Global Health) 분야에 있어 수없이 다양한 목표들에 대한 구호는 많으나 이를 뒷받침할 수 있는 재원의 추가적인 확보나 구체화된 보건정책의 구현의 모습은 취약하다는 점이다. 특히 목표가 다양해지고 많아진 것에 비해서 국제보건분야 지원(Development Assistance for Health)을 위한 국제적 개발지원 예산의 규모는 큰 변화가 없거나 줄어들고 있는 상황이다. 이러한 가운데 코로나19 글로벌 팬데믹이 발생하면서 새롭게 제시하고자 하는 보건분야 목표들을 위한 재원과 노력은 더욱 위축된 상황이다. 따라서 이러한 근본적인 취약성과 한계를 어떻게 개선해나가야 할지에 대한 고민과 이를 위한 국제적인 의지와 노력이 필요한 시점이라고 할 수 있다.

다만 SDGs의 보건분야 목표들이 제시하고자 했던 포괄적이고 포용적인 접근은 중요한 것으로 보이며, 이러한 방향의 제시를 어떻게 잘 살려나가고 구현해나갈 수 있는 방안을 찾는 것이 중요할 것이다. SDGs의 보건분야 목표에 있어서의 한계도 분명하지만, SDGs가 추구하고자 하던 방향의 가치와 미덕은 충분히 있다고 할 수 있다. 무엇보다도 보편적 건강의 증진을 구현해 나가며 건강의 불평등을 해소할 수 있도록 하는 노력은 매우 의미있는 노력이며 이를 위한 구체적인 실천방안과 재원마련의 노력을 통해 인류가 보편적인 건강에 대한 권리(health right)을 구현해나갈 수 있도록 하는 것은 매우 중요하다. 특히 1978년 선포된 알마아타 선언(Alma Ata Declaration)에서 제시한 모두를 위한 건강(health for all)[18]을 구현해나가는 구체적인 방안의 차원에서 SDGs의 보건분야 목표들과 이를 실천해 나가는 접근은 지속적으로 보완되고 개선되어 추진되어 나가야 할 것이다.

---

18 Fendall NR. Declaration of Alma-Ata. Lancet (1978) Dec 16;2(8103):1308

Barbara Adams, et al. (2016), "Spotlight on Sustainable Development Report by the Reflection Group on the 2030 Agenda for Sustainable", Chapter 2.3. SDG 3: Ensure healthy lives and promote well-being for all at all ages

United Nations (2015), Millennium Development Goal, Progress Report 2015, New York, United States

Global Burden of Disease Health Financing Collaborator Network (2019), Past, present, and future of global health financing: a review of development assistance, government, out-of-pocket, and other private spending on health for 195 countries, 1995-2050. Lancet. 2019 Jun 1;393(10187):2233-2260.

Hussain S, et al. (2020), Health intersectoralism in the Sustainable Development Goal era: from theory to practice. Global Health. 2020, Feb 20;16(1):15.

United Nations (2022), Sustainable Development Goal Report 2022, New York, United States

저자 소개

김태균(서울대학교 국제대학원 교수)
Oxford University 사회정책학 박사, Johns Hopkins University-SAIS 국제관계학 박사. 국제개발, 국제정치사회학, 글로벌 거버넌스, 평화학 등을 연구하고 있다.

우창빈(경희대학교 학술연구교수)
성균관대학교 정책학/행정학 박사. 국제개발과 공공정책 영역에서 거버넌스 구조, 공공서비스 전달, 공공문제 해결을 위한 사회적 자본과 사회적 경제의 역할 등에 대해 연구하고 있다.

김보경(서울대학교 국제대학원 BK조교수)
서울대학교 국제대학원 국제학 박사. 국제개발, 공적개발원조, 개발책무성, 글로벌 거버넌스, 남남·삼각협력 등을 연구하고 있다.

심예리(서울대학교 국제대학원 강사 · BK21 박사후연구원)
서울대학교 국제대학원 국제학 박사. 국제개발, 젠더와 개발, 공적개발원조에서의 성주류화 정책 등을 연구하고 있다.

이지선(국가안보전략연구원 부연구위원)
King's College London 개발학 박사. 원조 외교, 북한 개발, 공산권 원조, 기근이론 등을 연구하고 있다.

최원근(한국외국어대학교 정치외교학과 교수)
하와이대학교 정치학 박사. 난민과 인권, 개발의 연계, 초국가적 사회운동 등을 연구하고 있다.

장은하(한국여성정책연구원 국제협력센터 연구위원)
연세대학교 국제학박사. 젠더와 개발, 글로벌 인도적 지원, 지속가능발전목표, 여성평화안보 등을 연구하고 있다.

정헌주(연세대 행정학과 교수)

University of Pennsylvania 정치학 박사. 국제개발협력, 국제정치경제, 항공우주력, 기억의 정치학 등을 연구하고 있다.

남수정(연세대학교 빈곤문제국제개발연구원 연구교수/공공문제연구소 전문연구원)

연세대학교 행정학 박사. 국제개발협력 규범, 파트너십, 국제개발CSO, 리빙랩 등을 연구하고 있다.

정윤영(연세대학교 행정학과 박사과정)

한국고용정보원 재직. 국제정치, 중국 대외정책, 우주정책 및 고용서비스 해외사례 등을 연구하고 있다.

이훈상(라이트재단 전략기획 이사)

Johns Hopkins MPH, 연세대학교의과대학 보건정책학 박사. 국제보건과 북한보건, 글로벌보건안보, 혁신의료기술 분야에서 일하고 있다.

누구를 위한 지속가능발전인가?
- 유엔 지속가능발전의 비판적 성찰

발행일 1쇄 2023년 2월 28일

엮은이 김태균·우창빈
펴낸이 여국동

펴낸곳 도서출판 인간사랑
출판등록 1983. 1. 26. 제일-3호
주소 경기도 고양시 일산동구 백석로 108번길 60-5 2층
물류센타 경기도 고양시 일산동구 문원길 13-34(문봉동)
전화 031)901-8144(대표) | 031)907-2003(영업부)
팩스 031)905-5815
전자우편 igsr@naver.com
페이스북 http://www.facebook.com/igsrpub
블로그 http://blog.naver.com/igsr
인쇄 인성인쇄 **출력** 현대미디어 **종이** 세원지업사

ISBN 978-89-7418-437-7 93340